高等职业教育"十四五"规划旅游大类精品教材

总顾问 ◎ 王昆欣

导游业务
（工作手册式）

Tour Guide Business

主　编◎李　好

副主编◎舒　忠　万紫昕　周　知　林　菲　韩　琦

参　编◎邓娟娟　胡石山　沈　芳　胡汇川　秦詠兮

华中科技大学出版社
http://press.hust.edu.cn
中国·武汉

内 容 提 要

本教材是依托湖南省省级精品在线开放课程"导游业务"开发的工作手册式教材。

本教材内容丰富,既守正又创新,在保留对导游基本知识技能培养的基础上,融入对导游融合创新能力的培养,力求呼应导游岗位最新内涵要求;突出任务导向,以真实工作任务为驱动,引导学习者在完成任务工单的过程中"做中学、学中悟",实现知行共进;在教学场景设置、资讯信息补充、访谈视频录制中巧妙融入课程素质目标,旨在培养德技双馨的复合型导游人才;双师团队共同打造形式多样的优质数字资源,方便广大师生学习使用。

本教材可作为高等职业院校、职业本科院校、应用型本科院校及中等职业学校旅游类专业的教学或教辅用书,也可作为相关从业人员的参考书。

图书在版编目(CIP)数据

导游业务:工作手册式 / 李好主编 . -- 武汉:华中科技大学出版社,2025.5. -- (高等职业教育"十四五"规划旅游大类精品教材). -- ISBN 978-7-5772-1877-9

Ⅰ. F590.633

中国国家版本馆 CIP 数据核字第 2025VW8961 号

导游业务(工作手册式)
Daoyou Yewu(Gongzuo Shouce Shi)

李　好　主编

总 策 划:李　欢

策划编辑:王　乾

责任编辑:鲁梦璇

封面设计:原色设计

责任校对:刘　竣

责任监印:曾　婷

出版发行:华中科技大学出版社(中国·武汉)　　　电话:(027)81321913
　　　　　武汉市东湖新技术开发区华工科技园　　　邮编:430223

录　　排:孙雅丽

印　　刷:武汉科源印刷设计有限公司

开　　本:889mm×1194mm　1/16

印　　张:19.25

字　　数:518千字

版　　次:2025年5月第1版第1次印刷

定　　价:49.80元

活页式教材
使用说明

为了积极响应国务院《国家职业教育改革实施方案》（简称"职教20条"）以及教育部《职业院校教材管理办法》《"十四五"职业教育规划教材建设实施方案》的相关政策和文件精神，围绕深化教学改革和"互联网+职业教育"发展需求，我们开发了一批编排方式科学、配套资源丰富、呈现形式灵活、信息技术应用适当的新型活页式融媒体教材。

与传统普通胶装教材不同，活页式教材通常以单个任务为单位，以活页的形式将任务贯穿起来，强调在知识的理解与掌握的基础上进行实践和应用，适用于以学生为中心的教学模式，更多体现在以学生为主体的前提下，加强教材和学习者之间深层次的互动。本教材采取活页式设计，教材内页可通过活页圈进行内容重组，学生可以系统地学习本书全部内容，也可以选择某个项目单独学习。以上设计实现了翻转课堂"三段式"教学设计，便于"活教""活学""活用"，方便教师和学生根据实际教学情况灵活调整。

本新型活页式教材的建议使用方法如下：

📖 随书配件说明

1. 本教材随书赠送封面页和封底页、活页圈、笔记页。
2. 封面页和封底页用于组装时放在首页和末页对内页进行保护。
3. 活页圈用于组装活页式教材。
4. 笔记页可用于记录学习笔记。

👥 学员使用说明

1. 笔记页可按需随时添加到正文对应位置，方便复习。
2. 可自我添加学习辅助材料，如实训报告、试卷等。
3. 上课时不用带整本书，只带当节课需要的对应内容即可，简单方便。
4. 可根据自我学习进度随时调整学习顺序。

👤 教师使用说明

1. 可根据企业工作过程进行实训内容教学顺序的调整。可及时将新技术、新工艺、新规范、新标准形成讲义，随时更新教学内容。
2. 可将教案等内容记录或粘贴于笔记页，放置于正文对应处。
3. 可结合数字资源进行线上线下混合式教学，在课前预习、课中学习、课后复习中与活页式教材配套。
4. 可添加教辅资料。

网络增值服务使用说明

欢迎使用华中科技大学出版社图书资源网bookcenter.hustp.com

① 教师使用流程

（1）登录网址：bookcenter.hustp.com（注册时请选择教师用户）

注册 ▷ 登录 ▷ 完善个人信息 ▷ 等待审核

（2）审核通过后，您可以在网站使用以下功能：

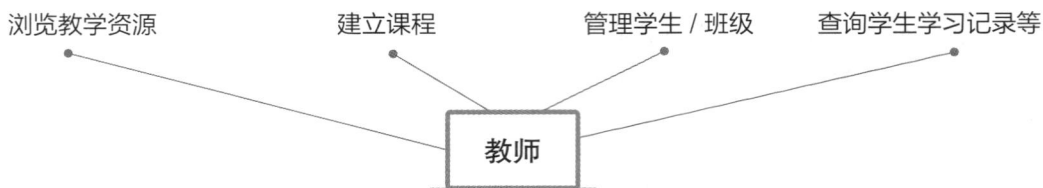

浏览教学资源　　　建立课程　　　管理学生 / 班级　　　查询学生学习记录等

教师

② 学员使用流程

（建议学员在PC端完成注册、登录、完善个人信息的操作）

（1）PC端操作步骤

①登录网址：bookcenter.hustp.com（注册时请选择学生用户）

注册 ▷ 登录 ▷ 完善个人信息

②查看数字资源：（公开的网络学习查询，可以直接点击观看，如有学习码，请在个人中心–学习码验证中先验证，再进行操作）

搜索教材 ＞ 教材详情页 ＞ 查看教材资源

③加入课程完成学习（如教师不要求进入课堂学习，可忽略此步）

教材详情页 ＞ 选择课程 ＞ 加入课程 ＞ 绑定班级 ＞ 学习 / 做题 / 学习记录留存

（2）手机端扫码操作步骤

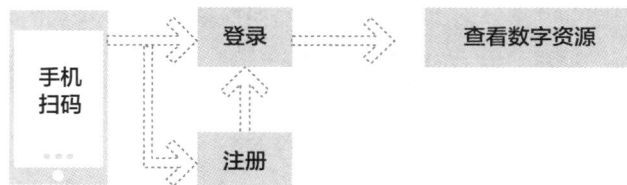

手机扫码 ┄┄▷ 登录 ┄┄▷ 查看数字资源
　　　　　 ┄┄▷ 注册

序 ▶

　　习近平总书记在党的二十大报告中深刻指出，要"统筹职业教育、高等教育、继续教育协同创新，推进职普融通、产教融合、科教融汇，优化职业教育类型定位"；"实施科教兴国战略，强化现代化建设人才支撑"；"要坚持教育优先发展、科技自立自强、人才引领驱动"；"开辟发展新领域新赛道，不断塑造发展新动能新优势"；"坚持以文塑旅、以旅彰文，推进文化和旅游深度融合发展"，这为职业教育发展提供了根本指引，也有力地提振了旅游职业教育发展的信心。

　　2021年，教育部立足增强职业教育适应性，体现职业教育人才培养定位，发布了《职业教育专业目录（2021年）》；2022年，又颁布了新版《职业教育专业简介》，全面更新了职业面向、拓展了能力要求、优化了课程体系。因此，出版一套以旅游职业教育立德树人为导向、融入党的二十大精神、匹配核心课程和职业能力进阶要求的高水准教材成为我国旅游职业教育和人才培养的迫切需要。

　　基于此，在全国有关旅游职业院校的大力支持和指导下，教育部直属大学出版社——华中科技大学出版社，在党的二十大精神的指引下，主动创新出版理念、改进方式方法，汇聚一大批国内高水平旅游院校的国家教学名师、全国旅游职业教育教学指导委员会委员、全国餐饮职业教育教学指导委员会委员、资深教授及中青年旅游学科带头人，编撰出版"高等职业教育'十四五'规划旅游大类精品教材"。本套教材具有以下特点：

　　一、全面融入党的二十大精神，落实立德树人根本任务

　　党的二十大报告中强调："坚持和加强党的全面领导。"坚持党的领导是中国特色职业教育最本质的特征，是新时代中国特色社会主义教育事业高质量发展的根本保证。因此，本套教材在编写过程中注重提高政治站位，全面贯彻党的教育方针，"润物细无声"地融入中华优秀传统文化和现代化发展新成就，将正确的政治方向和价值导向作为本套教材的顶层设计，并贯彻到具体项目任务和教学资源中，不仅培养学生的专业素养，更注重引导学生坚定理想信念、厚植爱国情怀、加强品德修养，以期落实"立德树人"这一教育的根本任务。

　　二、基于新版专业简介和专业标准编写，兼具权威性与时代适应性

　　教育部2022年颁布新版《职业教育专业简介》后，华中科技大学出版社特邀我担任总顾问，同时邀请了全国近百所职业院校知名教授、学科带头人和一线骨干教师，以及旅游行业专家成立编委会，对标新版专业简介，面向专业数字化转型要求，对教材书目进行科学全面的梳理。例如，邀请职业教育国家级专业教学资源库建设单位课程负责人担任主

编，编写《景区服务与管理》《中国传统建筑文化》及《旅游商品创意》（活页式）；《旅游概论》《旅游规划实务》等教材为教育部认定的职业教育国家在线精品课程的配套教材；《旅游大数据分析与应用》等教材则获批省级规划教材。经过各位编委的努力，最终形成"高等职业教育'十四五'规划旅游大类精品教材"。

三、完整的配套教学资源，打造立体化互动教材

华中科技大学出版社为本套教材建设了内容全面的线上课程资源服务平台：在横向资源配套上，提供全系列教学计划书、教学课件、习题库、案例库、参考答案、教学视频等配套教学资源；在纵向资源开发上，构建了覆盖课程开发、习题管理、学生评论、班级管理等集开发、使用、管理、评价于一体的教学生态链，打造了线上线下、课内课外的新形态立体化互动教材。

本套教材既可以作为职业教育旅游大类相关专业教学用书，也可以作为职业本科旅游类专业教育的参考用书，同时，可以作为工具书供从事旅游类相关工作的企事业单位人员借鉴与参考。

在旅游职业教育发展的新时代，主编出版一套高质量的规划教材是一项重要的教学质量工程，更是一份重要的责任。本套教材在组织策划及编写出版过程中，得到了全国广大院校旅游教育教学专家教授、企业精英，以及华中科技大学出版社的大力支持，在此一并致谢！

衷心希望本套教材能够为全国职业院校的旅游学界、业界和对旅游知识充满渴望的社会大众带来真正的精神和知识营养，为我国旅游教育教材建设贡献力量。我们也希望并诚挚邀请更多旅游院校的学者加入我们的编者和读者队伍，为进一步促进旅游职业教育发展贡献力量。

王昆欣

世界旅游联盟（WTA）研究院首席研究员

高等职业教育"十四五"规划旅游大类精品教材总顾问

前　言 ▶

Preface

随着全球旅游业的蓬勃发展和中国文旅产业的转型升级,导游岗位作为旅游服务链条中的核心环节,正经历着前所未有的变革与创新。在数字化浪潮、消费需求升级与行业规范深化的多重驱动下,导游职业的内涵与外延不断拓展,岗位能力要求从单一服务型向复合创新型转变,行业发展呈现出多元化、专业化、智慧化的新态势。新时代的导游既是传统文化的讲述者,也是科技创新的践行者,更是旅游体验的创造者。我们期待这本教材能够助力旅游专业学子把握行业脉搏,在职业道路上实现从"服务者"向"文旅价值创造者"的跨越,为中国旅游业的高质量发展注入新生力量。

从课程改革视角出发,我们致力于探索新形势下导游业务教学的创新路径:以学生发展为中心,通过产教协同机制,将数字经济、人形机器人、DeepSeek等前沿技术融入课程体系,实现教学内容的动态更新。这种改革使教学目标精准对接行业人才需求,教学内容高度契合导游岗位实际,最终推动应用型创新导游人才培养目标的实现。

本教材的主要特色体现在以下四个方面。

第一,夯实导游基本功,拓展职业新赛道,教材体系守正创新支撑好。

本教材的框架设计立足于支撑导游发展新趋势的现实需求,秉持以下理念:一方面围绕夯实导游基本功,按照能力递进原则,依据"职业认知—单项技能训练—基本程序执行—复杂问题处理"的逻辑,构建了导游基本素养、单项导游技能、标准导游服务、特情导游服务四个模块;另一方面,为满足游客个性化、定制化需求,增设增值导游服务模块,重点加入了导游直播、导游短视频制作、旅游行程定制服务等体现新趋势下导游融合创新能力的任务。教材内容构建既守正又创新,既固本强基又赋能拓新。

第二,真实工作任务+任务工单牵引,教学设计知行共进使用好。

本教材编写过程中,秉持为学习者提供学习路径而不仅仅是学习内容的理念。以任务为驱动,通过任务工单的下达,引导学习者在任务准备、任务实施和任务考核中充分利用自主学习、小组协作、角色扮演、情景模拟、案例分析、辩论等丰富多样的形式,逐步掌握完成该项任务应具备的知识、技能,并潜移默化地提升相应素养。教学设计突出"做中学,学中悟",实现知行共进。

第三,场景设置+资讯信息+访谈视频,课程思政润物无声浸润好。

本教材主要面向旅游管理、导游等相关专业学生及旅游行业从业人员。根据导游职业特性及当前面临的现实挑战,教材进行系统设计。具体而言,在任务设置上创设世界自然遗产、世界文化遗产等场景;在"慎思笃行"版块搜集行业热点、发展趋势、法规政策等资讯。

第四，省精课程＋双师团队，教学资源智慧多元配套好。

本教材依托省级精品课程，配套开发了丰富的数智化教学资源，包括课程标准、授课计划、PPT课件、微课视频、实景课堂教学视频、题库等。与教材完全匹配的"导游业务"在线开放课程已在"智慧职教"平台稳定运行多期，成熟的教学资源和在线课程为教师开展线上线下混合式教学提供了便利，同时也支持学习者的自主探究式学习。

编写团队由行业优秀导游代表与院校专业教师共同组成。本教材由李好（长沙商贸旅游职业技术学院）负责总体设计、教材框架和内容遴选，并与林菲（天津市导游协会/国家高级导游）、胡石山（湖南华天国际旅行社有限责任公司/国家英语高级导游）和韩琦（刘少奇故里管理局/2023年全国导游大赛铜奖获得者）共同开发数字资源，校企合作共同完成教材编写与统稿工作。具体编写分工如下：胡汇川（长沙商贸旅游职业技术学院）、周知（长沙财经学校）编写模块一中的项目一和模块二中的项目一，舒忠（长沙商贸旅游职业技术学院）编写模块一中的项目二，沈芳（长沙商贸旅游职业技术学院）、秦誺兮（长沙商贸旅游职业技术学院）编写模块二中的项目二，李好（长沙商贸旅游职业技术学院）编写模块三，万紫昕（长沙商贸旅游职业技术学院）编写模块四，邓娟娟（长沙商贸旅游职业技术学院）编写模块五。另外，在本教材的配套数字化资源开发过程中，长沙商贸旅游职业技术学院师生团队提供了基础支持，行业专家负责专业内容审核与场景化资源建设。

在本教材编写过程中，我们还参考了许多专家的研究成果，在此谨向各位作者表示衷心的感谢，未能一一注明出处，在此也向作者表示歉意。由于时间仓促，编者水平和经验有限，书中难免有疏漏之处，恳请读者批评指正。

编者

2025年5月

目 录 ▶

二维码目录

案例目录

微课视频目录

素养提升图谱

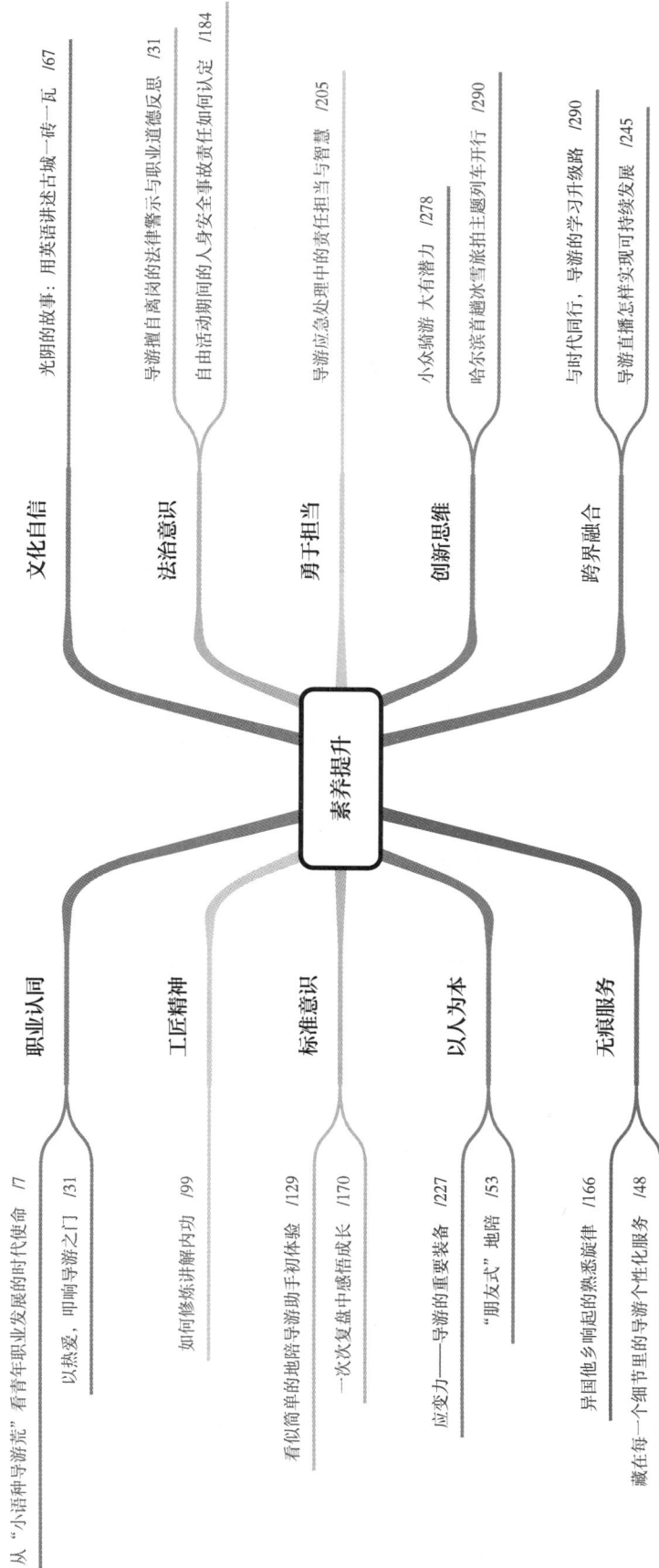

素养提升

文化自信
- 光阴的故事　用英语讲述古城一砖一瓦　/67

法治意识
- 导游擅自离岗的法律警示与职业道德反思　/31
- 自由活动期间的人身安全事故责任如何认定　/184

勇于担当
- 导游应急处理中的责任担当与智慧　/205

创新思维
- 小众骑游　大有潜力　/278
- 哈尔滨首趟冰雪旅拍主题列车开行　/290

跨界融合
- 与时代同行，导游的学习升级路　/290
- 导游直播怎样实现可持续发展　/245

职业认同
- 从"小语种导游荒"看青年职业发展的时代使命　/7
- 以热爱，叩响导游之门　/31

工匠精神
- 如何修炼讲解内功　/99

标准意识
- 看似简单的地陪导游助手初体验　/129
- 一次次复盘中感悟成长　/170

以人为本
- 应变力——导游的重要装备　/227
- "朋友式"地陪　/53

无痕服务
- 异国他乡响起的熟悉旋律　/166
- 藏在每一个细节里的导游个性化服务　/48

模块一　热爱启航

——导游基本素养

项目一　博古通今明趋势
——导游认知

● **知识目标**

1. 了解导游的内涵、分类和管理。
2. 掌握导游服务的能力要求。
3. 熟悉导游引导游客文明旅游的规范内容。

● **能力目标**

1. 能准确认识导游定义和导游应具备的服务能力。
2. 能引导游客文明旅游。

● **素养目标**

1. 具有良好的服务意识，激发职业认同。
2. 具有引导游客文明旅游的社会责任感和公德心。

● **任务引入**

湖南华天国际旅行社有限责任公司招聘了一批新导游，为促进其职业成长，增强其对旅游行业的热爱与责任感，计划对他们进行岗前培训，通过深入解析导游的内涵分类、强化服务能力训练、明确文明旅游规范，全面提升新导游的专业素养和服务能力，帮助他们迅速适应岗位要求，为游客提供高品质、个性化的旅游服务体验。该公司人力资源部安排资深员工舒某担任岗前培训师。

本项目的学习清单如表1-1-1所示，请你每完成一项学习任务后在相应的括号中打"√"。

表1-1-1　学习清单

项目		任务内容	备注
学习任务	（　　）	导游的内涵和分类	
	（　　）	导游的服务能力要求	
	（　　）	导游引导文明旅游规范	
学习感想			

▶ **任务工单**

任务一　导游的内涵和分类

1. 任务描述

针对主题"导游的内涵和分类"，培训师借助线上教学资源实施培训。

学员通过课前学习案例(二维码1-1-1),课中实践操作、任务点评,掌握导游的内涵和分类,为高质量导游服务工作做好准备工作。

(1)课前,学员对案例一和案例二进行分析,判断案例中小李的做法是否正确,分析原因并得出结论,填写"导游的内涵案例分析"。

(2)课中,被教师抽选到的部分学员展示已填表格情况,师生共同结合案例梳理导游的内涵。

(3)课中,根据业务范围重点梳理导游分类,并填写表格,被教师抽选的部分学员展示已填表格,师生共同分析评价。

(4)课后,及时复习巩固,根据导游不同的分类方法绘制思维导图,上传至在线课程的作业区。

案例 1-1-1

2. 任务准备

理解分析导游的内涵。根据下列任务引导,认真学习相关课程资源。

任务引导1:如何成为一名导游。

任务引导2:根据不同标准对导游的分类。

3. 任务实施

(1)分析案例一和案例二(二维码1-1-1),判断导游小李的做法是否正确,并分析原因,填写表1-1-2。

表1-1-2　导游的内涵案例分析

案例	导游做法正确与否	分析原因
案例一		
案例二		

(2)根据业务范围对情景描述中的五名导游进行分类,在表1-1-3对应的项目下打"√"。

表1-1-3　根据业务范围对导游进行分类

情景描述:导游王帅带领一个摩洛哥商务旅游团来中国旅游,第一站抵达北京,导游张琦和导游杨帆一同接站,在结束北京的游览后,导游张琦陪同团队继续前往第二站西安。在古都西安,导游林妙陪同团队游览。第三站桂林,导游陈菲与导游张琦一同提供导游服务。

姓名	地陪导游	全陪导游	领队
王帅			
张琦			
杨帆			
林妙			
陈菲			

(3)学员可结合自身职业规划,选择并阐述未来希望从事的导游类型(地陪导游、全陪导游、领队),通过对比分析三类导游的岗位特点及其对专业能力的差异化要求。

(4)学员根据技术等级对导游进行分类,并填入表1-1-4中。

新知讲授

表 1-1-4　根据技术等级对导游进行分类

类别	学历要求	职业经历	业绩表现	考试形式及科目
初级导游				
中级导游				
高级导游				
特级导游				

（5）学员完善导游按就业方式、语言分类的思维导图。

（6）学员将任务完成过程中遇到的问题、解决方法及学习体会和收获记录在表 1-1-5 中。

表 1-1-5　学习记录表

学员姓名：
遇到的问题及解决办法：
学习体会及收获：

4. 任务考核

将任务考核评价记录在表 1-1-6 中。

表 1-1-6　任务考核评价表

任务	评价标准	分值/分	评价分数/分		
			自评	互评	师评
导游的内涵和分类的相关案例分析	导游的内涵案例判断正确	10			
	导游的内涵案例原因分析准确	10			
	导游根据业务范围分类正确	20			
	导游根据技术等级分类正确	48			
其他	工单填写	6			
	在规定时间内完成（共计8分钟）	6			
最终得分					

▶ 新知讲授

一、导游的内涵

（一）导游的定义

在日常生活中，"导游"一词有多层含义，既可指导游工作、导游业务、导游服务，也可作为导游工作人员的简称。根据《中华人民共和国职业分类大典》，导游是指从事旅游向导、讲解及旅途服务工作的人员。国家标准《导游服务规范》（GB/T 15971—2023）对导游的定义如下：导游是指提供向导、讲解及相关旅游服务的人员。结合以上定义，本教材对导游的定义如下：导游是指取得导游证，接受旅游企业委派，为旅游者提供向导、讲解及相关旅游服务的人员。

（二）导游的管理

国家对导游执业实行许可制度。从事导游执业活动的人员应当取得导游资格证和导游证。文化和旅游部建立了导游等级考核制度、导游服务星级评价制度和全国旅游监管服务信息系统，各级旅游主管部门运用标准化、信息化手段对导游实施动态监管和服务。

1. 取得导游资格证书的规定

国家实行全国统一的导游资格考试制度。具有高级中学、中等专业学校或者以上学历，身体健康，具有适应导游需要的基本知识和语言表达能力的中华人民共和国公民，可以参加导游资格考试；考试合格后颁发导游资格证书。

文化和旅游部负责制定全国导游资格考试政策、标准，组织导游资格统一考试，并对地方各级文化和旅游主管部门导游资格考试实施工作进行监督管理。省、自治区、直辖市文化和旅游主管部门负责组织、实施本行政区域内导游资格考试的具体工作。

2. 取得导游证的规定

参加导游资格考试合格，并与旅行社订立劳动合同或者在旅游行业组织注册的人员，可以通过全国旅游监管服务平台向所在地旅游主管部门申请取得导游证。导游证由各级旅游主管部门通过全国旅游监管服务平台实施管理。电子导游证以电子数据形式保存于个人移动电话等移动终端设备中。

在中华人民共和国境内从事导游活动，必须取得导游证。有下列情形之一的，不得颁发导游证：无民事行为能力或者限制民事行为能力的；患有传染性疾病的；受过刑事处罚的，过失犯罪的除外；被吊销导游证的。

3. 导游带团的管理规定

旅行社应当与其聘用的导游依法订立劳动合同，支付劳动报酬，缴纳社会保险费用。旅行社组织团队出境或者组织、接待团队入境旅游，应当按照规定安排领队或者导游全程陪同。旅行社临时聘用导游为旅游者提供服务的，应当全额向导游支付规定的导游服务费用。旅行社安排导游为团队旅游提供服务的，不得要求导游垫付或者向导游收取任何费用。

二、导游的分类

（一）按业务范围划分

按业务范围划分，我国导游可分为地陪导游、全陪导游和出境旅游领队三类（见表1-1-7）。

表1-1-7 按业务范围对导游进行分类

类型	委派单位	讲解内容	陪同范围	是否提供旅途生活服务
出境旅游领队	组团社（派出方）	旅游目的地情况（行前介绍）	全程陪同	是
全陪导游	组团社（接待方）	沿途各站点情况	全程陪同	是
地陪导游	地接社	接待地及当地游览景点情况	接待地陪同	是

新知讲授

1. 地陪导游

地陪导游是指受接待社委派,代表接待社实施接待计划,为旅游团(者)提供当地旅游活动安排、讲解、翻译等服务。地接社指的是接受组团社委托,实施旅游接待计划,在旅游目的地接待旅游者的旅行社。

2. 全陪导游

全陪导游是指受组团社委派,代表组团社,在领队和地陪导游的配合下实施接待计划,为旅游者提供境内全程陪同导游服务的人员。组团社指的是从事招徕、组织旅游者,与旅游者订立旅游合同的旅行社。

3. 出境旅游领队

出境旅游领队可简称为领队,指的是符合法定执业条件、接受组团社委托,全权代表组团社带领旅游团队出境旅游、监督境外接待旅行社和地陪导游等执行旅游计划,并为旅游者提供出入境等全程陪同服务的旅行社工作人员。文化和旅游部对领队实行备案管理制。从事领队业务的人员,应当取得导游证,具有相应的学历、语言能力和旅游从业经历,并与委派其从事领队业务的取得出境旅游业务经营许可的旅行社订立劳动合同。旅行社委派的领队应当掌握相关旅游目的地国家(地区)语言或英语。

(二) 按就业方式划分

按就业方式划分,我国导游可分为旅行社专职导游和旅行社兼职导游。

1. 旅行社专职导游

旅行社专职导游是指在一定时期内被旅行社固定聘用、以导游工作为主要职业的导游。这类导游大多数受过中、高等教育,或受过专门训练,是旅行社的正式员工,专职为旅行社带团,并由旅行社支付劳动报酬、缴纳社会保险费用。

2. 旅行社兼职导游

旅行社兼职导游是指已取得导游资格证书并在相关旅游行业组织(导游协会)注册、取得导游证的导游。他们不是固定在一家旅行社工作,有可能还从事其他的工作。

(三) 按使用语言划分

按使用语言划分,我国导游可分为中文导游和外语导游。

1. 中文导游

中文导游按使用的语言又分为普通话导游、地方方言导游或者少数民族语言导游,其主要服务对象是国内游客。

2. 外语导游

外语导游指的是能够运用外语从事导游服务的人员,其主要服务对象是入境旅游的外国旅游者和出境旅游的中国公民。

(四) 按技术等级划分

按技术等级划分,我国导游可分为初级导游、中级导游、高级导游和特级导游,逐级递升。导游等级考核评定工作按照"申请、受理、考核评定、告知、发证"的程序进行。

1. 初级导游

《中华人民共和国旅游法》明确规定,参加导游资格考试成绩合格,与旅行社签订劳动合同或者在相关旅游行业组织注册的人员,可以申请取得导游证。也就是说,具有高中、中专及以上学历,通过文化和旅游部组织的全国统一考试,获得导游资格证书并进行岗前培训,与旅行社订立劳动合同或在相关旅游行业组织注册后,自动成为初级导游。

2. 中级导游

初级导游报考同语种中级导游的,学历不限;初级外语导游报考中级中文(普通话)导游的,学历不限;初级中文(普通话)导游和中级中文(普通话)导游报考中级外语导游的,须具备大专及以上学历;初级外语导游、中级外语导游报考其他语种中级外语导游的,须具备大专及以上学历。执业经历方面,应取得导游资格证书满3年,或具有大专及以上学历取得导游资格证书满2年,且在报考前3年内实际带团不少于90天,带团工作期间表现出良好的职业道德。

全国中级导游等级考试分中文(普通话)和外语考试。中文(普通话)考试科目为导游知识专题和汉语言文学知识。外语考试科目为导游知识专题和外语。各类别考生考试科目均为两科。其中,中文(普通话)考试以中文命题,以中文作答;外语考试以中文命题,以考生报考语种作答。

3. 高级导游

报考高级导游应具有本科及以上学历或旅游类(包括旅游管理、酒店管理、会展经济与管理、旅游管理与服务教育等专业)、外语类大专学历。执业经历方面,应取得中级导游证书满3年,且在报考前3年内实际带团不少于90天,带团工作期间表现出良好的职业道德。

全国高级导游等级考试分中文(普通话)、英语两个语种,考试科目均为导游综合知识和导游能力测试。其中,中文(普通话)考试以中文命题,以中文作答;英语考试以英语命题,以英语作答。

4. 特级导游

申请参加特级导游等级考核的,应当具有大学本科以上学历,取得高级导游等级满3年,3年内在全国旅游监管服务平台的带团记录不少于25次或者90天。

初级、中级导游在获得下列表彰奖励2年内,可以通过激励晋升的方式申请晋升一个导游等级。多次获得或者同时获得多项表彰奖励的,只晋升一次导游等级:国务院文化和旅游主管部门组织的全国导游大赛一、二、三等奖;省级文化和旅游主管部门组织的省级导游大赛一等奖;省级以上劳动模范、五一劳动奖章、青年岗位能手、三八红旗手、巾帼建功标兵;国务院文化和旅游主管部门认定的其他符合激励晋升的情况。

获得第一项至第三项表彰奖励的导游,可以向省级文化和旅游主管部门申请晋升一个导游等级;省级文化和旅游主管部门作出晋升决定后,应当报国务院文化和旅游主管部门备案。符合第四项激励晋升情况的导游,可以向国务院文化和旅游主管部门提出晋升申请。

任务检测

慎思笃行

国家开放战略下的机遇与挑战:从"小语种导游荒"看青年职业发展的时代使命

▶ 任务工单

任务二　导游的服务能力要求

1. 任务描述

针对主题"导游的服务能力要求"，培训师借助线上教学资源实施培训。

学员通过课前自学，课中实践操作、任务点评，掌握导游的服务能力，为高质量提供导游服务做好准备工作。

（1）课前，每组学员搜集"我心中的优秀导游"资料，分别从个人简介、导游风格、典型事迹、收获感悟四个方面进行准备，制作PPT，进行3—5分钟介绍。

（2）课中，每位学员对十个案例（二维码1-1-2）进行分析，区分案例中导游不同类型的服务能力，并在表1-1-8对应的项目下打"√"。

（3）课中，被教师抽选的部分学员对表格进行解析，师生进一步分析导游应具备的服务能力。

（4）课后，及时复习巩固，完善导游服务能力要求的思维导图，上传至在线课程的作业区。

2. 任务准备

做好"我心中的优秀导游"汇报准备。集体根据任务引导认真学习相关课程资源。

任务引导1：如何理解"导游既要是专家还要是杂家"。

任务引导2：如何成为一名优秀导游。

3. 任务实施

（1）课中，各小组派代表作题为"我心中的优秀导游"的汇报。

（2）课中，学员逐一分析二维码1-1-2案例中导游所具有或缺失的服务能力，并在表1-1-8对应的项目下打"√"。

表1-1-8　导游的服务能力要求案例分析

案例	思想素养		技术技能		业务知识		职业形象	
	具有	缺失	具有	缺失	具有	缺失	具有	缺失
案例一								
案例二								
案例三								
案例四								
案例五								
案例六								
案例七								
案例八								
案例九								
案例十								

案例
1-1-2

（3）被教师抽到的学员介绍上表填写思路,并说明案例中具体对应的能力要点。

（4）学员将任务完成过程中遇到的问题及解决办法、学习体会及收获记录在表1-1-9中。

表1-1-9　学习记录表

小组名称:	小组成员:
遇到的问题及解决办法:	
学习体会及收获:	

4.任务考核

将任务考核评价记录在表1-1-10中。

表1-1-10　任务考核评价表

任务	评价标准	分值/分	评价分数/分		
			自评	互评	师评
"我心中的优秀导游"汇报	所选导游有代表性,积极健康正能量	10			
	典型事迹有示范引领作用	20			
	启示有实践意义	10			
	PPT制作规范、完整、美观,素材丰富	10			
	介绍清晰、语言有感染力	15			
导游服务能力要求案例分析	判断正确	20			
其他	仪容仪表	5			
	团队协作	5			
	工单填写	5			
最终得分					

▶ 新知讲授

一、思想素质

导游应有优秀的道德品质和高尚情操,遵守公德、尽职敬业。归纳起来有以下几点。

（一）热爱祖国,践行社会主义核心价值观

导游首先应是一名爱国主义者,遵循和践行社会主义核心价值观。在为旅游者提供热情、友好服务的同时要维护国家的利益和民族的尊严,热爱人民,热爱祖国。导游的思想品德、言行举止都代表着国家的形象,因此要有意识地自觉维护祖国尊严和民族尊严。

（二）恪守职业道德，爱岗敬业，坚持游客为本，服务至诚

导游应树立远大理想，将个人抱负与事业的成果紧密结合起来，立足本职工作，热爱本职工作，刻苦钻研业务，不断进取，全身心地为旅游者提供优质服务。同时，坚持"游客为本，服务至诚"的旅游行业服务理念。

（三）秉承契约精神，按合同的约定提供导游服务，维护旅游者和旅行社的合法权益

契约精神包含了对契约的敬畏与尊重，人们在订立、履行合同过程中形成了立信、结信、征信以及平等意识等。导游要自觉遵守国家的法律法规、外事纪律和行业规范，严格执行导游服务质量标准，严守国家机密和商业机密，自觉维护国家和旅行社的利益。

二、技术技能

作为一名合格的导游，应具备的技能是综合且全面的。

（一）语言表达能力

"一句话能把人说笑，也能把人说跳。"导游在进行导游服务时必须具备一定的语言表达能力。进行导游讲解时，应认真思考讲解方法和表达方式，用正确、优美、得体的语言努力将静态的景点动态化，使旅游者感到旅游行程妙趣横生，并留下深刻印象。

（二）接待操作能力

导游首先需要具备独立工作的能力，能够代表旅行社履行合同义务，顺利完成旅游接待任务。其次，必须拥有良好的人际交往能力，善于沟通交流，给人以亲和可信的印象，营造融洽的工作氛围。再者，随机应变能力和组织协调能力尤为关键，这涉及判断力、信息处理能力、问题解决能力等多方面的素质。作为旅游服务各环节的轴心，导游尤其需要加强组织协调能力。最后，宣传促销能力也不可或缺，促销范围涵盖商品、美食、景点等多个方面。在带团过程中巧妙地进行宣传，既能丰富游客的旅游体验，又能有效提高旅游收入。

（三）信息技术运用能力

以"互联网＋旅游"为代表的旅游新业态快速发展，进一步推动了生产方式、服务方式、管理模式的创新，也丰富了旅游产品业态。除了导游核心技能之外，还对导游提出了更多新的要求，要求导游应具备信息技术运用能力，为旅游者提供更加高效的旅游信息化服务。

三、业务知识

旅游的本质是一种追求文化的活动。导游应具备的业务知识主要包括以下几个方面。

（一）旅游客源地和旅游目的地相关的知识

由于旅游者来自不同的国家（地区）、不同社会阶段，他们中的一些人往往对旅游目的地的某

些政治、经济和社会问题比较关注,喜欢询问一些相关的问题。另外,在旅游过程中,旅游者随时可能见到旅游目的地的某些社会现象,引发他们对某些社会问题的思考,要求导游给予相应的解释。因此,导游应掌握相关的社会学知识,熟悉旅游客源地或旅游目的地的社会、政治、经济体制,了解当地的历史、地理、文化、民族、风土民情、民俗禁忌等。

导游的工作对象是形形色色的旅游者,还要与各旅游服务部门的工作人员打交道,因而掌握必要的心理学知识具有特殊的重要性。导游要随时了解旅游者的心理活动,有的放矢地做好导游讲解和旅途生活服务工作,有针对性地提供心理服务。

旅游活动是一项综合性的审美活动。导游不仅要向旅游者传播知识,还要传递美的信息,让他们获得美的享受。同时,还要用美学来指导自己,使自己的仪表、仪容、仪态符合美的要求。导游代表着一个国家(地区)的旅游形象,其自身就是旅游者的审美对象。

(二)旅行常识

旅行常识包括旅行证件知识、领事保护知识、客货运知识、机票政策、海关及移民管理机关规定和必备的应急医疗常识、交通知识、通信知识、保险知识等。这样有助于随时随地帮助旅游者解决旅行中的种种问题,保证旅游活动的顺利进行。

(三)旅游产品策划、线路设计方面的专业知识

随着旅游市场的不断发展,旅游者对旅游产品的要求也越来越高,很多旅游者除了常规的旅游产品之外,也希望能有针对自己需求的个性化定制产品,因此,导游需要学习旅游产品策划、线路设计方面的专业知识。

四、职业形象

导游应该有一个良好的外表形象。导游应具备的职业形象主要有以下几个方面。

(一)仪表端庄,着装整洁、大方、得体

导游的整体形象应做到:仪容修饰恰当,符合其职业身份、年龄特征和性别特点,展现导游饱满的精神状态,避免引起旅游者不适。在仪表方面,导游的服饰应整洁端庄,与周围的环境协调,不过分华丽。服装选择应注意场合的适宜性。

(二)表情稳重自然,态度和蔼诚恳,富有亲和力,言行有度,举止符合礼仪规范

导游要站有站姿,坐有坐相,举止端庄稳重、落落大方,不要给旅游者傲慢或轻浮之感。要做到与人相处直率而不鲁莽,活泼而不轻佻,自信而不狂傲;工作麻利而不慌乱,服务热情而不讨好,礼貌但不卑微;保持友善但不越界,乐于助人但不图回报。这样的导游更容易获得旅游者的信任。

▶ 任务工单

任务三　导游引导文明旅游规范

1. 任务描述

针对主题"导游文明旅游规范"，培训师借助线上教学资源实施培训。

学员通过课前搜集不文明旅游行为，课中实践操作、任务点评，掌握导游文明旅游规范，有助于提高导游的职业素养和职业道德水平，从而为游客提供更好的旅游体验。

（1）课前，各组学员围绕旅游活动要素收集旅游过程中存在的不文明旅游现象，填写至表格中。

（2）课中，学员交流填写情况，每个要素挑选一个具有代表性的不文明旅游行为，分析从中吸取了哪些经验，未来导游应如何引导游客文明旅游。

（3）课中，结合课堂内容，展开丰富想象，各小组通过情景模拟检验导游遇到不文明旅游行为应如何处理的操作程序。

（4）课中，情景模拟环节结束后，开展任务点评，灵活运用理论知识分析问题，掌握导游引导文明旅游规范的方法。

（5）课后，及时复习巩固，完善导游文明旅游规范的思维导图，上传至在线课程的作业区。

2. 任务准备

以小组为单位，搜集旅游过程中存在的不文明旅游行为。集体根据任务引导认真学习相关课程资源。

任务引导1：文明旅游的具体内容。

任务引导2：在旅游时见过的不文明行为。

任务引导3：在带团过程中遇到游客乱扔垃圾等不文明旅游行为，应该如何处理。

3. 任务实施

（1）课前，学员围绕旅游过程中的要素收集不文明旅游行为的现象，填写在表1-1-11的相应栏内。

表1-1-11　不文明旅游行为分析记录表

旅游要素或环节	不文明行为描述	应如何引导	应如何预防
餐饮			
住宿			
交通			
游览			
购物			
娱乐			
其他			

（2）课中,学员交流填写情况,每个要素挑选一个具有代表性的不文明旅游行为,分析导游应如何引导,从中吸取的经验,填至表1-1-11的右侧两栏。

（3）课中,结合课堂内容,展开丰富想象,各小组通过情景模拟检验导游遇到不文明旅游行为时的处理流程,将具体安排填写至表1-1-12中。

表1-1-12　情景模拟安排表

组名	旅游要素或环节	小组成员	成员角色	学号	备注
			地陪导游		
			游客1		
			游客2		

情景模拟对话大纲（以餐饮要素为例）

（4）结合课堂内容,总结反馈旅游行程中文明旅游引导工作的内容。

（5）学员将任务完成过程中遇到的问题及解决办法、学习体会及收获记录在表1-1-13中。

表1-1-13　学习记录表

小组名称:	小组成员:
遇到的问题及解决办法:	
学习体会及收获:	

4. 任务考核

将任务考核评价记录在表1-1-14中。

表1-1-14　任务考核评价表

任务	评价标准	分值/分	评价分数/分		
			自评	互评	师评
不文明旅游行为分析记录表	填写完整,案例真实具有代表性	15			
	引导和预防方式得当	20			
导游遇到不文明旅游行为的情景模拟	引导方法得当、劝阻有效	15			
	对话内容符合逻辑,沟通条理清晰	10			
	用语文明,符合职业特点	10			

续表

任务	评价标准	分值/分	评价分数/分		
			自评	互评	师评
其他	仪容仪表	10			
	语言表达	10			
	团队协作	10			
最终得分					

▶ 新知讲授

一、引导的基本要求

（一）一岗双责

导游应兼具为旅游者提供服务与引导旅游者文明旅游两项职责。导游在引导旅游者文明旅游的过程中应体现良好的服务态度、坚持服务原则,在服务旅游者过程中应包含引导旅游者文明旅游的内容。

（二）掌握知识

导游应当熟练掌握我国旅游法律、法规、政策以及有关规范性文件关于文明旅游的规定和要求,如爱护公物和文物、保护生态环境、诚信友善等基本准则;掌握基本的文明礼仪知识和规范及必要的紧急情况处理技能,如有序排队、不在公共场所违规抽烟等;熟悉旅游目的地法律规范、宗教信仰、风俗禁忌、礼仪知识、社会公德等基本情况。

（三）率先垂范

导游在工作期间应以身作则,遵纪守法,恪守职责,注重仪容仪表、衣着得体,体现良好的职业素养和职业道德,为旅游者树立榜样。

（四）正确沟通

在引导时,导游应注意与旅游者充分沟通,秉持真诚友善原则,增强与旅游者之间的互信,增强引导效果。对旅游者的正确批评和合理意见,导游应认真听取,虚心接受。

（五）分类引导

1.差异化引导措施

（1）在带团出发前,导游应当充分了解团队成员构成、旅游产品特点、旅游目的地的基本情况,为恰当引导旅游者做好准备。

（2）面对未成年人较多的团队,应侧重对家长的引导,并需特别关注未成年人的行为特点,预防损坏公物、喧哗吵闹等不文明现象发生。

（3）对无出境记录的旅游者,应提前告知和提醒其出入海关、边防(移民局)的注意事项。

（4）旅游者生活环境与旅游目的地环境差异较大时，导游应当及时提醒旅游者注意相关习惯、理念差异，避免言行举止不合时宜而导致的不文明现象。

2. 针对不文明行为的处理

（1）对旅游者因无心之过而冒犯旅游目的地风俗禁忌、礼仪规范的行为，应及时提醒和劝阻，必要时协助旅游者赔礼道歉。

（2）对从事违法或违反社会公德活动的旅游者，或从事严重影响其他旅游者权益的活动，不听劝阻、不能制止的，根据旅行社的指示，导游可代表旅行社与其解除旅游合同。

（3）对从事违法活动的旅游者，不听劝阻、无法制止，后果严重的，导游应主动向相关执法、管理机关报告，寻求帮助，依法处理。

3. 针对特殊突发情况的处理

旅游过程中遭遇特殊或突发情况，如财物被抢被盗、重大传染性疾病、自然灾害、交通工具延误等情形，导游领队应沉着应对，冷静处理。需要旅游者配合相关部门处理的，导游应及时向旅游者说明，进行安抚劝慰，并积极协助有关部门进行处理。在突发紧急情况下，导游应立即采取应急措施，避免损失扩大。导游应在旅游者和相关机构、人员发生纠纷时，及时处理、正确疏导，引导旅游者理性维权、化解矛盾。遇旅游者采取拒绝上下机（车、船）、滞留等方式非理性维权的，导游应与旅游者进行沟通、晓以利害。必要时应向驻外使领馆或当地警方等机构报告，寻求帮助。

（六）总结反馈

旅游行程全部结束后，导游向旅行社递交的带团报告或团队日志中，宜有总结和反馈文明旅游引导工作的内容，以便积累经验并与同行分享。旅游行程结束后，导游宜与旅游者继续保持友好交流，并妥善处理遗留问题。对旅游过程中严重违背社会公德、违反法律规范、影响恶劣、后果严重的旅游者，导游应将相关情况向旅行社进行汇报，并通过旅行社将该旅游者的不文明行为向旅游管理部门报告，经旅游管理部门核实后，纳入旅游者不文明旅游记录。旅行社、导游行业组织等机构应做好导游引导文明旅游的宣传培训和教育工作。

二、具体规范

（一）餐饮

导游应提醒旅游者注意用餐礼仪，有序就餐，避免高声喧哗干扰他人。

导游应引导旅游者根据具体情况适度点餐，避免浪费，提醒旅游者自助餐区域的食物、饮料不能带离就餐区。在集体就餐时，导游应提醒旅游者正确使用公共餐具。如旅游者需在就餐时吸烟，导游应指示旅游者到指定吸烟区域就座；如就餐区禁烟，导游应提醒旅游者遵守相关规则。

若就餐环境对服装有特殊要求，导游应事先告知旅游者，以便旅游者准备。

在公共交通工具或博物馆、展览馆、音乐厅等场所，应遵守相关规则，勿违规饮食。

（二）住宿

导游应提醒旅游者尊重服务人员，服务人员问好时要友善回应。

导游应提醒旅游者爱护和正确使用住宿场所设施设备，注意维护客房和公共空间的整洁卫生，不要在酒店禁烟区域抽烟。

导游应引导旅游者减少一次性物品的使用，减少环境污染，节水节电，提醒旅游者在客房区域举止文明。例如，在走廊等公共区域衣着得体；出入房间应轻关房门；不吵闹喧哗，宜调小电视音量，以免打扰其他游客休息；在客房内消费的，应在离店前主动声明并付费。

（三）交通

导游应提醒旅游者提前办理检票、安检、托运行李等手续，不携带违禁物品。

导游应组织旅游者依序候机（车、船），并优先安排老人、未成年人、孕妇、残障人士。

导游应提醒旅游者不抢座、不占位，主动将上下交通工具方便的座位让给老人、孕妇、残障人士和带婴幼儿的旅游者。

导游应引导旅游者主动配合机场、车站、港口以及安检、边防（移民局）、海关的检查和指挥。与相关工作人员友好沟通，避免产生冲突，携带需要申报的物品，应主动申报。

导游宜利用乘坐交通工具的时间，将文明旅游的规范要求向旅游者进行说明和提醒。

导游应提醒旅游者遵守和配合乘务人员指示，保障交通工具安全有序运行，如乘机时应按照要求使用移动电话等电子设备。

导游应提醒旅游者乘坐交通工具的安全规范和基本礼仪，如乘机（车、船）时不长时间占用通道或卫生间，不强行更换座位，不强行开启安全舱门，不无限制索要免费餐饮等。

导游应提醒旅游者保持交通工具内的环境卫生，不乱扔乱放废弃物。

（四）游览

导游宜将文明旅游的内容融入讲解词中，进行提醒和告知。

在自然环境中游览时，导游应提示旅游者爱护环境、不攀折花草、不惊吓或伤害动物，不进入未开放区域。观赏人文景观时，导游应提示旅游者爱护公物、保护文物，不攀登、骑跨或乱写乱画。在参观博物馆、教堂等室内场所时，导游应提示旅游者保持安静，根据场馆要求规范使用摄影摄像设备。不随意触摸展品。游览区域对旅游者着装有要求的（如教堂、寺庙、博物馆、皇宫等），导游应提前一天向旅游者说明，提醒旅游者事先做好准备。导游应提醒旅游者摄影摄像时先后有序，不妨碍他人。如需拍摄他人肖像或与他人合影，应征得同意。

（五）购物

导游应提醒旅游者理性、诚信消费、适度议价。

导游应提醒旅游者遵守购物场所规范，保持购物场所秩序，不哄抢喧哗，试吃、试用商品应征得同意，不随意占用购物场所非公共区域的休息座椅。同时，遵守购物场所购物数量限制。在购物活动前，导游应提醒旅游者购物活动结束时间以及集合地点，避免因旅游者迟到、拖延而引发的不文明现象发生。

（六）娱乐

导游应组织旅游者安全、有序、文明、理性地参与娱乐活动。

导游应提示旅游者观赏演艺、比赛类活动时遵守秩序，如按时入场、有序出入。中途入场或离席以及鼓掌喝彩应合乎时宜。根据要求使用摄像摄影设备，慎用闪光灯。导游应提示旅游者观看体育比赛时,尊重参赛选手和裁判。若旅游者将参加涉水娱乐活动,导游应事先提醒旅游者听从工作人员指挥,注意安全,爱护环境。导游应提醒旅游者在参加和其他旅游者、工作人员互动的活动时,文明参与,并在活动结束后对工作人员表示感谢,礼貌话别。

(七) 其他

旅游过程中,导游要做好如厕相关引导。在卫生设施复杂或当地如厕习惯特殊时,向旅游者说明正确使用方法,提醒维护清洁、适度取用用品,勿违规抽烟、扔垃圾和占用残障设施。长途乘车前,告知行车时间,提醒旅游者提前上厕所,行车中协调司机中途停车。游览时适时告知卫生间位置,引导家长带未成年人使用,避免随地大小便。人多场合,引导旅游者依序排队,礼让老人、孩子和残障人士。野外无设施时,引导旅游者在合适位置方便,避免污染环境,提示填埋、清理废弃物。

导游参加行前说明会的,宜在行前说明会上,向旅游者讲解《中国公民国内旅游文明行为公约》或《中国公民出境旅游文明行为指南》,并将旅游目的地的法律法规、宗教信仰、风俗禁忌、礼仪规范等内容详细告知旅游者,使旅游者在出行前具备相应知识,为文明旅游做好准备。不便召集行前说明会或导游不参加行前说明会的,导游应通过发送短信或电话沟通等方式,告知旅游者文明旅游的相关注意事项和规范要求。

在旅游出发地机场、车站等集合地点,导游应向旅游者重申文明旅游注意事项。若旅游产品有特殊安排,如乘坐的廉价航班不提供餐饮、入住酒店不提供一次性洗漱用品,导游应事先告知和提醒旅游者。

新知讲授

▌慎思笃行

导游如何引导游客文明旅游

▌任务检测

17

项目二　格物致知善思索
——导游服务认知

◉ **知识目标**

1.熟知导游服务的内涵,包括服务主体、内容、对象及标准的具体要求。

2.掌握导游服务的范围,明确向导、讲解、旅行生活等主要服务内容。

3.了解图文声像导游和实地口语导游的类型特点,以及两者的差异。

4.掌握导游服务的特点和原则。

◉ **能力目标**

1.能准确区分不同类型导游服务,能够依据实际场景分析图文声像导游和实地口语导游的适用情况,并选择合适的导游服务方式。

2.能根据导游服务的特点和原则,对给定的导游服务场景进行分析,判断其是否符合相关要求,并能指出存在的问题和改进方向。

3.能依据导游服务的内涵和范围,为不同需求的游客提供恰当的服务。

◉ **素养目标**

1.树立以游客为中心的服务意识,激发职业认同。

2.秉持良好职业道德,坚决抵制旅游过程中的各种诱惑。

3.增强跨文化交流素养,促进不同文化间的理解与融合。

◉ **任务引入**

湖南华天国际旅行社有限责任公司新导游岗前培训进入第二个主题。人力资源部资深员工舒某继续担任岗前培训师,主要对旅游业迈向高质量发展背景下导游服务的内涵、类型、特点和原则等内容进行进一步的解析,为培育导游新质生产力奠定基础。

本项目的学习清单如表1-2-1所示,请你每完成一项学习任务后在相应的括号中打"√"。

表1-2-1　学习清单

项目	任务内容		备注
学习任务	（　　）	导游服务的内涵及类型	
	（　　）	导游服务的特点和原则	
学习感想			

> **任务工单**

任务一　导游服务的内涵及类型

1.任务描述

针对主题"导游服务的内涵及类型",培训师借助线上教学资源实施培训。

学员通过课前自主学习,课中实践操作、任务点评,掌握导游服务的内涵及类型,为提供高质量导游服务做好准备。

(1)课前,每位学员自主收集至少两个导游服务相关案例(可以是正面案例,也可以是存在问题的案例),分析案例中导游服务涉及的内涵要素(如服务主体是否具备资质、服务内容是否全面、服务对象需求是否满足等),思考案例中导游服务的类型,并填写表格。

(2)课中,被教师抽选到的学员分享案例分析成果,师生共同讨论案例中导游服务的优劣之处,加深对导游服务内涵的理解。

(3)课中,安排小组活动,学员根据教师提供的情景素材,分小组进行情景模拟。每小组需模拟导游为不同旅游者(如研学游、银发游、冰雪游、亲子游等)提供服务的场景,展示导游服务的内涵及类型,时间控制在4—6分钟。

(4)情景模拟结束后,开展任务点评,结合模拟情况和理论知识,强化对导游服务内涵及类型的认知。

(5)课后,学员需整理课堂讨论和情景模拟的收获,撰写一篇关于导游服务内涵及类型的总结报告,上传至在线课程的作业区。总结报告应包含对导游服务内涵各要素的理解、两种导游服务类型的对比分析,以及自身在学习过程中的感悟。

2.任务准备

(1)个人任务:收集案例并填写表1-2-2,准备在课堂上分享;根据下列任务引导,认真学习相关课程资源。

表1-2-2　案例分析表

案例序号	概况分析				优缺点分析	
	服务主体与内容	服务对象与标准	服务内涵体现	涉及服务类型	优点	改进
1						
2						
3						
4						
……						

任务引导1:导游服务的内涵,包括服务主体、内容、对象及标准的具体要求。

任务引导2:收集案例中导游服务主体的行为是否符合资质要求。

任务引导3：图文声像导游和实地口语导游的类型特点。

（2）小组任务：小组共同了解情景模拟的基本要求，学习导游服务内涵及类型的课程资源；根据情景素材进行角色分配（包括导游、旅游者等角色），讨论并制定情景模拟的对话大纲和流程；思考在情景模拟过程中如何突出导游服务的内涵及类型特点，完成情景模拟的准备工作。

任务引导1：针对不同类型旅游者（如研学游、银发游、冰雪游、亲子游等），导游服务在标准和方式上的差异。

任务引导2：图文声像导游和实地口语导游在实际应用中各自的优势和局限性。

3.任务实施

（1）各小组学员分析案例后填写表1-2-2。

（2）被教师抽到的同学分享课前收集的案例，从服务主体、服务内容、服务对象与标准等方面进行详细分析，阐述案例中体现的导游服务内涵，以及涉及的导游服务类型，并分析案例中导游服务的优点和可改进之处。

（3）情景模拟展示。

各小组填写表1-2-3，并根据表中准备的内容进行情景模拟展示（注意控制每组现场展示时间）。在情景模拟过程中，小组成员需准确扮演各自角色，展现导游为旅游者提供服务的过程，包括向导服务、讲解服务、旅行生活服务等环节，突出导游服务内涵及类型的应用。情景模拟结束后，各小组提交情景模拟报告，报告内容包括情景模拟的场景简介、各成员的角色表现、在模拟中对导游服务内涵及类型的体现方式，以及遇到的问题和解决方法、学习体会及收获。

表1-2-3　情景模拟安排表

组名	案例	小组成员	成员角色	学号	备注
	案例1		旅游者		
			全陪导游		
			旅行社工作人员		
情景模拟对话大纲					

（4）知识巩固深化。

师生结合案例分析和情景模拟情况，对导游服务内涵及类型的重点知识进行巩固和深化。

（5）学习总结记录。

学员将任务完成过程中遇到的问题及解决办法、学习体会及收获记录在表1-2-4中。

表1-2-4 学习记录表

小组名称：		小组成员：
遇到的问题及解决办法：		
学习体会及收获：		

4.任务考核

将任务考核评价记录在表1-2-5中。

表1-2-5 任务考核评价表

任务	评价内容	分值/分	评价分数/分		
			自评	互评	师评
案例分析	案例选择具有代表性	5			
	对导游服务内涵要素分析准确、全面	10			
	对导游服务类型判断正确,并能结合案例阐述特点	10			
情景模拟	分工明确、组织有序,在规定时间内完成模拟	5			
	模拟场景真实,完整展示导游服务流程	15			
	角色表现生动,准确体现导游服务内涵及类型特点	20			
	语言表达清晰、流畅,符合导游职业规范	10			
总结报告	报告内容完整,对知识点总结准确	10			
	学习体会深刻,有一定的反思并获得启发	5			
其他	团队协作	5			
	仪容仪表	5			
最终得分					

▶ 新知讲授

一、导游服务的内涵

（一）导游服务的含义

导游服务是指导游代表被委派的旅行社,按照组团合同或约定的内容和标准为旅游者提供向导、讲解、迎接、送行、交通、住宿、用餐、游览、购物、文化娱乐等相关服务。导游服务的内涵具体来说包括以下几方面。

1.服务主体

（1）资质要求严格。

提供导游服务的主体是具有导游执业资格的导游。这要求导游不仅要通过严格的导游资格

新知讲授

考试,取得导游证,还需持续更新知识,不断提升专业素养。

（2）委派制度规范。

导游为旅游者提供服务必须接受旅行社委派,不得私自承揽导游业务。这是出于对旅游市场秩序的维护和旅游者权益的保障。

2. 服务内容

（1）向导服务全面。

向导服务并非简单地引路、带路,还包括对当地交通状况、路况信息的实时掌握,能够根据实时交通情况、旅游者的时间安排和特殊需求,为其规划出最便捷、高效、舒适的行程路线。在面对如自然灾害、道路施工等突发状况时,能迅速调整路线,带领旅游者安全、顺利地到达目的地。

（2）讲解服务深入。

讲解是导游服务的核心和灵魂。讲解服务不仅包括在旅游目的地对景点的详细介绍,还涵盖了沿途讲解、参观游览地的深度讲解,以及在座谈、访问和某些参观点的口译服务等。

（3）相关服务细致。

除代办各种旅行证件、代购交通票据、安排旅游行程等,还包括旅游者入出境迎送时的手续办理、行李协助,旅途生活中的饮食安排、住宿协调、安全保障（人身和财产安全）,以及上下站联络（与旅行社、景区等保持密切沟通,确保行程衔接顺畅）等。

3. 服务对象与标准

导游服务团队游客时,要严格按组团合同的规定和导游服务质量标准实施,服务散客时,按约定内容和标准实施。导游不得擅自增减旅游项目,不得降低导游服务质量标准。

（二）导游服务的范围

导游服务工作繁重纷杂,服务范围很广,食、住、行、游、购、娱几乎无所不包。归纳起来,导游服务主要包括讲解服务、旅行生活服务和市内交通服务。

1. 讲解服务

（1）讲解内容多元化。

讲解服务是导游服务的灵魂,是导游服务的核心内容。导游不仅要对景点历史文化、地理风貌等进行讲解,还需介绍当地民俗风情、特色美食、传统手工艺等。

（2）讲解技巧多样化。

在丰富的专业知识、良好的语言表达能力和深厚的人文素养的基础上,导游还要善于运用各种讲解技巧来吸引旅游者的注意力,增强讲解的趣味性和吸引力。

（3）互动反馈及时化。

在导游讲解服务过程中,导游还需要关注旅游者的反馈和需求,及时调整讲解内容和方式,以满足旅游者的个性化需求。此外,导游还需要具备处理突发情况的能力,如在遇到旅游者提问或质疑时,能够迅速、准确地做出回应,确保讲解服务的顺利进行。

2. 旅行生活服务

（1）迎送规范化。

导游要提前了解航班、车次信息,提前到达机场、车站接送旅游者,协助办理手续,确保旅游者顺利通行。同时,要为旅游者提供必要的行李协助搬运等服务。

（2）旅途照料细致化。

饮食上,导游要根据旅游者的口味偏好、饮食禁忌等合理选择餐厅和菜品,确保饮食卫生和安全;住宿方面,要提前与酒店沟通协调,确保房间设施完好、环境舒适,协助旅游者办理入住和退房手续,及时解决住宿过程中出现的问题。

(3)安全保障全面化。

导游要时刻关注旅游者的人身和财产安全,在行程中提供安全提示,如在乘坐交通工具时提醒系好安全带,在景区内提醒注意脚下安全等。同时,要了解当地的医疗资源分布情况,在旅游者出现身体不适时能够及时提供帮助,联系医疗机构进行救治。

(4)上下站联络无缝化。

上下站联络也是旅行生活服务的关键环节。导游要与各地的旅行社、酒店、景区等保持密切沟通,确保行程衔接顺畅。在行程变更时,要及时通知相关单位和人员,协调好各方利益,保证旅游活动顺利进行。

3. 市内交通服务

市内交通服务指导游兼任驾驶员为游客在市内及市郊提供驾车服务。这一模式在西方较普遍,我国虽刚起步,但随着导游职业模式的多元化,未来为散客或小团队提供市内及周边交通服务将逐渐纳入导游服务范畴。

二、导游服务的类型

导游服务包括图文声像导游和实地口语导游两种方式。

(一)图文声像导游

图文声像导游亦称物化导游,是指作为游客旅游指导的招徕宣传品和旅游纪念品,包括多种不同形式的图文印刷资料和声像制品,它在现代旅游中发挥着越来越重要的作用。

1. 图册类

导游图、交通图、旅游指南、景点介绍册页、画册、旅游产品目录等。

2. 纪念品类

有关旅游产品、专项旅游活动的宣传品、广告、招贴以及旅游纪念品等。

3. 声像类

有关国情(城市)介绍、景点介绍的音视频资料等。线上展示则是随着网络技术的发展,很多景点和旅游企业将声像资料上传到官方网站、旅游平台等,游客可以随时随地在线观看。

4. 自助式语音导览器

自助式语音导览器具有多种语言可供选择,可通过红外无线连接,采用图、文、声、像全方位多媒体技术对展览内容进行翔实的介绍,使展览得到更大程度的扩展和延伸。一些语音导览器还具备智能感应功能,当游客靠近特定景点时,自动播放相关讲解。在博物馆、展览馆、大型户外活动、主题公园等场景中得到应用,为游客提供更便捷的导览服务。

5. 智慧旅游

智慧旅游除了包括云计算、物联网、互联网和全球卫星定位系统,还融合了人工智能、大数据等技术,为游客提供更加个性化、精准的服务。例如,根据游客的浏览历史和偏好,推荐适合的旅游景点和活动。除了导航软件和景区App,还出现了一些智能导游机器人,能够与游客进行互动交流,解答问题。同时,一些景区利用虚拟现实(VR)、增强现实(AR)技术,为游客提供沉浸式的旅游体验,如让游客通过手机或头戴设备,身临其境地感受历史场景或虚拟景观。

（二）实地口语导游

实地口语导游亦称讲解导游,包括导游在游客旅行、游览途中所进行的介绍、交谈和问题解答等导游活动,以及在参观游览途中所做的导游讲解。虽然在导游服务方式多样化、高科技化背景下,图文声像导游形象生动、便于携带和保存的优势将会进一步发挥,但仍处于从属地位,实地口语导游在导游服务中的核心地位是不可替代的,其原因主要有以下三个方面。

1.导游服务对象是有思想和目的的游客,需要导游提供有针对性的导游服务

由于不同游客的出游动机和目的不尽相同,其表达方式也存在差异。单纯依靠图、文、声、像一类千篇一律的固定模式介绍旅游景点,是不可能满足不同社会背景和出游目的游客的需求的。导游可以通过实地口语导游了解游客对旅游景点的喜好程度,在与游客的接触和交谈中,掌握不同游客的想法和出游目的,然后根据游客的不同需求,在对景观景物进行必要的介绍的同时,有针对性、有重点地进行导游讲解。

2.现场导游情况复杂多变,需要导游灵活、妥善处理

现场导游的情况是复杂的,在导游讲解时,有的游客会专心致志地听,有的则满不在乎,有的还会借题发挥提出各种稀奇古怪的问题。在不降低导游服务质量标准的前提下,一方面满足那些确实想了解旅游目的地景观景物知识的游客的需求,另一方面要想方设法调动那些对旅游目的地不感兴趣的游客的游兴,还要对提出古怪问题的游客做必要的解释,以活跃整个团队的旅游气氛。例如,在讲解过程中遇到游客身体不适或天气突变等突发状况,导游需要迅速做出反应。现代科技导游手段无法解决此类复杂情况,因此只有高水平导游才能从容应对。

3.旅游是一种人际交往和情感交流活动,需要导游的参与和沟通

旅游是客源地人们前往目的地的社会文化活动,游客通过接触当地居民了解其社会文化,实现人际情感交流。导游作为游客最先且最长时间接触的当地人,其形象举止给游客留下深刻印象。通过导游讲解,游客能了解目的地文化、增长知识。在相处中,游客与导游自然产生情感交流,建立信任与友谊。这不仅体现在导游对游客的关怀,还体现在分享生活经验、文化见解,促进双方深入了解。比如导游可以邀请游客参与当地的民俗活动,让游客更深入地体验当地文化,增进彼此的感情。

▶ **任务工单**

任务二 导游服务的特点和原则

1.任务描述

针对主题"导游服务的特点和原则",培训师借助线上教学资源实施培训。

学员通过课前案例收集分析,课中小组研讨、模拟导游场景等活动,深入理解并熟练掌握导

游服务的特点,能够准确依据导游服务原则处理各类导游服务场景中的问题,切实提升导游服务意识和职业素养。

(1)课前,每位学员至少收集一个涉及导游服务问题或优秀服务案例(可以是因违背导游服务原则引发纠纷的案例,也可以是遵循原则获得游客高度认可的案例),深入分析案例中导游服务的行为,依据所学知识判断其是否符合导游服务的特点和原则,将案例内容、分析思路及初步结论填写至表格中。

(2)课中,被教师抽选的部分学员分享案例,展示已填表格,师生共同剖析案例中导游行为与导游服务特点及原则的契合度,加深对理论知识的理解。

(3)课中,安排自由辩论,围绕"导游工作的独立性是否与其遇到问题及时报告旅行社的义务相冲突"这一主题开展自由辩论,加深对理论的理解。

(4)课中,自由辩论结束后,观众组提出疑问,由辩论组解答,随后开展全面的任务点评。

(5)课后,学员须对本次学习过程进行系统总结,撰写一篇心得体会。内容涵盖对导游服务特点及原则的深入理解、在自由辩论活动中的收获与不足、未来在实际导游工作中的应用规划等方面,完成后上传至在线课程的作业区。

2. 任务准备

(1)个人任务:收集并筛选符合要求的导游服务案例,深入分析案例中导游的行为表现。根据下列任务引导,认真学习相关课程资源。

任务引导1:导游服务的特点和原则。

任务引导2:在不同导游服务场景下,运用导游服务的特点及原则解决问题。

任务引导3:在收集的案例中,导游的哪些行为体现了导游服务工作独立性强、脑体高度结合、客观情况复杂、文化交流频繁的特点。

(2)小组任务:全班临时组成三个小组,辩论组包括正反两方,每方4—6人,含辩手与替补,正反两方各推选一名队长,由队长组织队员搜集资料,开展研讨做好辩论准备;评委组由3—6人组成,活动前商定评分标准;其余为观众组,在观众组中遴选出一名主持人,制定活动流程方案;同时,三组成员都应思考以下任务引导。

任务引导1:针对现实中的各类场景,导游应优先遵循的服务原则。

任务引导2:在导游服务过程中,可能会遇到的与导游服务特点及原则相冲突的情况。

3. 任务实施

(1)案例分析汇报。

被教师抽到的学员在课堂上分享自己在课前填写的表1-2-6中内容,详细阐述案例背景、导游行为过程,对导游服务的特点及原则进行深入分析,并对案例中导游的行为从优点和改进之处两个方面进行分析。汇报结束后,其他学员可进行提问和补充,共同完善案例分析。

表1-2-6 案例分析表

案例序号	分析				优缺点分析	
	案例背景	导游行为过程	服务特点	服务原则	优点	改进之处
1						
2						
3						

续表

案例序号	分析				优缺点分析	
	案例背景	导游行为过程	服务特点	服务原则	优点	改进之处
4						
5						

（2）课中小辩论。

课中由主持人掌控流程，介绍辩题、队伍、规则与评委，把控时间，推动环节过渡；辩论组正反两方按照预先准备的方案及其素材进行自由辩论，要求论点突出，论据充分，其中，一辩负责开篇立论，二、三辩进行提问和反驳，侧重逻辑攻防，四辩总结陈词，升华观点。辩论过程中，评委组为双方打分或投票。观众组虽不参与辩论，但可在互动环节提问或发表看法。辩论结束后，由评委点评表现、分析优劣。需要注意的是辩论时间应控制在30分钟。辩论开始前，各小组依据表1-2-7内容做好辩论准备。

表1-2-7 辩论准备表

	正方	反方
大论点		
小论点1		
小论点2		
小论点3		
论据（数据）		
论据（事例）		
论据（理论阐释）		
向对方的提问1		
向对方的提问2		

（3）知识巩固强化。

教师结合案例分析和自由辩论的情况，对导游服务的特点及原则进行系统回顾和重点强调，针对学生在分析和辩论过程中存在的共性问题进行深入讲解，帮助学生进一步深化对知识点的记忆和理解；随机抽选同学对导游服务特点及原则的关键内容进行总结复述，检验学生的掌握程度，强化知识巩固效果。

（4）学习成果记录。

学员将任务完成过程中遇到的问题及解决办法、学习体会及收获记录在表1-2-8中。

表1-2-8 学习记录表

小组名称：	小组成员：

遇到的问题及解决办法：

学习体会及收获：

4. 任务考核

将任务考核评价记录在表1-2-9中。

表1-2-9 任务考核评价表

任务	评价内容	分值/分	评价分数/分		
			自评	互评	师评
案例分析	案例选取恰当,能准确反映导游服务问题	10			
	对导游服务特点及原则的分析全面、准确	10			
	提出的改进措施具有可行性和针对性	10			
自由辩论	角色分工明确,辩论过程组织有序	5			
	论点突出,论据充分,过程激烈	20			
	语言表达清晰、专业,符合职业规范	10			
心得体会	报告内容完整,对学习过程总结深刻	15			
	学习体会具有独特见解,对未来工作有实际指导意义	10			
其他	团队协作良好,成员积极参与,配合默契	5			
	仪容仪表符合导游职业形象要求	5			
最终得分					

▶ **新知讲授**

一、导游服务的特点

导游服务是旅游服务中具有代表性的工作,有鲜明的个性特征,具有以下四个特点。

(一)工作独立性强

(1)独立执行任务。

导游在接受旅行社委派的任务后,带团外出旅游往往要独当一面。导游应自觉地宣传国家政策,向游客传递正确的价值观和文化信息,使游客在旅游时既能欣赏风景又能了解国家的发展成就和文化内涵。

(2)独立组织活动。

要根据旅游计划独立组织活动、带领旅游团参观游览、合理安排行程,确保游客能充分体验旅游目的地的特色和魅力。比如根据景点开放时间、游客兴趣等因素,灵活调整游览顺序和时间分配。

(3)独立处理问题。

特别是出现问题时,要独立且合情合理地进行处理。如面对交通延误、游客突发疾病、景区临时关闭等意外情况,导游需迅速做出判断,采取有效的解决措施,保障游客的安全和旅游的顺利进行。

(4)讲解的独立性。

导游讲解也具有相对的独立性,需根据不同旅游者的文化层次、兴趣爱好和审美情趣进行有针对性的导游讲解。比如面对文化学者，讲解时可深入挖掘历史文化内涵；对于普通游客，则应以生动有趣的故事和通俗易懂的语言进行介绍。

新
知
讲
授

（二）脑体高度结合

1. 脑力劳动的要求

（1）知识储备丰富。

导游接待的旅游者社会背景、文化水平各异，需求也各不相同。这就要求导游要有广博的知识，天文地理、政治经济、社会文化、文学艺术、医疗卫生、宗教民俗等方面均需涉猎，以便在进行景观讲解、解答旅游者问题时能从容应对。

（2）语言能力出色。

具备扎实的语言功底和较强的语言表达能力，能够清晰、流畅地向旅游者传达信息是基本要求。此外，还需根据旅游者的语言习惯和文化背景，灵活调整讲解方式和语言风格，确保旅游者能充分理解和感受旅游目的地的魅力。

（3）心理素质过硬。

面对各种突发情况和游客的不同需求，导游要具备良好的心理素质，保持冷静和耐心，积极应对各类问题，为旅游者提供及时、有效的帮助。

2. 体力劳动的强度

（1）长时间工作。

在旅游旺季时，导游往往会连轴转，整日陪同旅游者，无论严寒酷暑，长期在室外工作，体力消耗大，常常无法在正常休息时间好好休息。

（2）活动强度大。

在带团过程中，导游需要长时间站立、行走，甚至可能需要在复杂的地理环境中进行攀爬、涉水等活动。例如在带领旅游者徒步穿越自然景区时，导游不仅要自己保持良好的体力，还要照顾到旅游者的安全和需求。

（三）客观情况复杂

（1）服务对象复杂。

游客来自不同地区、国家，具有不同文化背景、社会地位、兴趣爱好和性格特点，这就要求导游能够根据不同游客的特点，提供个性化服务，满足其需求。

（2）游客需求多样。

游客在旅游过程中的需求多种多样，除了基本的吃、住、行、游、购、娱需求外，还可能有特殊的要求，如宗教信仰、医疗需求、商务活动等。导游需要在满足游客基本需求的基础上，尽可能地满足他们的特殊需求。

（3）人际关系复杂。

导游在工作中需要与众多人员打交道，包括游客、旅行社工作人员、旅游景区工作人员、酒店工作人员、司机等。要协调好与这些人员的关系，确保旅游活动的顺利进行，导游需要具备良好的沟通能力和协调能力。

（4）直面多种诱惑。

在旅游过程中，导游可能会面临各种物质诱惑和"精神污染"，如商家的回扣、游客的不当要求等。导游需要保持良好的职业道德和职业操守,坚守自己的原则,不为利益所动,为游客提供优质、诚信的服务。

(四)文化交流频繁

(1)传播目的地文化。

导游作为旅游目的地文化的传播者,要向游客传递目的地丰富的文化信息,包括历史遗迹、文化传统、风俗习惯、艺术形式等,让游客深入了解当地文化,感受不同地域文化的独特魅力。

(2)了解游客文化背景。

不同国家和地区的游客具有不同文化背景和价值观,导游需要了解这些差异,以便更好地与游客沟通和交流,避免因文化差异而产生的误解和冲突。

(3)促进文化融合。

在与游客的互动中,导游不仅可以向游客传播本地文化,还能从游客那里了解到不同国家和地区的文化,促进不同文化之间的交流和融合。这种文化交流是双向的,有助于拓宽导游和游客的文化视野,增进不同文化之间的相互理解和尊重。

(4)提升跨文化能力。

随着全球化的加速推进,国际旅游市场不断扩大,导游服务的文化交流作用也愈发重要。导游需要不断提升自己的跨文化交际能力,学习不同国家的语言、文化、礼仪等知识,以适应不同国家和地区游客的需求,更好地推动不同文化之间的交流与融合。

二、导游服务的原则

导游服务的原则包括游客为本、规范化服务、平等待客、个性化服务、维护游客合法权益等。这些原则共同构成了导游服务的基础和指导方针,为导游提供了明确的工作方向和行为准则。

(一)游客为本原则

游客为本原则是导游服务的核心。导游应始终以满足客的正当需求为出发点,确保游客在旅行过程中的安全、舒适和愉快。这要求导游具备高度的服务意识,时刻关注游客的需求和感受,提供贴心周到的服务。具体包括以下做法。

(1)微笑服务,礼貌服务。

尊重游客,讲究文明礼貌,注意礼节,使用礼貌用语,展现热情、友好、真挚的态度,让游客有宾至如归的感觉。

(2)以游客利益为重。

在安排行程、选择服务项目等方面,要把游客利益放在首位,处处以游客为中心。

(3)关注特殊需求。

对于有特殊需求的游客,如老人、儿童、残疾人等,要给予更多的关心和照顾,确保他们能顺利完成旅行。

(二)规范化服务原则

导游服务应遵循国家和行业的标准和规定,以旅游合同为依据,确保服务质量。导游应熟悉并掌握导游服务流程、服务技巧和业务知识等,用专业的知识和技能为游客提供优质服务。具体体现如下。

（1）严格执行标准。

按照《导游服务规范》等标准，确保服务程序、质量要求等符合规范。

（2）履行合同义务。

严格按照旅游合同约定的内容和标准提供服务，不擅自更改行程、减少服务项目或降低服务标准。

（3）记录与反馈。

对服务过程进行详细记录，以便及时发现问题并进行改进。同时，积极收集游客的反馈意见，不断提高服务质量。

（三）平等待客原则

导游应平等地对待每一位游客，不论其国籍、种族、性别、年龄、宗教信仰。导游应尊重游客的个性和习惯，以礼貌、友好的态度为游客提供服务，避免任何形式的歧视或偏见。具体要求如下。

（1）一视同仁的服务。

热情、友好和礼貌地对待每一位游客，提供相同标准的服务，不厚此薄彼。

（2）尊重个性与习惯。

充分尊重不同游客的文化背景、生活习惯、兴趣爱好等，不因为个人的喜好或偏见而对旅游者有不同的对待。

（3）等距离交往。

与所有游客保持适当的距离，避免与个别游客过于亲近而引起其他游客的不满。

（四）个性化服务原则

导游应根据游客的实际情况和需求进行灵活调整，提供个性化的服务。导游应关注游客的兴趣和喜好，为游客量身定制旅游行程，提供有针对性的讲解和推荐，让游客在旅行中获得更好的体验。可以从以下几个方面落实。

（1）深入了解游客。

在带团前尽可能了解游客的基本情况、兴趣爱好、特殊需求等，以便在服务过程中更好地满足他们的个性化要求。

（2）灵活调整行程。

根据游客的实际情况和需求，在不影响整体行程和服务质量且征得游客同意的前提下，对行程进行适当的优化，如增加或减少景点、调整游览时间等。

（3）提供特色讲解。

针对不同游客的兴趣点，提供有针对性的讲解内容。例如，对于历史文化爱好者，可以重点讲解景点的历史背景、文化内涵；对于自然风光爱好者，则着重介绍景点的自然景观特色、地理知识等。

（五）维护游客合法权益原则

导游应积极维护游客的合法权益，包括知情权、选择权、公平交易权等。在旅游过程中，导游应确保游客的行程安排合理、透明，避免强制购物或增加额外费用等行为，保障游客的合法权益不受侵犯。主要包括以下几个方面。

（1）保障旅游自由权。

确保游客在不违背法律规定的前提下，能够自由地选择旅行方式、时间和地点，在旅游目的地或中途地有合法停留的权利。

（2）保证服务自主选择权。

不干涉游客自行选择从事旅游经营的企业、旅游线路、旅游项目和服务等级等，让游客能够根据自己的意愿和需求进行选择。

（3）落实旅游知情权。

向游客准确介绍景区景点知识、服务内容和其他相关信息，不隐瞒、不夸大，使游客能够全面、准确地了解旅游相关情况。

▍慎思笃行

导游擅自离岗的法律警示与职业道德反思

新知讲授

▍任务检测

▍微课视频

精英面对面：以热爱，叩响导游之门

模块二　好学精技

——单项导游技能

项目一 得心应手善交往
——导游带团技能

◉ 知识目标

1.掌握导游的团队协作技巧。

2.掌握导游与游客交往的技巧（组织协调、心理服务、引导审美）。

3.掌握接待不同类型游客的方法和技巧。

4.熟悉信息技术在导游工作中应用的技巧。

◉ 能力目标

1.能与相关旅游服务部门和人员协作开展导游工作。

2.能高效组织与协调旅游活动，灵活运用心理服务技巧以提升游客体验，以及引导并提升游客审美感知。

3.能灵活应对、高质量接待各类游客。

4.能在导游工作中有效运用信息技术工具，提升工作效率和服务质量。

◉ 素养目标

1.具有团队协作能力与良好的沟通能力。

2.善于洞察游客需求，具有良好的审美素养、人际交往能力和信息化素养。

3.具有终身学习的意识和较高的学习能力。

◉ 任务引入

湖南华天国际旅行社有限责任公司新导游岗前培训进入第三个主题。导游部王经理选取了一个新加坡入境旅游团的案例以及2位公司的"十佳导游"的成长故事，通过分析导游的工作经历，总结导游带团经验。

新加坡入境旅游团基本情况：来自新加坡的12名旅游者，计划前往上海、杭州和黄山等地游览，参观上海博物馆、中国共产党一大·二大·四大纪念馆、上海城隍庙、山塘街、拙政园、乌镇、杭州宋城、千岛湖景区、西湖风景名胜区和黄山等，夜游黄浦江、西栅。1名领队，1名全陪导游，上海、杭州、黄山地陪导游各1人。

新加坡入境旅游团游客基本情况：共12人，4女8男，其中夫妻2对，1对母子（孩子7岁），70岁以上老人1位。

本项目的学习清单如表2-1-1所示，请你每完成一项学习任务后在相应的括号中打"√"。

表2-1-1 学习清单

项目		任务内容	备注
学习任务	（　）	导游团队协作的技巧	
	（　）	导游与游客交往的技巧	
	（　）	导游接待不同团型游客的技巧	

续表

项目		任务内容	备注
学习任务	（　　）	导游应用信息技术的技巧	
学习感想			

▶ 任务工单

任务一　导游团队协作的技巧

1.任务描述

针对主题"导游团队协作的技巧",培训师借助线上教学资源实施培训。

学员通过课前学习案例(二维码2-1-1)、课中实践操作、任务点评,掌握导游团队协作的各项要点,能高质量地提供导游服务工作。

(1)课前,以小组为单位根据三个相应的案例,分析总结导游与团队其他同事友好相处的技巧,及可能出现的问题且如何解决(每位学员至少讲出一个可能出现的问题及解决方案),并填写表格。

(2)课中,被教师抽选的部分学员对表格进行解析,通过头脑风暴结合相应案例梳理导游团队协作的技巧并绘制思维导图。

(3)课中,结合案例,小组通过情景模拟检验落实导游团队协作的操作程序。

(4)课中,解析环节结束后,开展任务点评,灵活运用理论知识分析问题,掌握导游团队协作的技巧。

(5)课后,各小组完善导游团队协作技巧的思维导图,上传至在线课程的作业区。

案例

2-1-1

2.任务准备

以小组为单位,根据案例总结分析其中要点,掌握导游团队协作技巧等知识。集体根据任务引导认真学习相关课程资源。

任务引导1:导游带团需处理的基本关系。

任务引导2:导游团队协作的基本要求。

3.任务实施

(1)课前,各小组学员分析案例后填写表2-1-2。

表2-1-2　导游团队协作案例分析

	所属类别	可能出现的问题及解决方案	分析特点,得出结论
案例一		原先预订的13间客房现只有11间	
案例二			协助司机安全行车
案例三	地陪导游与旅游相关单位		

(2)课中,被教师抽到的小组派代表展示并解析已填写好的表格,师生共同理清导游团队协作技巧。

（3）课中各小组抽选案例,通过情景模拟检验导游团队协作的操作程序,并填写表2-1-3、表2-1-4、表2-1-5。

表2-1-3　导游团队协作情景对话表

组名	场景	小组成员	成员角色	学号	备注
	饭店少给两间客房		地陪导游小李		
			全陪导游小王		
情景对话大纲					

表2-1-4　导游团队协作情景对话表

组名	场景	小组成员	成员角色	学号	备注
	旅游车的轮胎爆了		地陪导游小李		
			司机		
情景对话大纲					

表2-1-5　导游团队协作情景对话表

组名	场景	小组成员	成员角色	学号	备注
	地陪导游与景区工作人员对接		地陪导游小李		
			千岛湖景区工作人员		
情景对话大纲					

续表

（4）每组学员完善导游团队协作的思维导图。

（5）学员将任务完成过程中遇到的问题及解决办法、学习体会及收获记录在表2-1-6中。

表2-1-6　学习记录表

小组名称：	小组成员：
遇到的问题及解决办法：	
学习体会及收获：	

4. 任务考核

将任务考核评价记录在表2-1-7中。

表2-1-7　任务考核评价表

任务	评价标准	分值/分	评价分数/分		
			自评	互评	师评
导游团队协作案例分析	所属类别判断正确（每空2分）	4			
	对问题的预判合理，解决方案合理且具有可操作性（每空4分）	8			
	对导游团队协作特点总结正确（每空4分）	8			
导游团队协作情景模拟	对话逻辑清晰、内容得体准确	25			
	参与并配合团队管理，协调合作能力强	25			
	用语文明，符合职业特点	10			
其他	工单填写	5			
	仪容仪表	5			
	团队协作	10			
最终得分					

一、导游与领队的协作

在接待外国旅游团时，领队是受海外旅行社委派，全权代表该旅行社带领旅游团从事旅游活动的人员。在旅游团中，领队既是海外旅行社的代表，又是游客的代言人，还是导游服务集体中的一员，在海外社、组团社和接待社之间以及游客和导游之间起着桥梁作用。导游能否圆满完成任务，在很大程度上要靠领队的支持和配合。因此，处理好与领队的关系是导游工作的重要内容。

（一）尊重领队，遇事与领队多磋商

带团到中国来旅游的领队，多数是职业领队，在海外旅行社任职多年并受过专业训练，对我国的情况尤其是我国旅游业的业内情况相当熟悉。他们服务周到细致，十分注意维护组团社的信誉和游客的权益，深受游客的信赖。此类领队是中方旅行社长期合作的海外客户代表，也是旅游团中的"重点客户"，对他们一定要尊重。尊重领队就是遇事要与他们多磋商。旅游团抵达后，地陪导游要尽快与领队商定日程，如无原则问题应尽量考虑采纳领队的建议和要求。在遇到问题、处理事故时，全陪导游、地陪导游更要与领队磋商，争取领队的理解和支持。

（二）关心领队生活，支持领队工作

职业领队常年在异国他乡重复工作，十分辛苦，且因"特殊身份"，常难获游客主动关心。导游若在生活上关心、工作上支持领队，领队会很感动。当领队工作不顺或遭到游客误解时，导游应尽力帮助领队解决问题。不过，支持领队并非取而代之，所以要把握好尺度。同时，导游支持领队工作时，也应注意分寸，避免引发游客误会和导致其心理失衡。

（三）多给领队荣誉，调动其积极性

要想处理好与领队的关系，遇到一些显示权威的场合，导游应多给领队尤其是职业领队机会，让其展示专业能力以博得游客的好评，如游览日程商定后，地陪导游应请领队向全团宣布游览日程。

（四）灵活应变，掌握工作的主动权

由于旅游团成员对领队工作的评价会直接影响到领队的绩效，有的领队为讨好游客对导游指手画脚，当着全团游客的面"抢话筒"，一再提"新主意"，给导游出难题，使导游的工作比较被动。遇到类似情况，地陪导游应采取措施变被动为主动，对于"抢话筒"的领队，地陪导游既不能马上反抢话筒，也不能听之任之，而应灵活应变，选择适当的时机予以纠正。这样，地陪导游既表明了自己的态度又不失风范，工作上也会更为主动。

（五）争取游客支持，避免正面冲突

在导游服务中，接待方导游与领队有分歧属正常。出现分歧时，导游应主动沟通，尽早消除误会。面对不熟悉业务、个性突出、难合作的领队，导游要冷静、坚持原则，对不合理的要求不迁就，对不当言辞应有理、有利、有节地讲清道理，但要避免正面冲突。若领队固执己见，导游可向

全团游客说明情况,争取多数人的理解和支持。即便领队意见错误,也应委婉表达,不能过于直白以免其难堪,以便后续开展合作。

二、全陪导游与地陪导游的协作

全陪导游和地陪导游协作成功的关键是各自把握好自身的角色,找准个人定位。要充分认识到全陪导游和地陪导游都是旅游服务的提供者,彼此间是平等的。

全陪导游或地陪导游正确的做法如下:首先,要尊重对方,努力与合作者建立良好的人际关系;其次,要善于向对方学习,有事多沟通;最后,要坚持原则,平等协商。如果对方"打个人小算盘",提出改变活动日程等不正确的做法,全陪导游或地陪导游应向其讲清道理,尽量说服其按照计划开展活动,如对方仍坚持己见、一意孤行,应采取必要的措施并及时向接待社反映。

三、导游与司机的协作

旅游车司机在旅游活动中扮演着非常重要的角色,其一般比较熟悉旅游线路和路况,经验丰富,导游与司机的配合情况,是导游服务工作能否顺利进行的重要因素之一。

(一)及时向司机通报相关信息

旅游线路有变化时,导游应提前告诉司机;如果接待的是外国游客,在旅游车到达景点时,导游应用外语向游客宣布集合时间、地点后,要记住用中文告诉司机。

(二)协助司机做好安全行车工作

导游可协助司机做的一些辅助工作包括:遇到险情,由司机保护游客和车辆,导游去救援;在行车途中不要与司机闲聊。

(三)征求司机对日程安排的意见

导游在旅游过程中应注意倾听司机的意见,从而使司机产生团队观念和被信任感,积极参与导游服务工作,帮助导游顺利完成带团的工作任务。

四、导游与相关单位的协助

旅游产品是一种组合性的整体产品,不仅包括沿线的旅游景点,还包括沿线提供的交通、食宿、购物、娱乐等各项旅游设施和服务,需要旅行社、饭店、景点等旅游接待单位和交通、购物、娱乐部门的高度协作。作为旅行社的代表,导游应做好与旅游接待单位的协作。

(一)及时协调,衔接好各环节的工作

导游在服务过程中,要与饭店、车队、机场(车站、码头)、景点、商店等许多单位和部门打交道,在服务工作中要善于发现或预见各项旅游服务中可能出现的差错或失误,通过各种手段及时予以协调,使各个接待单位的供给正常有序。

（二）主动配合，争取协作单位的帮助

导游服务工作的特点之一是独立性强，导游一人在外独立带团，常常会有意外或紧急情况发生，仅靠导游一己之力，往往难以快速解决问题，因此导游要与各地旅游接待单位建立好协作关系，积极主动与协作单位的有关人员沟通，争取得到他们的帮助。譬如，在迎接散客时，为避免漏接，地陪导游可请司机站在另一个出口处举牌，协助迎接游客。

▶ 任务工单

任务二　导游与游客交往的技巧

1.任务描述

针对主题"导游与游客交往的技巧"，培训师借助线上教学资源实施培训。

学员通过课前自主学习、课中实践操作、任务点评，掌握导游如何从组织协调、心理服务、引导审美三个方面与游客交往，让游客的游览体验更丰富顺畅。

（1）课前，各小组自主收集关于导游做好组织协调和心理服务的相关案例各一个（可以是正面案例，也可以是存在问题的案例），分析案例中导游工作涉及的与游客交往的技巧（如是否尊重游客、是否处理好与"群头"的关系、是否了解游客的心理等），填写表格。

（2）课中，每小组派代表分享案例分析成果，师生共同讨论案例中导游与游客交往过程中的优劣之处，加深对导游与游客交往技巧的理解。

（3）课中，开展小组活动，搜集一个以导游引导游客审美为核心内容的导览或讲解视频（时长5分钟左右），分析视频中导游引导审美的主要方法和技巧，填写表格并派代表分享，师生共同讨论，加深对导游引导游客审美的理解。

（4）小组活动后，开展任务点评。

（5）课后，各小组绘制导游与游客交往的技巧的思维导图，上传至在线课程的作业区。

2.任务准备

以小组为单位，搜集了解导游做好组织协调、心理服务和引导审美的案例或视频。集体认真学习相关课程资源，回答下列任务引导。

任务引导1：导游做好组织协调工作的要点有哪些？

任务引导2：导游了解游客心理的途径有哪些？做好心理服务的工作要点是什么？

任务引导3：游客的审美感受层次有哪些？常用的观景赏美方法有哪些？

3.任务实施

（1）课前，小组协同填写表2-1-8，并派一名学员代表分享案例分析成果。

表2-1-8　导游与游客交往的技巧

组织协调	
案例简要描述	
摆正自己的位置	
尊重游客	

协调游客之间的关系		
处理好与"群头"的关系		
心理服务		
案例简要描述		
了解游客心理	人口统计特征	
	地理环境	
	出游动机	
	个性特征	
	心理变化	
调整游客情绪	补偿法	
	分析法	
	转移注意法	
	其他	
激发游客游兴	直观形象	
	语言艺术	
	组织文娱活动	
	声像导游手段	
	其他	
把握心理服务要领	尊重游客	
	微笑服务	
	使用柔性语言	
	建立"伙伴关系"	
	其他	
个性化服务		

（2）课中小组协同填写表2-1-9，并派一名学员代表分享视频分析成果。

表 2-1-9 导游引导审美的技巧

景点名称		
视频来源		
审美层次		
激发游客想象思维 （有相关内容则具体填写，没有写"无"）		
观景赏美方法	动态观赏和静态观赏	
	观赏距离	
	观赏角度	
	观赏时机	
	观赏节奏	

（3）学员将任务完成过程中遇到的问题及解决办法、学习体会及收获记录在表 2-1-10 中。

表 2-1-10　学习记录表

小组名称：	小组成员：
遇到的问题及解决办法：	
学习体会及收获：	

4.任务考核

讲任务考核评价记录在表 2-1-11 中。

表 2-1-11　任务考核评价表

任务	评价内容	分值/分	评价分数/分		
			自评	互评	师评
组织协调案例分析	案例选择真实且有代表性	5			
	案例包含的导游组织协调内涵丰富	10			
	对案例中包含的组织协调内涵判断正确、全面	10			
心理服务案例分析	案例选择真实且具有代表性	5			
	案例包含的导游心理服务内涵丰富	15			
	对案例中包含的导游心理服务内涵判断正确、全面	15			
引导审美视频分析	视频文化内涵丰富、制作精良	5			
	审美层次判断准确	2			
	对激发游客想象思维判断准确	3			
	视频包含观景赏美方法丰富	10			
	观景赏美方法判断正确	10			
其他	工单填写	5			
	团队协作	5			
最终得分					

▶ 新知讲授

一、组织协调

（一）摆正自己的位置

导游与游客是旅游产品生产者与消费者的关系，即商品的"买"和"卖"、服务与被服务的关系，导游一定要摆正自身与游客的这种关系。

（二）尊重游客

人人都需要被尊重。游客希望导游尊重他们的人格和愿望,相应地,游客也会尊重导游,从而形成互相尊重、互相信任的正常的人际交往关系。导游必须注意以下几点:

1. 自信谦恭

为适应游客心理上对导游的期待,导游要表现出自信,始终保持精神饱满,遇事沉着果断,办事干脆利索,说话不模棱两可,不推诿责任;导游要谦虚谨慎,忌狂妄自大,更忌不懂装懂、目中无人。

2. 热情诚恳

尊重游客的人格、尊重他们的习俗、满足他们合理而可能的要求,是导游应尽的义务。导游不能意气用事,要始终主动、热情、诚恳、礼貌地为游客服务。只有如此,才能与游客在短暂的旅程中建立良好的伙伴关系,得到游客的理解、体谅、合作与帮助。

3. 注重细节

游客需要用真心对待,有时为游客做的一件小事、一个细致礼貌的动作、一句暖人的话语,都会给身在他乡的游客留下深刻的印象。

（三）善于协调游客之间的关系

旅游团队是游客临时组成的群体。游客来自不同的地方,性别、年龄、文化程度、社会经历、个人爱好、兴趣、信仰、习惯、社会地位等方面都有不同,而且游客的消费目的不同,各阶段的心理活动也有差异,因而难免会产生矛盾和分歧。导游要带好一个旅游团,就必须增强旅游团内游客的内聚力,促成从众行为。否则,旅游团内的矛盾和分歧会不断产生和发展,从而影响游客的情绪和旅游质量。为此,导游要善于协调游客之间的关系,根据不同的情况采取不同的策略、方法,努力促成旅游团游客的从众行为,让游客自觉或不自觉地按照旅游计划进行旅游集体活动。当然,纯属游客之间的矛盾,如游客之间因饮食、住宿习惯不同而产生矛盾甚至互相争吵,导游不宜介入。

（四）处理好与"群头"的关系

导游一般都有这样的体会,就是每一个旅游团都会自然产生一个或几个"群头",这些"群头"大都好胜心强,喜欢表现自己,有些还爱出风头。这些人在旅游团中有一定号召力,能得到大多数游客的支持。因此,要善于发现这些"群头",使"群头"为我所用,发挥"群头"特点,使其积极配合做好导游工作;有重大事宜,可以先找"群头"单独做工作。处理好了与"群头"的关系,即使在以后的旅游过程中出现一些问题,也容易解决。

二、心理服务

（一）了解游客的心理

1. 从人口统计特征了解游客的心理特征

人口统计特征包括游客的年龄、性别、职业、收入、受教育程度、家庭人口、区域国籍、民族宗教、社会阶层等。

（1）区域和国籍。

东方人含蓄、内向，往往委婉地表达意愿，思维方式一般从抽象到具体、从大到小、从远到近；西方人开放、感情外露，思维方式一般由小到大、由近及远、从具体到抽象。如西方游客认为，具体细节做得好，由各种细节组成的整体才会好，他们把导游做的具体事情抽象为导游的工作能力与服务意识，因此导游在接待西方游客时要特别注意细节。

再从国籍的角度看，不同国籍的游客在思维方式上也存在着一些差异。导游需要在了解这些差异的基础上，充分尊重他们。

（2）年龄和性别。

年老的游客好思古怀旧，对游览名胜古迹有较大的兴趣，希望得到尊重，希望导游多与他们交谈；年轻的游客则喜欢逐新猎奇、多动多看。

2. 从分析地理环境来了解游客

由于所处的地理环境不同，游客对于同类旅游产品会有不同的需要与偏好，他们对那些与自己所处地理环境迥然不同的旅游目的地往往情有独钟。例如，内陆地区的游客喜欢去青岛、三亚等海滨城市，沿海地区的游客向往九寨沟、西双版纳等具有独特风貌的游览地。

3. 从参团和出游动机了解游客

人们参加旅游团的心理动机一般包括：①省心，不用做决定；②节省时间和金钱；③有团友相伴；④有安全感；⑤能准确了解景区信息。导游通过细致周到的服务和精彩生动的讲解能满足游客的这些心理需求。

从旅游的角度看，游客的旅游动机则可分为观赏风景名胜、探求文化差异、寻求文化交融的文化动机；考察国情民风、体验异域生活、探亲访友寻根的社会动机；考察投资环境、进行商务洽谈、购买旅游商品的经济动机；休闲度假、康体健身、消遣娱乐的身心动机。导游了解和把握了游客的旅游动机，就能更恰当地安排旅游活动和提供导游服务。

4. 从不同的个性特征了解游客

游客的个性各不相同，导游从游客的言行举止可以判断其个性，从而达到了解游客并适时提供心理服务的目的。

（1）活泼型游客。

活泼型游客爱交际，喜讲话，好出点子，乐于助人，喜欢多变的游览项目。对这类游客，导游要扬长避短，既要乐于与他们交朋友，又要避免与他们过多交往，以免引起其他团员的不满；要多征求他们的意见和建议，但注意不要让其干扰旅游活动、打乱正常的活动日程；可适当地请他们帮助活跃气氛，协助照顾年老体弱者等。活泼型游客往往能影响旅游团的其他人，导游应给其适度的展示空间，在适当的场合称赞他们的配合并表示感谢。

（2）急躁型游客。

急躁型游客性急、好动，争强好胜，易冲动，好遗忘，情绪不稳定，比较喜欢离群活动。对这类比较难对付的游客，导游要避其锋芒，不与他们争论，不激怒他们；在他们冲动时不要与之计较，待他们冷静后，再与其好好商量，往往能取得良好的效果；对他们要多微笑，服务要热情周到，而且要多关心他们，随时注意他们的安全。

（3）稳重型游客。

稳重型游客稳重，不轻易发表见解，一旦发表，会希望得到他人的尊重。这类游客容易交往，

新知讲授

但他们不主动与人交往,不愿麻烦他人;游览时他们喜欢细细欣赏,购物时爱挑选比较。导游要尊重这类游客,不要怠慢,更不能故意冷落他们;要主动多接近他们,尽量满足他们合理且可能办到的要求;与他们交谈要客气、诚恳,速度要慢,声调要低;讨论问题时平心静气,认真对待他们的意见或建议。

(4)忧郁型游客。

忧郁型游客身体弱,易失眠,忧郁孤独,少言语但重感情。面对这类游客,导游要格外小心,不要多问,尊重他们的隐私;要多亲近他们、多关心体贴他们,但不能过分表示亲热;多主动与他们交谈些愉快的话题,但不要与之高声说笑,更不要与他们开玩笑。

以上这四种性格的游客中以活泼型和稳重型居多,急躁型和忧郁型较少。不过,典型个性只能反映在少数游客身上,大部分游客往往兼有多种类型个性的特征。

5. 从分析心理变化来了解游客

(1)旅游初期阶段:求安全心理、求新心理。

游客刚到目的地,较为兴奋激动,但人生地不熟、语言不通,往往容易产生孤独感、茫然感和不安全感,唯恐发生不测,危及财产甚至生命。旅游目的地全新的环境、奇异的景物、独特的民俗风情,使游客逐新猎奇的求新心理空前高涨,这在入境初期阶段表现得尤为突出,往往与不安全感并存。所以在消除游客不安全心理的同时,导游要尽力安排富有特色的活动项目,满足他们的求新心理。

(2)旅游中期阶段:懒散心态、求全心理、群体心理。

导游在旅游中期阶段的工作最为艰巨,也最容易出差错。因此,导游的精力必须高度集中,对任何事都不能掉以轻心。这个阶段也是对导游组织能力和独立处理问题能力的实战检验,是对其导游技能和心理素质的全面检阅,每个导游都应十分重视这个阶段的工作。

(3)旅游后期阶段:忙于个人事务。

旅游活动后期,即将返程时,游客的心理波动较大,开始忙乱起来,譬如,与家庭及亲友联系突然增多,想购买称心如意的纪念品但又怕行李超重等。总之,他们希望有更多的时间处理个人事务。在这一阶段,导游应给游客留出充分的时间处理自己的事情,对他们的各种疑虑要尽可能耐心地解答,必要时做一些弥补和补救工作,使前段时间未得到满足的个别要求得到满足。

(二)调整游客的情绪

1. 补偿法

补偿法是指导游从物质上或精神上给游客以补偿,从而消除或弱化游客不满情绪的一种方法。例如,如果没有按协议书上注明的标准提供相应的服务,应给游客以补偿,而且替代服务一般应高于原先的标准;如果因故无法满足游客的合理要求而导致其不满时,导游应实事求是地说明困难,诚恳地道歉,以求得游客的谅解,从而消除游客的消极情绪。

2. 分析法

分析法是指导游将造成游客消极情绪的原委向游客讲清楚,并一分为二地分析事物的两面性及其与游客的得失关系的一种方法。例如,由于交通原因不得不改变行程,导致游客要花更多时间在旅途中,这会引起他们的不满,甚至引发他们的愤怒抗议。导游应耐心地向游客解释发生变更的原因,并诚恳地歉意;分析改变日程的利弊,强调其有利的一面或着重介绍新增加的游览内容的特色和趣味性,这样往往能收到较好的效果。

3. 转移注意法

转移注意法，是指在游客产生烦闷或其他不愉快情绪时，导游有意识地转移游客的注意力，使其注意力转移到愉快、顺心的事情上。例如，有的游客因在参观对象的选择上有不同意见而不快；有的游客因爬山时不慎划破了衣服而懊恼；有的游客因看到不愉快的现象而产生的联想有了伤感情绪等。导游除了说服或安慰游客以外，还可通过讲笑话、唱山歌、教游客本地话或讲述民间故事等形式来活跃气氛，使游客的注意力转移到有趣的文娱活动上来。

（三）激发游客的游兴

1. 通过直观形象激发游客的游兴

导游应通过突出游览对象本身的直观形象来激发游客的游兴。例如，九寨沟诺日朗瀑布宽度居全国之冠，它在高高的翠岩上急泻倾挂，似巨幅画帘凌空飞落，雄浑壮丽。跌落之水激溅起无数小水珠，化作茫茫的水雾。导游要引导游客从最佳的角度观赏，才能突出诺日朗瀑布的直观形象，使游客叹为观止，激起游客强烈的兴趣。

2. 运用语言艺术激发游客的游兴

导游运用语言艺术可以调动游客的情绪，激发游客的游兴。例如，通过讲解历史故事可激发游客对名胜古迹和民间艺术的探索；通过朗诵名诗佳句可激起游客漫游名山大川的豪情；通过提出生动有趣的问题引起游客的思考和探讨。这样营造出的融洽、愉快的氛围可使游客的游兴更加浓烈。

3. 通过组织文娱活动激发游客的游兴

一次成功的旅游活动，仅有导游的讲解是远远不够的，导游还应抓住时机，组织丰富多彩的文娱活动，动员全团游客共同营造愉快氛围。例如，在旅游活动开始不久，导游可请游客们做自我介绍，以加快彼此了解，同时还可以发现游客的特长，如所去景点的路途较远，导游可在途中组织游客唱歌、猜谜语、做游戏，如有外国游客也可以教他们用汉语数数、学说中国话等。如果团内有多才多艺的游客，可请他出来表演节目。导游也应有一两手"绝活"，来回报游客的盛情邀请。

4. 使用声像导游手段激发游客的游兴

声像导游是导游服务重要的辅助手段之一。例如，去景点游览之前，导游可先为游客放映与景点相关的录像。同时，游客可以通过手机App（如看图识景等）拍摄景点的图片，AI可以通过识别图片中的特征，快速提供该景点的相关信息和历史背景。这种形式的导览服务可以让游客更加直观地了解景点，增加互动性和趣味性。如果是在旅游车上进行导游讲解，导游还可利用车上的音响设备配上适当的音乐，或在讲解间歇时播放一些有着浓郁地方特色的歌曲、戏曲等，使车厢内的气氛轻松愉快。

（四）把握心理服务的要领

1. 尊重游客

"扬他人之长，隐其之短"是尊重人的一种重要做法。在旅游活动中，导游要妥善安排，让游客进行具有参与性的活动，使其获得自我成就感，增强自豪感，从而在心理上获得最大的满足。

2. 微笑服务

导游若想向游客提供成功的心理服务,就得学会笑口常开,"笑迎天下客"。

3. 使用柔性语言

导游要尽量做到语气亲切、语调柔和、措辞委婉、说理自然,常用商讨的口吻与游客说话,这样的"柔性语言"既使人愉悦,又有较强的说服力,往往能达到以柔克刚的效果。

4. 与游客建立"伙伴关系"

要想获得游客的合作,导游应设法与游客建立"伙伴关系"。一方面,导游可通过诚恳的态度、热情周到的服务、谦虚谨慎的作风,以及让游客获得自我成就感等方式与游客建立合乎道德的正常理性的情感关系。另一方面,导游在与游客交往时还应把握正确的心理状态,尊重游客,与游客保持平等交往。

(五)提供个性化服务

导游在按照要求提供旅游合同规定的导游服务的同时,对游客的特殊需求要给予特别关照。

三、引导审美

(一)传递正确的审美信息

游客来到旅游目的地,如果对旅游景观(特别是人文景观)的社会、艺术背景缺乏了解,审美体验将会受到影响,往往不知其美在何处,或从何处着手欣赏。作为游客观景赏美的向导,导游首先应把正确的审美信息传递给游客,帮助游客在观赏旅游景观时,感知、理解、领悟其中的内在美和蕴含的奥妙。

(二)分析游客的审美感受

1. 悦耳悦目

悦耳悦目,是指审美主体以耳、目为主的全部审美感官所体验的愉快感受,这种美感通常以直觉为特征,仿佛主体在与审美对象的直接交融中,不假思索便可于瞬间感受到审美对象的美,同时唤起感官的愉悦。

2. 悦心悦意

悦心悦意,是指审美主体透过眼前或耳边具有审美价值的感性形象,直观地领悟到对方某些较为深刻的意蕴,获得审美享受和情感升华。这种美感是一种意会,有时很难用语言加以充分而准确地表述。

3. 悦志悦神

悦志悦神,是指审美主体在观察审美对象时,经由感知、想象、情感理解等心理功能交互作用,从而唤起的那种精神意志上的昂奋和伦理道德上的超越感。它是审美感受的最高层次,体现了从小我进入大我的超越感,体现了审美主体和审美对象的高度和谐统一。

(三)激发游客的想象思维

观景赏美是客观环境与主观情感融合的过程,离不开丰富自由的想象。比如游览敦煌莫高窟,导游若只是用专业术语介绍壁画颜料成分、朝代更迭年份,游客很难感知其艺术价值。但当导游构建起时空隧道,描绘丝路文明的鲜活景象:"千年前的丝绸之路上,粟特商队载着货物歇脚。画工在洞窟中描绘飞天,僧侣为菩萨点睛。黄昏时,求法僧译经,供养人走过。"壁画便成了动态长卷。游客会仰头追寻飞天,触摸岩壁感受历史,导游的解说也不再只是知识传递,而是引领游客领略文化魅力。

（四）灵活掌握观景赏美的方法

1. 动态观赏和静态观赏

游客漫步于景物之中,步移景异,从而获得空间进程的流动美,这就是动态观赏。在某一特定空间,观赏者停留片刻,选择最佳位置驻足观赏。通过感觉、联想来欣赏美、体验美感,这就是静态观赏。

例如,李白诗句"两岸猿声啼不住,轻舟已过万重山",就是动态观赏的生动写照。而在参观江南私家园林时,常见的亭、台、楼、阁、轩等建筑物,是静态观赏的好地方。当然在实际观赏过程中,动与静也不是截然分开的,通常都是静中有动、动中有静,根据需要灵活调整。例如,在常德穿紫河游船项目中,水上巴士一路途经大小河街、德国小镇、金银街、白马湖公园、丁玲公园等,游客从韵味十足的"老常德"穿越到异域情调的"德国",再到闲情别致的商业街区、清雅秀丽的公园小景,人在船上坐,景在身边游。

2. 观赏距离和观赏角度

距离和角度是两个不可或缺的观景赏美因素。自然美景变幻无穷,一些似人似物的奇峰巧石,只有从一定的空间距离和特定的角度去看,才能领略其风姿。例如,在黄山半山寺遥望天都峰山腰,有堆巧石状似公鸡,头朝天门,振翅欲啼,人称"金鸡叫天门",但到了龙蟠坡,观看同一堆石头,看到的则似五位老翁在携仗登险峰,构成了"五老上天都"的美景。

除空间距离外,游客观景赏美还应把握心理距离。心理距离是指人与物之间暂时建立的一种相对超然的审美关系。例如,常年生活在风景名胜中的人因为对周围美景司空见惯,也不一定能获得观景赏美带来的愉悦,"不识庐山真面目,只缘身在此山中"就说明了这个道理。

3. 观赏时机和观赏节奏

观赏美景要掌握好时机,即掌握好季节、时间和气象的变化。例如,清明踏青、重阳登高、春看兰花、秋赏红叶、冬观蜡梅等都是根据自然万物的时令变化规律产生的观景赏美活动。

观赏节奏是指旅游活动中观赏景物的快慢速度和深浅程度,包含着两层含义:一是指整个行程的游览节奏;二是指一个景区中的参观节奏。为了保证旅游活动的顺利开展,导游应重视对观赏节奏的把握。

(1)张弛有度,劳逸结合。在旅游活动开展过程中,导游应能根据游客的年龄层次、身体状况、兴趣爱好等实际情况的不同,灵活安排活动日程,让游客的观景赏美活动既丰富多彩,又劳逸结合、松紧适宜。

(2)急缓相间,快慢相宜。在带领游客观赏景物的过程中,导游要把握好游览速度和景观讲解的节奏,要因人、因时、因地随时调整观赏节奏,力争达到良好的观赏效果。

(3)有导有游,讲停结合。此处"停"有两层含义,一是与走动的"导"相对,表示停下来做讲解;二是与有声的讲解相对,表示停止讲解而引导游客自行感受景观之美。在带领游客参观时,导游既要熟悉景区道路,规划好行进线路,做好向导工作;还要在一些值得观赏的点位和角度停下来,通过精彩的讲解引导游客观赏景区独特的美。同时,导游还应善于调动游客的主观能动性,在特定场景中适时停止讲解,转而引导游客通过感官体验和自主想象来感悟景观之美。这种"以静制动"的引导方式往往能产生意想不到的审美效果,充分展现了导游的专业技巧。

▶ **任务工单**

任务三　导游接待不同团型游客的技巧

1.任务描述

针对主题"导游接待不同团型游客的技巧",培训师借助线上教学资源实施培训。

学员通过课前调研分析,课中实践操作、任务点评,掌握导游接待不同团型游客的技巧,能高质量地提供导游服务工作。

(1)课前,以小组为单位搜集资料,思考不同团型游客的特点,针对以上特点在带团过程中应如何应对并填写在导游接待不同团型游客特征及服务要点分析表中。

(2)课中,被教师抽选的小组派代表展示已填表格情况,师生共同梳理不同团型游客的服务技巧。

(3)课中,各小组共同扫码查阅案例(二维码2-1-2),合作找出其中的错误与可取之处,并填写在表格中。

(4)课中,被教师抽选到的小组派代表展示已填表格情况,开展任务点评,灵活运用理论知识分析问题,再次辨析不同团型游客服务细节要点。

(5)课后观看金牌导游典型案例分享视频。

2.任务准备

以小组为单位,组织课前自学。集体根据任务引导认真学习相关课程资源。

任务引导1:旅游市场中具有代表性的团型。

任务引导2:从不同角度分析团型的特点。

任务引导3:不同团型在接待过程中的应对方式。

3.任务实施

(1)以小组为单位搜集资料,从年龄、身体条件、受教育程度、职业特点等方面搜集五个典型特征(优势或不足皆可),并思考对应服务要点,填入表2-1-12。

表2-1-12　导游接待不同团型游客特征及服务要点分析 (以儿童团为例)

团型	游客特征	对应的服务要点
儿童		

（2）被教师抽选到的学员展示并解析表2-1-12,师生共同总结不同团型游客的服务技巧。

（3）各小组共同扫码查阅案例（二维码2-1-2）,合作找出其中的错误（3个）与可取之处（2个）,并填写表2-1-13。

表2-1-13　不同团型游客典型案例分析（以儿童团为例）

错误的做法	正确的做法
可取的技巧	从闪光点上受到的启发

（4）被教师抽选到的小组派代表展示已填表格情况,开展任务点评,灵活运用理论知识分析问题,再次辨析不同团型游客服务细节要点。

（5）学员将任务完成过程中遇到的情况及解决办法、学习体会及收获记录在表2-1-14。

表2-1-14　学习记录表

小组名称：	小组成员：
遇到的问题及解决办法：	
学习体会及收获：	

4. 任务考核

将任务考核评价记录在表2-1-15中。

表2-1-15　任务考核评价表

任务	评价标准	分值/分	评价分数/分		
			自评	互评	师评
不同团型游客特征及服务要点分析	游客特征描述准确、全面	15			
	服务要点有针对性、可行	15			
不同团型游客典型案例分析	三处错误均找到	12			
	三处错误更正正确	12			
	两处亮点均找到	8			
	可根据亮点举一反三	18			
其他	工单填写	5			
	团队协作	10			
	语言表达	5			
最终得分					

▶ 新知讲授

一、儿童的接待技巧

出于增长见识、健身益智的目的,越来越多的游客带自己的子女一同到目的地旅游,其中不乏一些少年儿童。导游应在做好旅游团中成年游客旅游工作的同时,根据儿童的生理和心理特点,做好专门的接待工作。

(一)注意儿童的安全

儿童游客,尤其是2—6岁的儿童,活泼好动,因此要特别注意他们的安全。导游可酌情讲些有趣的童话故事吸引他们,既活跃了气氛,又避免他们四处乱跑,保证了安全。

(二)掌握"四不宜"原则

导游应掌握"四不宜"原则:不宜为讨好儿童而给其买食物、玩具;不宜在旅游活动中突出儿童,而冷落其他游客;即使家长同意也不宜单独带儿童外出活动;儿童生病,应及时建议家长请医生诊治,而不宜在病情不明的情况下给儿童滥用药物。

(三)对儿童多给予关照

导游对儿童的饮食起居要特别关心,多给一些关照。如天气变化时,要及时提醒家长给孩子增减衣物,如果天气干燥,还要提醒家长多给孩子喝水等;用餐前,考虑到儿童个子小,地陪导游应先给餐厅打电话,请餐厅准备好儿童座椅和儿童餐具,减少用餐时的不便。

(四)注意儿童的收费标准

根据儿童不同的年龄或身高,有不同的收费标准和规定,如机(车、船)票、住房、用餐、门票等,导游应特别注意。

二、老年游客的接待技巧

在我国入境旅游和国内旅游市场,老年游客均占有较大的比例。尊敬老人是中华民族的传统美德,因此导游应通过谦恭尊敬的态度、体贴入微的关怀以及周到的服务做好老年游客的接待工作。

(一)妥善安排日程

首先,日程安排不要太紧,活动量不宜过大,项目不宜过多,在不减少项目的情况下,尽量选择便捷线路和有代表性的景观。其次,应适当增加休息时间,晚间活动不要回饭店太晚。最后,带老年游客团尽量不使用激将法和诱导法,以免老年游客消耗体力大,发生危险。

(二)做好提醒工作

老年游客由于年龄大,记忆力减退,导游首先应每天重复讲解第二天的活动日程并提醒注意事项。如预报天气情况,提醒游客增减衣服、带好雨具、穿上旅游鞋等。进入人流量大的景点时,要反复提醒他们提高警惕,保管好自己的随身物品。此外,由于饮食习惯和生理上的原因,带老年游客团队时,导游还应适当增加组织游客去厕所的次数。

（三）注意放慢速度

老年游客大多数腿脚不太灵活，有时甚至力不从心。地陪导游在带团游览时，一定要注意放慢行走速度，照顾走得慢或落在后面的老年游客，选台阶少、较平坦的路，以防游客摔倒碰伤。讲解时，导游也应适当放慢语速，加大音量，吐字清楚，必要时还要多重复几遍。

（四）耐心解答问题

老年游客在旅游过程中喜欢提问题，好刨根问底，再加上年纪大，记忆力不好，一个问题经常重复问几遍，遇到这种情况，导游不应表示反感，要耐心、不厌其烦地给予解答。

（五）预防游客走失

每到一个景点，导游要不怕麻烦、反复多次地告诉老年游客旅游线路及旅游车停车的地点，尤其是上、下车地点不同的景点，一定要提醒老年游客记住停车地点。另外，还要提前嘱咐老年游客，一旦找不到团队，千万不要着急，不要到处乱走，要在原地等待导游到来。

（六）尊重西方传统

许多西方的老年游客在旅游活动中不愿过多地受到导游的特别照顾，认为这是对他们的侮辱，显示出他们是无用之人。对此类游客应尊重西方传统，注意照顾方式。

三、残障游客的接待技巧

在旅游团队中，有时会有残障游客，他们克服了许多常人难以想象的困难来旅游。残障游客的自尊心和独立性特别强，虽然他们需要关照，但又不愿给别人增添麻烦。因此，在接待残障游客时，导游要特别注意方法，在为他们提供方便的同时要注意不要伤害他们的自尊心。

（一）适时、恰当的关心照顾

接到残障游客后，导游首先应适时地询问他们需要什么帮助，但不宜过多地问候。如果残障游客不主动介绍，导游不要打听其残障的原因，以免引起不快。导游在工作中要时刻关注残障游客，注意他们的行踪，并给予恰当的照顾。尤其是在安排活动时，要多考虑残障游客的生理条件和特殊需求，譬如提前告诉他们洗手间的位置、通知餐厅安排在一层餐厅就餐等。

（二）具体、周到的导游服务

接待听力障碍游客，宜安排他们在车上前排就座，并适度放慢讲解速度。对行动不便的游客，导游应根据接待计划分析游客是否需要轮椅，如需要，应提前做好准备。接团时，要与计调部门及其他有关部门联系，最好分派有行李箱的车，以便放轮椅或其他物品。对视力障碍的游客，导游应安排他们在前排就座。

四、研学团游客的接待技巧

研学团的导游除了要对涉及景点的常规讲解内容有深入了解，还需要有较扎实的综合、专题知识基础和知识普及能力，善于引导学生在游中学。

（一）细致、耐心的导游服务

研学旅行的主体是中小学生,他们精力充沛,活泼好动,会不停地提出问题,而且通常人数众多,大量团员集中在一起行动。因此,富有激情、注意细节、保持耐心、细致服务是比较重要的。

（二）扎实的综合及专题知识储备

研学团的导游不仅应具有丰富的旅游综合知识,还要具有相关的教育知识。研学团的导游应进行专门的研学教育和培训,对于专业性较强的研学旅行项目,如博物馆、主题展览馆、动物园、红色教育基地等,还可以选择专业的导游讲解人员作为导游。

（三）具备丰富的导游技巧

研学团的参与方式有更多的互动、学习与体验环节。这就要求导游不能一味地以单项讲解为主,还应熟练地运用问答法、讨论法、观察法、归纳法等导游服务技能,努力让学生通过动手参与,做中学、做中悟,掌握科学、文化知识,感受社会的发展与进步。

（四）具备良好的环保习惯

在带领研学团的过程中,导游应善于引导学生保护环境,学会和自然和谐相处。在体验中引导学生学会爱护各类设施,按工作人员的要求进行操作,重视节能环保;在户外探索中,引导学生尊重当地民俗,爱护环境,不干扰动物的栖息环境,不随意采摘植物。

（五）善于学习

研学团的讲解知识和服务技能在不断更新中,这就需要导游善于学习,不断地完善和提升综合素质。每一次带团的过程,实质也是导游学习和提升的过程。

五、商务考察团游客的接待技巧

商务考察团队的接待强调时效性、针对性。导游在参与商务考察团队时,应做好充分的准备,通过培训强化服务技能,注意品质化服务,按标准行程保质保量地完成接待任务。

（一）因势利导

商务考察团在考察企业的同时,也会对当地的投资环境进行评估。导游在讲解服务中,一定要注意将景区和沿途讲解与促进投资结合起来。通过解说词的引导,让团员对当地政府政策、经济发展、交通物流等有具体的了解,从而对当地的投资与合作充满信心。

（二）注重细节

商务考察团接待强调礼仪,上下车、引领、会晤、餐间、合影、交流、讲解时,导游都应注意自己的角色定位和礼仪规范。彬彬有礼的言谈举止会让客户企业和受访企业对旅行社产生更加良好的印象。

▶ 任务工单

任务四 导游应用信息技术的技巧

1.任务描述

针对主题"导游应用信息技术的技巧"，培训师借助线上教学资源实施培训。

学员通过课前收集了解各类旅游类应用软件，课中实践操作、任务点评，掌握导游服务中信息技术的应用，提高导游服务工作质量。

（1）课前，小组共同搜集并了解与旅游活动相关、能为旅游活动提供支持的应用软件。

（2）课中，以小组为单位填写表格，每小组派一位代表具体推荐一个软件，并说明其特点或优势或使用的小窍门。

（3）课中，小组代表推荐后，开展任务点评，灵活运用理论知识分析问题，掌握导游服务中信息技术的应用。

（4）课后，各小组围绕"信息技术为导游工作带来的利与弊"写一篇800字报告，上传至在线课程的作业区。

2.任务准备

以小组为单位，共同搜集了解与旅游活动相关，能为旅游活动提供支持的应用软件。集体根据任务引导认真学习相关课程资源。

任务引导1：常用旅游应用软件。

任务引导2：信息技术对导游工作方式的改变。

任务引导3：信息技术对游客体验的改变。

3.任务实施

（1）小组协同填写表2-1-16，并派一名学员代表具体推荐一个软件。

表2-1-16 旅游常用软件推荐表

	软件名称	主要功能	列举不少于1个使用小窍门或亮点功能
导游服务相关软件			
协助旅游者使用相关软件			
提升旅游者体验相关软件			

（2）学员将任务完成过程中遇到的问题及解决办法、学习体会及收获记录在表2-1-17中。

表 2-1-17 学习记录表

小组名称：	小组成员：

遇到的问题及解决办法：

学习体会及收获：

4. 任务考核

将任务考核评价记录在表 2-1-18 中。

表 2-1-18 任务考核评价表

任务	评价内容	分值/分	评价分数/分		
			自评	互评	师评
旅游常用软件推荐	推荐软件实用性强、好评高	20			
	功能描述清晰	15			
	使用小窍门或功能亮点推荐有特色、实用性强	20			
	语言表达清晰流畅	20			
	软件使用示范清楚	15			
其他	工单填写	5			
	团队协作	5			
最终得分					

▶ 新知讲授

一、运用导游服务相关应用软件

在实施旅游接待计划时，导游要熟练掌握社交、通信等与导游服务相关的软件，主动学习新兴的移动应用。在导游工作中，常用的应用软件类型主要有以下几种。

（一）职业应用软件

此类应用软件的代表是"全国导游之家"App（见图 2-1-1），这是国内导游的服务平台，可通过 App 申请并展示电子导游证，查看旅游行程，管理出行日历，记录执业情况、奖惩情况和旅游者评价等信息。按照《导游管理办法》第二十条"导游在执业过程中应当携带电子导游证、佩戴导游身份标识并开启导游执业相关应用软件"的规定，导游应当提前下载并注册"全国导游之家"App，并在带团过程中开启"通知"和"定位"功能。

新知讲授

图 2-1-1　"全国导游之家" App 界面

（二）社交应用软件

此类应用软件的代表有微信、QQ、抖音等，其中以微信在国内最为普及。通过该软件，就可以实现沟通、订票、订车、订酒店、支付等服务。如通过微信建群，导游可与全体旅游者进行即时沟通，这就是目前导游在工作中运用较多的方式。此外，在征得旅游者同意的前提下，导游可通过各种剪辑软件，如剪映、快影、秒剪等，拍摄旅游者在游览期间的影像，再转发给旅游者留念。此外，应注意及时删除自己的存档文件。

（三）旅游服务软件

此类应用软件的代表有百度地图、飞常准等 App，不同平台有不同的功能。比如，导游在机场接送旅游者时，就可以借用飞常准、航旅纵横等专注于航班出行服务的 App，提前输入航班号关注该航班的动态，还可以提醒游客办理提前值机等事项，非常实用；如果需要搜索地点，可使用百度地图、高德地图等专业的地图 App 实现即时搜索定位，比如旅游者急需上卫生间时，导游就可以借助地图 App 里的"周边"功能，实现一键搜卫生间。

二、协助旅游者运用相关应用软件

在服务过程中，导游还应协助旅游者通过移动互联网进行产品预订、定位导航、信息咨询和服务评价等活动。导游应下载并熟悉一些常用的旅游类应用软件，如携程旅行、去哪儿旅行、飞猪旅行、大众点评等，在旅游者有需要时，提供必要的帮助。

如旅游者需要导游帮助预订酒店时，就可以登录携程旅行预订；如需要寻找合适餐厅订餐时，可以借助大众点评搜索到口碑较好的餐厅；如需要购买门票时，可以借助飞猪旅行进行操作。当然，现在各大平台都已日趋综合化，比如在携程旅行就能预订酒店、购买门票、寻找餐厅等操作，可以视具体情况灵活运用。

在接待入境旅游者时，导游还需协助他们了解并学会在中国使用移动支付。导游首先应熟悉中国人民银行于2024年3月发布的《外籍来华人员支付指南》,结合中英文两个版本的说明,掌握其中的操作要点;其次,虽然该《外籍来华人员支付指南》向外籍来华人员推荐了移动支付、银行卡和现金等多种支付服务的获取方式和使用流程,但结合现实情况和便捷程度,导游可向入境旅游者重点推荐只需一部手机,即可实现便捷支付的移动支付方式;再次,帮助入境旅游者在手机应用市场下载支付宝App或微信App,进行注册并绑定其银行卡,目前支付宝和微信支付均支持绑定Visa、Msetercard、JCB、DinersClub、Discover等银行卡;最后,演示支付宝或微信扫码支付的主扫和被扫两种操作方式,点击"扫一扫",扫描商家的二维码,或点击"付款/收款",出示呈现的二维码,并按照提示完成支付流程。

三、提升旅游者体验相关应用软件

随着旅游业的快速发展和科技的日新月异,旅游者对于旅行体验的要求日益提高。为了更好地满足旅客的需求,提升旅游者体验的相关应用软件应运而生。这些应用不仅为旅游者提供了丰富的信息和便捷的服务,还极大地增强了旅行的舒适度和乐趣。

如在西安兵马俑博物馆,游客可以使用AR眼镜或手机扫描展示的兵马俑,体验虚拟重建的历史场景,深入了解秦朝的历史和文化背景。这种AR导览不仅提升了旅游体验,还让用户能够更详细地了解景点的历史背景、文化故事和建筑细节,如游客在故宫戴上VR眼镜时,可以"走进"御花园,随手拿起地上的草料,就会有活泼的小鹿前来觅食。这既复原了史料记载中御花园曾有可能驯养驯鹿的历史,又解决了现在受条件限制无法复原当时场景的问题。

信息技术已经融入旅游业的方方面面,技术创新是旅游业发展的动力。作为导游,要注意实时更新相关资讯,并将其灵活运用在导游服务过程中,帮助旅游者提升旅游体验,让旅游者享受到更人性化、更智慧的服务。

新知讲授

┃ 任务检测

项目二　能言善辩会表达
——导游语言与讲解技能

● **知识目标**

1.了解导游语言的内涵和基本要求。

2.掌握常用的导游讲解方法。

3.熟悉导游口头语言的表达技巧和体态语言的运用技巧。

4.掌握导游语言的沟通技巧。

● **能力目标**

1.能准确理解并阐述导游语言的内涵与基本要求，在实际导游工作中运用恰当的语言风格。

2.能根据不同的旅游场景和游客需求，灵活调整沟通策略和讲解方法，以确保讲解顺利进行。

3.能以高超的语言技巧和得体的体态语言而成为文化传播的桥梁。

● **素养目标**

1.具有良好语言艺术素养。

2.具有灵活的讲解策略与创新能力。

3.具有较高的人际交往智慧与沟通能力。

● **任务引入**

湖南华天国际旅行社有限责任公司新导游岗前培训进入第四个主题。导游部王经理选取了文化交流考察团的案例（团队基本情况详见表2-2-1、表2-2-2），通过分析行程中的景点以及游客特点，总结了关于导游语言与讲解技能的技巧。

小张作为湖南华天国际旅行社有限责任公司中一位经验丰富的英文导游，接待了一个来自武汉某研究机构组织的文化交流考察团，团内汇聚了不少海外华侨，以及国内专家学者，他们前往长沙和韶山进行了考察和学习，团队里的海外华侨成员对祖国文化和历史抱有浓厚的兴趣。出行前，交流团团长李先生向旅行社特别提出了对跨文化沟通无障碍，以及讲解内容需兼具深度与广度的高标准期望，小张带团前做了充足的准备，也圆满完成了此项带团任务。

表 2-2-1　旅行社接待计划书

组团社	湖北××国际旅行社		团号	HUN-20241001
旅游团构成	人数：18人		组团社计调	小齐：135×××3518
	男：12人	70岁以上：无	全陪	小何：137×××3256
	女：6人	12岁以下：无	团长	李先生：185×××7055

抵离时间	2024年10月01日（G1107武汉—长沙），抵达时间：09:49		
	2024年10月03日（G94长沙—武汉），离开时间：17:21		
	行程安排	用餐安排	住宿和其他安排
行程	10月1日：乘坐高铁从武汉抵达长沙，游览橘子洲、湖南省博物院，晚上在五一广场自由活动	早餐：不含 中餐：含 晚餐：火宫殿	住宿：长沙君悦酒店 娱乐：无 购物：无
	10月2日：前往韶山，游览毛泽东同志故居、毛泽东铜像广场、滴水洞风景区，晚上观看演出《中国出了个毛泽东》	早餐：含 中餐：毛家饭店 晚餐：含	住宿：韶山宾馆 娱乐：无 购物：无
	10月3日：前往宁乡，参观花明楼景区，返回长沙用中餐，游览天心阁，乘高铁返程	早餐：含 中餐：含 晚餐：不含	住宿：无 娱乐：无 购物：无
备注			
地接社	湖南华天国际旅行社有限责任公司		
计调	小刘：132××××2567	地陪	小张：137××××8087
用车情况	长沙××旅游汽车有限公司	司机	戴师傅：137××××6598

表2-2-2　游客信息表

序号	性别	姓 名	身份证（护照）号码	联系方式	备注
01	男	李××	××××××	××××××	团长
02	男	余　×	××××××	××××××	美国华侨
03	男	刘××	××××××	××××××	—
04	女	曹××	××××××	××××××	法国华侨
05	男	刘　×	××××××	××××××	法国华侨
06	男	肖　×	××××××	××××××	美国华侨
07	女	何××	××××××	××××××	—
08	男	吴××	××××××	××××××	—
09	男	陈××	××××××	××××××	澳大利亚华侨
10	女	涂××	××××××	××××××	—
11	男	唐　×	××××××	××××××	澳大利亚华侨
12	男	贺××	××××××	××××××	新加坡华侨
13	女	伏××	××××××	××××××	—
14	男	艾××	××××××	××××××	新加坡华侨
15	女	杨　×	××××××	××××××	马来西亚华侨
16	男	颜　×	××××××	××××××	—
17	女	黄××	××××××	××××××	泰国华侨
18	男	张　×	××××××	××××××	—

本项目的学习清单如表2-2-3所示，请你每完成一项学习任务后在相应的括号中打"√"。

表2-2-3　学习清单

项目		任务内容	备注
学习任务	（　　）	导游语言的内涵和基本要求	
	（　　）	导游讲解常用方法的运用	
	（　　）	导游口头语言表达技巧	
	（　　）	导游态势语言运用技巧	
	（　　）	导游的语言沟通技巧	
学习感想			

▶ 任务工单

任务一　导游语言的内涵和基本要求

微课视频

导游语言的内涵和基本要求

1.任务描述

针对主题"导游语言的内涵和基本要求"，培训师借助线上教学资源实施培训。

学员通过课前观看微课视频、课中实践操作、教师点评，掌握导游语言的基本要求，并能灵活运用于实际带团。

（1）课前，各小组抽选接待计划中10月1日、2日和3日中任意一天的任意景点（橘子洲、湖南省博物院、毛泽东同志故居、毛泽东铜像广场、滴水洞风景区、花明楼景区、天心阁），搜集关于该景点的1个优秀导游讲解片段实例和1个问题（指有缺点）导游讲解片段实例，片段实例可以是视频、音频或文字，篇幅500字左右。

（2）课中，各小组结合对导游语言基本要求核心要点内容的理解，完成讲解片段案例表。

（3）课中，学员结合表格完成情况和课前实例的分享情况，不理解的专有名词可以向老师咨询或通过网络查询，理解其含义。

（4）课后，各小组将问题导游讲解片段进行修改，并上传至在线课程的作业区。

2.任务准备

根据抽选的景点名称，各小组搜集景点讲解素材，分析素材中涉及导游语言基本要求的相关内容。集体根据任务引导认真学习相关课程资源。

任务引导1：各景点能体现导游语言基本要求的讲解词片段。

任务引导2：三个基本要求的核心要点及其实例。

任务引导3：导游语言基本要求在导游词中的运用。

3.任务实施

（1）结合导游语言基本要求，收集讲解片段案例，填写在表2-2-4中，各小组派代表对表格填写思路进行汇报。

表 2-2-4　讲解片段案例表

景点名称	橘子洲　　湖南省博物院　　毛泽东同志故居　　毛泽东铜像广场 滴水洞风景区　　花明楼景区　　天心阁		
基本要求	核心要点	优秀讲解片段	问题讲解片段
准确	遣词造句准确		
	词语组合得当		
清晰	遵循一定逻辑		
	避免使用长句子		
	特殊专有名词的释义		
	避免语言上的小痘痘		
生动	比喻		
	比拟		
	排比		
	夸张		
	映衬		
	引用		
	双关		
	示现		

（2）学员结合案例表格填写和实例分享的情况，对没有理解的相关概念，通过网络咨询或向老师进一步了解。

（3）学员将任务完成过程中遇到的问题及解决办法、学习体会及收获记录在表 2-2-5 中。

表 2-2-5　学习记录表

小组名称：	小组成员：
遇到的问题及解决办法：	
学习体会及收获：	

4. 任务考核

将任务考核评价记录在表 2-2-6 中。

任务工单

表2-2-6　任务考核评价表

任务	评价标准	分值/分	评价分数/分		
			自评	互评	师评
表格填写	表格内容完整,涵盖所有核心要点	10			
	对核心要点理解准确,选取案例符合核心要点内涵,有一定代表性	15			
讲解片段实例分享	选取的抽选主题讲解片段能准确反映相应的导游语言基本要求,具有代表性和典型性	15			
	对导游语言基本要求的理解深入,能准确解释相关概念	20			
	能清晰、生动地讲解导游词片段,并正确、深入剖析蕴含在其中的导游语言基本要求	10			
	有创新性的思考或独特的见解	10			
其他	仪容仪表	5			
	团队协作	10			
	时间管理	5			
最终得分					

▶ 新知讲授

一、了解导游语言的内涵

从狭义的角度看,导游语言是导游与游客交流思想感情、指导游览、进行讲解传播文化时使用的一种具有丰富表达力、生动形象的口头语言。

从广义的角度来说,导游语言是导游在导游服务过程中必须熟练掌握和运用的,所有含有一定意义并能引起互动的符号。

所谓"所有",是指导游语言不仅包括口头语言,还包括态势语言、书面语言和副语言。其中,副语言是一种有声而无固定语义的语言,如重音、笑声、叹息、掌声等。所谓"含有一定意义",是指能传递某种信息或表达某种思想感情,如介绍旅游景观如何美、美在何处等。所谓"引起互动",是指游客通过感受导游语言行为所产生的反应。譬如,导游微笑着搀扶老年游客上车,其态势语言(微笑语和动作语)就会引起游客的互动:老年游客说声"谢谢",周围游客投来"赞许的目光"。所谓"一种符号",是指导游过程中的一种有意义的媒介物。

二、掌握导游语言的基本要求

语言是以语音为物质外壳、以词汇为建筑材料、以语法为结构规律而构成的体系。导游语言也是思想性、科学性、知识性和趣味性的结合体。导游语言除了要求符合语言规范之外,还有以下基本要求。

（一）准确

准确是指导游语言必须以客观现实为依据,在遣词造句、叙事上要以事实为基础,准确地反映客观实际。导游语言要做到准确,导游必须注意以下几方面。

1. 态度严肃认真

导游保持严谨认真的科学态度,是其语言精确无误的基础。导游需具备全心全意为游客服务的理念,以及持续提升服务品质的意愿,这样才能秉持对游客、自身、旅行社乃至国家的责任感,用真实准确且适宜的语言进行沟通。导游还需拥有坚持不懈、勤奋钻研的科学精神,这是不断进步的关键。唯有如此,导游才能一丝不苟地对待语言中的每个细节,确保用词既符合具体情境,又能准确反映实际情况。

2. 了解所讲内容

掌握并熟悉讲解的对象和内容,是导游语言运用得当的根本。若导游对景点的详情及讲解要点缺乏了解与熟悉,其语言表达的清晰度与准确性将大打折扣,流畅与优美更是无从谈起。相反,当导游对涉及的事物和内容有深入充分的准备时,讲解便能滔滔不绝、引经据典,遣词造句也会极为贴切,从而准确地再现事物的原貌,使游客易于接受并理解。

3. 遣词造句准确

遣词造句准确是导游语言运用的关键。一个句子或一个意思要表达确切、清楚,首先在于用词,即词语的选择,如果词语运用不当,就会使信息失真。

譬如,导游在武汉归元寺向游客介绍《杨柳观音图》时说:"这幅相传为唐代阎立本的壁画,它所体现的艺术手法值得我们珍惜。"

这里,"珍惜"属于用词不当,而应该用"珍视"。"珍惜"是爱惜的意思,而"珍视"则为看重的意思,即古画所体现的艺术手法值得仔细欣赏。

4. 词语组合得当

词语的组合、搭配要恰当。导游在选择贴切的词汇的基础上,还要按照语法规律和语言习惯进行词语的有机组合和搭配,使之符合规范,搭配相宜,这样才能准确地表达意思。

譬如,导游在向游客介绍了某一自然景观之后说:"这里的景色真叫人心旷神怡。"

这里的"叫"字同心旷神怡的搭配就不如用"令"字更好,因为"令"字有"使"的含义,即客观事物使人们主观上产生一种感受。

（二）清晰

清晰,是指导游的思维要符合逻辑规律,语言要保持连贯性,并且语言表达条理清晰、有层次感。导游可通过以下几种方式让游客更易听清楚听明白。

1. 遵循一定逻辑

讲述中遵循一定的逻辑,例如,可将要讲的内容进行总结,提炼出几个方面的特点,再逐一进行介绍,也可以根据历史发展进程讲述或者是参观线路,总之要找到一条主线进行描述,使之条理清楚,脉络清晰(二维码2-2-1、2-2-2)。

2. 避免使用长句子

书面语可以通过文字的组合和排列来构建复杂的句子结构和逻辑关系,从而更精确地表达

新知讲授

喀纳斯
导游词

2-2-1

喀纳斯
讲解视频

2-2-2

63

思想和观点,阅读的人可以通过反复品读来理解,但口语则要尽可能简单简洁地表达意思,才便于让听众快速掌握其中的信息,因此,导游在讲解中要尽量避免使用结构复杂的长句子,或者修饰定语过长的句式。

譬如,导游在北京颐和园向游客介绍时说:"在那座历史悠久、风景如画、融汇了中国古典园林艺术精髓与皇家建筑宏伟气势的、被誉为'皇家园林博物馆'的颐和园中。"对于颐和园修饰的定语过长,此句可以修改为:"颐和园被誉为'皇家园林博物馆',它以其独特的园林艺术和丰富的文化内涵享誉世界。"

3. 特殊专有名词的释义

在导游讲解中,会提到一些非日常使用的专有名词,例如科学术语、生僻词汇、古代名词等,这时导游就应对这些词语做一些说明或者类比,帮助游客听清楚并理解其意思。

譬如,导游在山西皇城相府向游客介绍时说:"康熙二十三年,陈廷敬督理钱法。"

"督理钱法"这个说法可能部分游客不理解,这时就要做出解释,后面补充一句"也就是监督钱币制造",这样就能帮助游客理解其内涵。

4. 避免语言上的"小痘痘"

在口语中,经常出现"是不是""对不对""这个""那个""嗯""啊""然后"等口头禅,它们像白米饭中的沙粒,令人讨厌,也被称为语言上的"小痘痘",会影响听众的理解。频繁出现口头禅容易让听者感觉语言啰唆,感到疲惫和不耐烦,因此,导游讲解中要避免养成这些语言习惯。

（三）生动

导游语言除了要准确和清晰外,生动也至关重要。要使口语表达生动形象,导游除了要把握好语音、语调之外,还要善于运用比喻、比拟、排比、夸张、映衬、引用、双关和示现等修辞手法。

1. 比喻

比喻就是用类似的事物来打比方的一种修辞手法,它包括以下几种形式。

（1）使抽象事物形象化的比喻。

例如:

在西藏纳木错的湖畔静静地坐着,那份宁静与祥和,就像是一杯醇厚的酥油茶,温暖而深邃,缓缓流入心田,让人忘却尘世的烦恼,仿佛整个世界都静止了。

这里,将"在西藏纳木错湖畔体验到的宁静与祥和"这一抽象感受,比喻为"一杯醇厚的酥油茶",就使得原本抽象的旅游体验变得具体而生动。

（2）使自然景物形象化的比喻。

例如:

九寨沟的五花海在阳光下闪耀,如同调色盘上的宝石,色彩斑斓,美不胜收。

这里将九寨沟的五花海比喻为调色盘上的宝石,生动地描绘了其色彩的丰富与美丽。

（3）使人物形象更加鲜明的比喻。

例如:

在丽江古城的小巷里,那位身着传统服饰的纳西族老奶奶,她的笑容如同古城墙下的阳光,温暖而亲切,让人瞬间感受到了家的温馨。

这里将纳西族老奶奶的笑容比喻为古城墙下的阳光,既体现了老奶奶的温暖与亲切,又巧妙地融入了丽江古城的文化背景。

（4）使语言简洁明快的比喻。

例如：

长城蜿蜒于山峦之间，宛如一条巨龙，首尾相连，气势磅礴。

这里将长城比喻为巨龙，简洁明了地表达了长城的雄伟壮观。

（5）激发丰富想象的比喻。

例如：

站在张家界的玻璃桥上，脚下是万丈深渊，头顶是蓝天白云，仿佛自己化身为一只展翅高飞的雄鹰，在群山之巅自由翱翔。闭上眼，耳边似乎还能听到风的低语，那是大自然在诉说着千年的秘密，让人心旷神怡、思绪飘远。

这里将站在张家界玻璃桥上的体验比喻为化身雄鹰自由翱翔，不仅激发了人们对高空美景的想象，还让人仿佛能听到风的低语，感受到了大自然的神秘与壮丽。

2. 比拟

比拟是通过想象把物拟作人或把甲物拟作乙物的修辞手法。在导游语言中，最常用的是拟人。

例如：

在九寨沟的五花海边，那些色彩斑斓的湖水仿佛一群穿着华丽长裙的舞者，在阳光的照耀下翩翩起舞，轻轻摇曳着身姿，为每一位游客展示着大自然最动人的舞蹈。

在这里，九寨沟的五花海被赋予了人的特性，湖水如同穿着华丽长裙的舞者，在阳光下翩翩起舞。这样的描述不仅生动形象地展现了五花海的美丽，还赋予了它生命力和情感，让游客仿佛能够听到湖水轻盈的舞步声，感受到大自然的灵动与和谐。

运用比拟手法时，导游要注意表达恰当、贴切，要符合事物的特征，不能牵强附会。另外，还要注意使用场合。

3. 排比

排比是将几个内容相关、结构相同或相似、语气连贯的词语或句子组合在一起，以增强语势的一种修辞手法。导游讲解中运用得当，可产生朗朗上口、一气呵成的效果。

例如：

故宫，这座古老的宫殿，它既是历史的见证者，记录着皇家的辉煌与沧桑；它又是艺术的宝库，珍藏着无数精美的文物与瑰宝；它还是智慧的结晶，展现着古代工匠的精湛技艺与非凡创造力；它更是文化的传承者，承载着中华文明的深厚底蕴与悠久历史。每一砖一瓦，每一雕一刻，都在诉说着故宫的故事，让每一位游客都能感受到它的独特魅力。

在这个例子中，使用排比句式，不仅增强了语言的节奏感，还全面而深刻地展现了故宫的多重价值与意义，使游客对故宫有了更加全面而深刻的认识。

4. 夸张

夸张是在客观真实的基础上，用夸大的词句来描述事物，以唤起人们丰富的想象的一种修辞手法。在导游语言中，夸张可以强调景物的特征，表达导游的情感，激起游客的共鸣。

例如：

站在泰山之巅，你会感受到一种"手可摘星辰"的震撼。这里的山峰，仿佛直插云霄，与天际相连，让人不禁感叹"会当凌绝顶，一览众山小"。而山脚下，黄河如一条巨龙般蜿蜒流过，那波涛汹涌的气势，简直能"撼动天地，震响乾坤"。

在这个例子中,通过"手可摘星辰""与天际相连""撼动天地,震响乾坤"等夸张的描述,不仅生动地展现了泰山的雄伟与黄河的壮阔,还激发了游客对于这两大自然景观的无限遐想与敬畏之情。

导游运用夸张手法应注意两点:一是要以客观现实为基础,使夸张具有真实感;二是要鲜明生动,能激起游客的共鸣。

5.映衬

映衬是把两个相关或相对的事物,或者同一事物的两个方面并列在一起,形成鲜明对比的修辞手法。在导游讲解中运用映衬的手法可以增强口语表达效果,激发游客的兴趣。

例如:

在张家界国家森林公园,奇峰异石拔地而起,有的如剑指苍穹,挺拔峻峭;有的则温婉如女子,柔美多姿。山间云雾缭绕,时而浓得如同泼墨重彩,将山峰遮掩得若隐若现;时而淡得如同轻纱曼舞,为山谷增添了几分神秘与飘逸。行走在这样的山水之间,你会有一种"一步一景,移步换形"的奇妙体验,时而仿佛置身于仙境之中,飘然欲仙;时而又仿佛回到了人间烟火,脚踏实地。

在这个例子中,"挺拔峻峭"与"柔美多姿"、"浓得如同泼墨重彩"与"淡得如同轻纱曼舞"、"飘然欲仙"与"脚踏实地"等形成了强烈的对比,通过映衬的手法,不仅展现了张家界国家森林公园自然景观的多样性和丰富性,还让游客在对比中获得了更加深刻的视觉和情感体验,加深了游客对这片神奇土地的印象。

6.引用

引用是指用一些现成的语句或材料(如名人名言、成语典故、诗词寓言等)作为根据来说明问题的一种修辞手法。在导游讲解中经常运用这种方法来增强语言的表达效果。引用包括明引、意引和暗引三种形式。

(1)明引:指直接引用原话、原文。

其特点是出处明确,说服力强。

例如:

谈及北京故宫的宏伟,我们不得不引用明代皇帝朱棣的话——"紫禁城,乃朕之皇家居所,天地日月之精华汇聚于此"。

这句话直接体现了故宫作为皇家宫殿的尊贵与不凡,也让游客对故宫的历史地位有了更加直观的认识。

(2)意引:指不直接引用原话、原文,而只引用其主要意思。

例如:

有专家曾这样评价桂林山水:"桂林山水甲天下,其山水之秀美,宛如一幅流动的山水画卷"。

这句话虽非专家原话的直接引用,但准确传达了桂林山水以其独特的自然风光而闻名遐迩的信息,让游客对桂林之美充满期待。

(3)暗引:指把别人的话语融入自己的话语中,而不注明出处。

例如:

游览西湖时,望着那波光粼粼的湖面,我不禁开始吟诵起"欲把西湖比西子,淡妆浓抹总相宜"。

虽然没有直接点明出处,但这两句诗却恰如其分地描绘了西湖在不同天气下的美丽景致,让游客在品味诗句的同时,也能感受到西湖的韵味与魅力。

导游在运用引用手法时,既要注意为我所用、恰到好处,不能断章取义,又要注意不过多引用,更不能滥引。

7. 双关

双关是利用词语同音或者多义条件,使一个语言片段同时兼有表、里两层意思,并以里层意思为表意重点。双关有谐音、谐义两种,在导游词中运用比较多的是谐音双关技巧。我国民俗文化内容异常丰富,各种用谐音双关手段表现的生活内容必然要反映在语言表达中。如果在导游词中巧妙地加以利用,不仅能够为表达增色,还能够将一些民俗知识巧妙地传达给游客,从而十分生动形象地反映当地的民俗风貌,给游客留下深刻的印象。

例如,在介绍一个以制作豆腐闻名的古镇时,导游可以说:"欢迎大家来到豆腐镇,这里的豆腐不仅口感细腻,还藏着一个美好的寓意——'都富'。大家听,'豆腐'和'都富'谐音,意味着家家户户都能富足安康。所以,品尝这里的豆腐,不仅是在享受美食,更是在接受一份美好的祝福。"

这个例子中,"豆腐"与"都富"谐音,使得一个简单的食物名称蕴含了丰富的文化内涵和美好祝愿,既体现了地方特色,又增添了趣味性。

8. 示现

示现是把已经过去的事情、将要发生的事情或想象中的事情活灵活现地描述出来的修辞手法。示现一般有回忆、追述、预想、悬想等形式。示现具有极强的表现力,回忆、追述是使过去的事情再现出来,如在眼前,给人以身临其境的感觉;预想是将未来移至眼前,生动形象,给人以活灵活现的感受。不论是哪种示现,都使人"未见如见""未闻如闻",具有较强的艺术魅力与感染力。导游为了给游客留下深刻的印象,应根据交际的需要使用这种方法进行讲解,以达到更加理想的效果。

▶ **任务工单**

任务二　导游讲解常用方法的运用

1. 任务描述

针对培训主题"导游讲解常用方法的运用",培训师借助线上教学资源实施此次培训。

学员通过课前观看微课视频,课中实践操作、教师点评,掌握导游讲解常用的方法,并能灵活运用于实际带团讲解。

(1)课前,各小组搜集运用各种导游讲解常用方法的案例,完成案例搜集表格(任意带团中可能出现的场景)。

(2)课中,各小组派代表展示案例搜集表格,对不理解的导游讲解方法可以向教师咨询或网络查询,理解其含义。

(3)课中,各小组结合上一个任务中的景点讲解片段,将其扩充为一个完整的景点导游词(1000—1200字),其中运用到的讲解方法确保不低于4个,并标注清楚。

(4)课中,各小组派代表或合作的方式展示完整版景点导游词,师生共同重点分析讲解方法运用是否得当。

(5)课后,各小组结合课中所学,完善该景点导游词文本,上传至在线课程的作业区。

2.任务准备

围绕导游讲解十种方法搜集相关案例,掌握导游常用讲解方法的运用。集体认真学习相关课程资源,回答下列任务引导。

任务引导1:导游的十种常用讲解方法。

任务引导2:十种常用讲解方法的内涵、分类和特点。

任务引导3:导游常用讲解方法在实际中的运用。

3.任务实施

(1)课前进行小组讨论,共同完成导游讲解常用方法运用案例搜集表(见表2-2-7)。

表2-2-7　导游讲解常用方法运用案例搜集表

方法		案例
概述法		
分段讲解法		
突出重点法	突出景点的独特之处	
	突出具有代表性的景观	
	突出游客感兴趣的内容	
	突出"……之最"	
问答法	自问自答法	
	我问客答法	
	客问我答法	
	客问客答法	
虚实结合法		
触景生情法		
制造悬念法		
类比法	同类相似比较	
	同类相异比较	
妙用数字法		
画龙点睛法		

(2)课中,师生共同辨析案例是否正确,准确理解十种导游讲解的常用方法。

(3)课中,各小组选择上一个任务中的一个景点讲解片段,将其扩充为一篇完整的景点导游词,并填入表2-2-8(可参照以下标注范例),其中运用到的讲解方法确保不低于4个,并标注清楚。

表2-2-8　导游讲解方法运用标注表

景点名称:

长沙花鼓戏标注范例

走三湘大地,探非遗之美! 游客朋友们,今天我们将开启湖南非遗之旅。

在湖南,有这么一项超高人气的国家级非遗,从三岁小孩到古稀老人,从本地居民到四海游客,人人都能来上这么一段。它是什么呢? 它就是长沙花鼓戏(问答法),而且我敢保证,您肯定听过甚至唱过花鼓戏,不信您听:"浏阳河,弯过了几道弯,几十里水路,到湘江。"诶,有人说《浏阳河》不是民歌吗? 其实这首民歌最早就是花鼓戏《双送粮》中的唱段,它唱的是劳动人民对党和领袖的热爱和感激(问答法)。

1984年,长沙花鼓戏登上央视春晚的舞台,李谷一老师一首《刘海砍樵》,在全国掀起了一股"花鼓戏热":"胡大姐(诶),我的妻(啊),你把我比作什么人咯嘞?"这个唱段朗朗上口,旋律明快,给海内外观众留下深刻印象。

长沙花鼓戏已有300多年的历史,它起源于民间的地花鼓,是人们在劳作之余、茶余饭后在田间地头表演的一种艺术形式,300多年来形成了比古调、十字调、西湖调等300多种曲调。它贴近劳动人民的生活,讴歌真善美,弘扬正能量,成为群众十分喜爱的民间艺术(概述法)。

群众喜爱的,就是最好的。2022年9月,长沙花鼓戏入驻抖音直播,首场直播350万人次观看,相当于全年线下160场演出观看人次的70倍(妙用数字法),长沙花鼓戏以其超高的人气,开辟了以数字化赋能非遗传播的"互联网＋非遗"新模式。

人来人去空千古,花落花开任四时(触景生情法)。长沙花鼓戏在这座具有2400年历史的文化名城中繁衍与积淀,它是您了解湖南民俗与非遗的一个窗口,它是最具湖南味的民俗艺术。来湖南听一曲花鼓戏吧! 让花鼓戏把属于湖南的真诚与友好传播给远方的你。

（4）各小组派代表陈述标注思路,对于存疑处,师生进行共同分析。

（5）学员将任务完成过程中遇到的问题及解决办法、学习体会及收获记录在表2-2-9中。

表2-2-9　学习记录表

小组名称:	小组成员:
遇到的问题及解决办法:	
学习体会及收获:	

4. 任务考核

将任务考核评价记录在表2-2-10中。

表2-2-10　任务考核评价表

任务	评价标准	分值/分	评价分数/分		
			自评	互评	师评
案例收集	案例符合相应常用导游讲解方法	34			
导游讲解方法运用标注	景点扩充的导游词完整,字数在要求区间内	23			
	运用的讲解方法达到4种,标注正确	28			
其他	工单填写	5			
	团队协作	5			
	语言表达	5			
最终得分					

▶ 新知讲授

一、概述法

概述法是导游就旅游城市或景区的地理、历史、社会、经济等情况向游客进行概括性的介绍，使其对即将参观游览的城市或景区有一个大致的了解和轮廓性认识的一种导游方法。这种方法多用于导游接到旅游团后坐车驶往下榻酒店的首次沿途导游中，也适用于游览较大的景点之前，在入口处示意图前进行的讲解。

例如，用"概述法"介绍皇城相府：

大家好！"清官不酷，好官不庸。"今天有幸与大家走进一代名相陈廷敬的故居——皇城相府。这座明清时的"北方第一文化巨族之宅"，集官宅民居、宗祠庙宇、园林书院、防御工事于一体，堪称农、商、学、官文化的缩影。

二、分段讲解法

分段讲解法就是对于那些规模较大、内容较丰富的景点，导游将其分为前后衔接的若干部分来逐段进行讲解的导游方法。

一般来说，导游可首先在前往景点的途中或在景点入口处的示意图前介绍景点概况（包括历史沿革、占地面积、主要景观名称、观赏价值等），使游客对即将游览的景点有个初步印象，达到"见树先见林"的效果。然后带团到景点按顺序进行游览，进行导游讲解。在讲解这一部分的景物时，应注意不要过多涉及下一部分的景物，这是为了让游客对下一部分的景物充满期待，并使导游讲解环环相扣、景景相连。

例如，乘坐索道上山游览天子山，导游就可将其分为五个部分来讲解。

（1）在索道站或景区入口处介绍天子山概况。

各位游客，欢迎大家来到张家界的天子山景区。天子山位于湖南省张家界市武陵源区，是张家界国家森林公园的重要组成部分，因其山峰高耸、气势磅礴，被誉为"扩大的盆景，缩小的仙境"。这里有着丰富的自然景观和独特的地质构造，是联合国教科文组织评定的世界自然遗产地之一。今天，我们将乘坐索道一路攀升，欣赏天子山的壮丽风光，感受大自然的壮美神奇。

（2）索道途中讲解沿途景观。

随着索道的缓缓上升，大家可以看到脚下的山峦起伏，云雾缭绕，仿佛置身于仙境之中。请注意观察，这些山峰形态各异，有的如剑指苍穹，有的似驼峰漫步，每一座山峰都有其独特的韵味和传说。同时，大家还可以看到茂密的森林和清澈的溪流，这些都是天子山生态系统的重要组成部分。

（3）到达索道上站后介绍主要景点。

现在我们已经到达了索道上站，接下来我们将前往天子山的主要景点进行游览。首先，我们将前往贺龙公园，那里矗立着贺龙铜像，是纪念贺龙元帅的重要场所。接着，我们将游览御笔峰和仙女散花等著名景点，这些景点以其独特的造型和美丽的传说吸引了无数游客前来观赏。

（4）深入讲解御笔峰和仙女散花。

御笔峰位于天子山腹地，因其山峰形状酷似一支巨大的毛笔而得名。相传这是古代神仙留下的神笔，用以描绘天地间的美景。而仙女散花则是一片由众多山峰组成的自然景观，山峰间云雾缭绕,宛如天女散花。这些景点不仅展示了天子山的自然之美,还蕴含着丰富的文化内涵。

(5)游览天子阁并总结。

最后,我们将前往天子阁,这是天子山的最高点,也是观赏天子山全景的最佳位置。站在天子阁上,大家可以俯瞰整个天子山景区,感受其壮丽与辽阔。同时,天子阁也是一处文化气息浓厚的景点,内部陈列着关于天子山的历史文化和地质构造的展览,让大家更深入地了解这片神奇的土地。希望通过今天的游览,大家能够感受到天子山的独特魅力,留下美好的回忆。

通过以上几个部分的分段讲解,导游不仅让游客对天子山有了全面的了解,还激发了游客对景区历史和文化的兴趣和探索欲望。

三、突出重点法

突出重点法就是在导游讲解中不面面俱到,而突出某一方面的导游方法。导游必须有的放矢地做到重点突出、详略得当。导游在讲解时一般要突出以下四个方面。

(一)突出景点的独特之处

游客到目的地游览众多景点,不乏类似景观,导游讲解时要讲清景点的独特之处,尤其同次活动参观类似景观时更要突出介绍。

例如:

四川峨眉山作为中国的佛教名山之一,不仅自然风光秀丽,更在佛教文化中占据着举足轻重的地位,且有着其他三大佛教名山所不具备的独特之处。

峨眉山,山势雄伟,植被繁茂,四季景色如画,是自然与人文的完美融合。与其他三大佛教名山相比,峨眉山的独特之处在于其深厚的佛教文化底蕴和独特的佛教仪式。这里不仅是普贤菩萨的道场,更是佛教徒心中的圣地。山上的报国寺、万年寺等寺庙,香火鼎盛,信徒络绎不绝,处处洋溢着浓郁的宗教气息。

值得一提的是,峨眉山的佛教仪式独具特色,来自四面八方的信徒们汇聚于此,共同祈福、朝拜,场面壮观。此外,峨眉山的佛教音乐也极具特色,悠扬的梵音回荡在山间,让人感受到内心的宁静与平和。

导游在讲解时,应着重强调峨眉山在四大佛教名山中的独特地位,以及其在自然景观、佛教文化、宗教仪式等方面的特色,让游客在游览中更加深刻地了解峨眉山的独特魅力。

(二)突出具有代表性的景观

对于游览规模大的景点,导游必须事先确定好重点景观。这些景观既要有自己的特征,又能概括全貌。实地参观游览时,导游应主要向游客讲解这些具有代表性的景观。

例如,在制定岳麓书院参观行程时,应主要安排游客参观讲堂,讲学是书院最重要的功能。

(三)突出游客感兴趣的内容

游客的兴趣爱好各不相同,但职业相似、文化层次相同的人往往有共同的爱好。导游在研究旅游团的资料时要注意游客的职业和文化层次,以便在游览时重点讲解旅游团内大多数成员感兴趣的内容。

以游览长城为例,如果多数游客对古代军事防御体系感兴趣,导游应重点介绍长城的军事功能、防御策略及其在历史上的重要作用。可以将长城与罗马帝国的边境防线进行比较,突出长城是古代东方军事防御工程的杰出代表。如果多数游客对中国古代文学艺术感兴趣,导游则可以更多地讲述长城在诗词歌赋、绘画艺术中的表现,以及长城作为文化符号在中华民族精神中的象征意义。通过讲述长城与古代文学艺术的关联,让游客在游览中感受到长城深厚的文化底蕴。

（四）突出"……之最"

面对某一景点,导游可根据实际情况,介绍该景点是"世界或中国最大（最长、最古老、最高）的×××"等特征,这样能够引起游客的兴趣。

例如:

张家界国家森林公园是中国第一个国家森林公园,其独特的砂岩峰林地貌被誉为"扩大的盆景,缩小的仙境"。这里的石峰林立、形态各异,仿佛是大自然精心雕琢的艺术品。其中,天子山的御笔峰,更是以其形似一支倒插的御笔而得名,是张家界最具代表性的景观;黄龙洞,则是中国目前已发现的较大溶洞之一,被誉为"世界溶洞奇观"。洞内的石笋、石柱、石幔等钟乳石形态万千,色彩斑斓,构成了一个奇幻的地下世界。游客漫步其中,仿佛置身于一个神秘的宫殿,每一步都能发现新的惊喜。

这样的导游讲解,既突出了张家界国家森林公园和黄龙洞的独特之处,又让游客在游览中感受到大自然的神奇造化和人类的智慧与勇气。同时,导游在讲解时必须确保信息准确无误,避免误导,要保障游客的游览体验,维护景点声誉。

四、问答法

问答法是指在导游讲解时,导游向游客提问或启发他们提问的导游方法。使用问答法的目的是活跃游览气氛,促进游客和导游之间的交流,使游客获得参与感和自我成就感。问答法包括自问自答法、我问客答法、客问我答法和客向客答法四种形式。

（一）自问自答法

自问自答法是指导游自己提出问题,并做适当停顿,让游客去思考、想象,但并不期待他们回答。自问自答法只是为了吸引他们的注意力,激起兴趣,然后做简洁明了的答复或进行生动形象的介绍,给游客留下深刻的印象。

（二）我问客答法

导游要善于提问,所提问题要问得恰当,既不能过于简单,让游客觉得毫无挑战性,也不能过于冷僻,导致无人应答。同时还要诱导游客回答,但不要强迫他们回答,以免使游客感到尴尬。游客的回答不论对错,导游都不应打断,更不能笑话,而要给予鼓励。最后由导游讲解,并引出更多、更广的话题。此外,导游提问的时机也要把握好。一般来说,游客在思考问题的时候,导游不宜打扰游客;游客在欣赏美景和节目的时候,导游不要提与此无关的事情和问题。

（三）客问我答法

游客提出问题,说明他们对某一景物产生了兴趣,进入了审美角色。对于他们提出的问题,即使是幼稚可笑的,导游也不能置之不理,千万不要笑话他们,更不能表现出不耐烦,而要有选择地将回答和讲解有机结合起来,巧妙地进行回复。导游也不需要有问必答,通常只需回答一些与景点有关的问题,注意不要让游客的提问打乱你的安排。导游要学会认真倾听游客的提问,善于思考,掌握游客提问的一般规律,总结出一套相应的"客问我答"的导游技巧,以求随时满足游客的好奇心。

(四)客问客答法

导游对游客提出的问题并不直截了当地回答,而是有意识地请其他游客来回答问题,亦称"借花献佛法"。导游在为"专业团"讲解专业性较强的内容时可运用此法,但前提是必须对游客的专业情况等有深入的了解,切忌安排不当而引起其他游客的不满。如果发现游客回答问题时所讲的内容有偏差或不足之处,导游也应见机行事,在适当的情境下指出问题,但注意要委婉,不能伤害其自尊心。需要注意的是,客问客答法不宜过多使用。

又如,在游览西湖时,导游指着湖边随风摇曳的垂柳说:"西湖的柳树,自古以来就是文人墨客笔下的常客。唐代诗人白居易曾写下'最爱湖东行不足,绿杨阴里白沙堤'的诗句。那么,大家猜猜看,如果让古人用叠词来形容西湖的柳树,他们会怎么说呢?"游客们兴致勃勃地讨论起来,有的说是"柔柔软软柳",有的说是"长长短短柳"。最后,在导游的提示下,大家恍然大悟,原来是"轻轻袅袅柳"。这样的互动,不仅让游客感受到了西湖柳树的柔美,还体会到了汉语中叠词的魅力。

五、虚实结合法

虚实结合法是在导游讲解中将典故、传说与景物介绍有机结合,即编织故事情节的导游方法。所谓"实"是指景观的实体、实物、史实、艺术价值等,而"虚"则指与景观有关的民间传说、神话故事、趣闻逸事等。"虚"与"实"必须有机结合,但以"实"为主,以"虚"为辅,"虚"为"实"服务,以"虚"烘托情节,以"虚"加深"实"的存在。

以西安的兵马俑为例,导游在介绍这一世界八大奇迹之一时,可以先讲述其实际的历史背景:"兵马俑,即秦始皇兵马俑,是中国古代一项伟大的考古发现,被誉为'世界第八大奇迹'。它们是为秦始皇陵建造的地下军队,象征着秦始皇统一六国的辉煌成就和至高无上的权威。"

随后,导游可以巧妙地穿插一些传说故事,为讲解增添一抹神秘色彩:"相传,在秦始皇陵建造之初,工匠们夜以继日地工作,但进度缓慢。一天,一位老工匠在梦中得到仙人的指点,醒来后按照仙人的指示,用泥土塑造了一支栩栩如生的军队。当秦始皇看到这支军队时,大为震惊,认为这是上天赐予他的守护神。于是,他决定将这些兵马俑作为陪葬品,永远守护他的陵墓。"

导游一定要注意不能为了讲故事而讲故事,任何"虚"的内容都必须落实到"实"处。还应注意选择"虚"的内容要"精"、要"活"。所谓"精",就是所选传说故事是精华,与讲解的景观密切相关;所谓"活",就是使用时要灵活,见景而用。

六、触景生情法

触景生情法是一种在导游讲解中借景抒情、借题发挥的导游方法。导游在讲解时,不应仅停留在对景物表面的简单描述,而要善于借景造境,引导游客在观赏景物的同时触发想象与产生共鸣。

新知讲授

例如：

各位游客，现在我们正漫步于拙政园的水榭之间，眼前是碧波荡漾的池塘，远处是假山林立，亭台楼阁掩映其间。这园中的每一处景致，都仿佛精心布置的画卷，引人入胜。您看，那池中的荷花，在夏日阳光下亭亭玉立，仿佛是园中的主人，静静地诉说着岁月的故事。而那一座座精巧的桥梁，不仅连接了园中的各个景点，更连接了古今中外的文化与情感。站在这里，您是否能感受到那份跨越时空的宁静与美好？仿佛自己也成为这园中的一部分，与这里的每一处景致、每一块石头、每一片叶子共同呼吸，共同感受生命的美好。

触景生情要求导游的讲解内容与所见景物和谐统一、情景交融，使游客在游览过程中既能领略到景物的外在美，又能感受到其中蕴含的情感与意境。

再如，当我们置身于北京的故宫之中，站在太和殿广场上，导游可以这样描绘：

各位游客，太和殿广场，作为紫禁城的中心，不仅以其宏大的规模和庄严的气势带给人震撼，更以其承载的深厚历史文化底蕴让人心生敬畏。您看，那广场上的石板路，历经数百年风雨，依然平整如初，仿佛记录着无数历史瞬间。每当举行大典，皇帝端坐太和殿上，文武百官分列两侧，全场肃静，鼓乐齐鸣，那份庄重与威严，让人不禁感叹于古代帝王的权威与国家的强盛。而今天，我们站在这里，虽已无法目睹当年的盛况，但那份历史的厚重与文化的积淀，依然让我们心生敬仰，感受到中华民族的伟大。

触景生情要求自然、正确、切题。导游要通过生动形象的讲解、有趣而感人的语言，赋予死的景物以生命，注入情感，引导游客进入审美对象的特定意境。

七、制造悬念法

制造悬念法是指导游在讲解时提出令人感兴趣的话题，但故意引而不发，以此激发游客求知欲的方法，俗称"吊胃口"或"卖关子"。这种"先藏后露、欲扬先抑、引而不发"的表达方式，往往会给游客留下特别深刻的印象。

例如，在游览被誉为"天下第一江山"的江苏镇江北固山时，游客面对那高耸入云的北固楼，心中难免生出诸多疑问。此时，导游可适时引入悬念："各位游客，北固楼不仅是镇江的标志性建筑，更承载着深厚的历史文化底蕴。你们看，这楼前有一块石碑，上面刻着'天下第一江山'六个大字，气势磅礴。但你们知道吗？为何北固山能被誉为'天下第一江山'？这背后隐藏着怎样的故事呢？请大家随我一起登楼，待我们俯瞰整个镇江城时，我再为大家揭晓这个秘密。"这样的悬念设置，无疑为接下来的游览增添了几分神秘与期待。

当游客们终于登上北固楼，俯瞰着脚下的镇江城，导游这才缓缓道来："北固山之所以被誉为'天下第一江山'，一方面是因为它的地理位置险要，三面环水，易守难攻，历来是兵家必争之地；另一方面，则是因为这里曾发生过许多惊心动魄的历史事件。而'天下第一江山'的题字，更是对北固山历史地位的极高赞誉。此刻，站在这里，你们是否感受到了那份历史的厚重与文化的积淀？"

制造悬念，不仅是导游讲解的重要手段，更能在活跃气氛、营造意境、激发游客游兴等方面发挥重要作用。

又如，在游览江南名园——无锡寄畅园的"知鱼槛"时，导游可以这样设置悬念："各位游客，你们看，这'知鱼槛'临水而建，古朴典雅，但你们知道吗？在这里，有一个关于鱼的奇妙景象，是其他地方难以见到的。请大家仔细观察,看看能否发现其中的奥秘。"

游客们纷纷围拢过来,仔细观察着水中的鱼儿与周围的景致,却一时难以发现什么特别之处。这时,导游微笑着说:"大家别急,等会儿我会让你们看到一个前所未有的景象。不过在此之前,我要先问大家一个问题:你们觉得这里最多能看到几条鱼呢?"游客们面面相觑,有的猜一条,有的猜两条,还有的甚至说无数条。导游却只是神秘一笑,并不急于揭晓答案。

过了一会儿,当一阵微风吹过,水面泛起层层涟漪,导游这才指着水面说:"你们看,现在是不是觉得鱼儿仿佛更多了? 其实,这里的奥秘就在于水面的反射与折射作用,使得鱼儿在水中游动时,产生了类似'分身术'的效果。而'知鱼槛'这个名字,则来源于庄子的'濠梁之辩',寓意着人与自然和谐共生的哲学思想。此刻,站在这里,你们是否感受到了那份超脱与宁静?"

通过这样的悬念设置与揭晓,不仅激发了游客的好奇心与求知欲,更让他们在游览过程中获得了更加深刻的体验与感悟。

八、类比法

类比法是一种通过将眼前景物与游客熟悉的事物进行对比,以达到触类旁通效果的方法。导游用游客熟悉的事物与眼前景物进行比较,既便于游客理解,又使他们感到亲切,从而达到事半功倍的导游效果。类比法可分为以下两种。

(一)同类相似类比

这种方法通过对比同类事物的差异,突出各自特色,加深游客印象。

例如,导游在介绍杭州西湖时,可以将其比作中国的"日内瓦湖",两者都以湖光山色、历史文化著称,让人在游览时仿佛置身于一幅动人的画卷之中。同样,当游客来到宽窄巷子,可以将其形容为"成都的南锣鼓巷",两者都承载着丰富的历史记忆与独特的文化风情,让游客在漫步中感受到那份穿越时空的韵味。再如,提及苏州的拙政园,不妨将其誉为"东方的凡尔赛宫",两者都以其精巧的园林设计、丰富的文化内涵吸引着世界各地的游客。

(二)同类相异类比

同类相异类比是将两种同类但有明显差异的风物进行比较,对比规模、质量、风格、水平、价值等方面的不同,以加深游客的印象。

例如,在介绍中国茶文化时,可以将其与英国的下午茶文化进行类比。两者虽然都彰显了对茶的热爱与品饮的雅致,但在表现形式、文化内涵以及社交功能上却各有千秋。中国的茶文化历史悠久,注重茶的自然韵味与品饮过程中的精神享受;英国的下午茶文化则更加注重礼仪与社交,茶与甜点的搭配是其特色。通过这样的对比,游客不仅能更好地理解两种文化的差异,还能在品味茶香的同时,感受东西方文化的交融与碰撞。

要正确、熟练地使用类比法,要求导游掌握丰富的知识,熟悉客源国,对相比较的事物有比较深刻的了解。面对来自不同国家和地区的游客,要将他们知道的风物与眼前的景物相比较,切忌做不相宜的比较。

九、妙用数字法

妙用数字法就是在导游讲解中巧妙地运用数字来说明景观内容,以促使游客更好地理解的一种导游方法。导游讲解离不开数字,因为数字是帮助导游精确地说明景物的历史、年代、形状、大小、角度、功能、特性等方面内容的重要手段之一,但是使用数字必须恰当、得法,如果运用得当,就会使平淡的数字发出光彩,否则会令人产生索然寡味的感觉。运用数字忌讳平铺直叙,大量的枯燥数字会使游客厌烦,因此使用数字要讲究"妙用"。

在实地导游过程中,数字换算只是妙用数字法的一个方面。导游还可以运用数字分析,更精确地揭示景观的独特之处。以杭州西湖的"苏堤春晓"为例,导游可以讲述:"苏堤全长近三千米,由宋代大文豪苏东坡主持修建,堤上六座拱桥,每座桥都有其独特的景致与故事。六桥烟柳,不仅是对自然美景的描绘,更是对苏东坡文学造诣与治理才能的颂扬。这六桥,恰似六颗璀璨的明珠,镶嵌在西湖的碧波之上。"

此外,导游还可以通过数字来隐喻中国传统文化。比如,在介绍中国传统的八卦图时,可以这样讲述:"八卦图中的八个方位,分别对应着天、地、雷、风、水、火、山、泽这八种自然现象,体现了古人对自然规律的深刻洞察。"

通过这样的讲解,数字不再是单调的符号,而成为连接游客与景观、文化与历史的桥梁,让游客在欣赏美景的同时,也能深刻感受到中国传统文化的魅力与智慧。

十、画龙点睛法

画龙点睛法就是导游用凝练的词句概括景点的独特之处,给游客留下深刻印象的方法。游客听了导游讲解,观赏了景观,"既见森林,又见树木",一般都会有一番议论。导游可趁机给予适当的总结,以简练的语言,甚至几个字,点出景物精华之所在,帮助游客进一步领略其奥妙,获得更丰富的精神享受。

例如:导游可用"山、水、洲、城"来总结长沙的城市景观特色;用"秀、险、幽、奇"四字来概括四川的自然风光,既展现了山川的秀美,又突出了其地形的险峻,还描绘了其环境的幽静,以及自然奇观的独特;用"水、桥、塔、茶、绸"五个字来描绘杭州的城市特色,既突出了西湖的碧波荡漾、古桥的历史韵味,又涵盖了雷峰塔的传奇故事,以及龙井茶的清香四溢和丝绸的华美细腻。

导游讲解常用的方法技巧还有很多,如点面结合法、引人入胜法、启示联想法、谜语竞猜法、知识渗透法等,它们都是导游在工作实践中提炼、总结出来的。在具体工作中,各种导游方法和技巧都不是孤立的,而是相互依存、相互联系的。导游在学习众家之长的同时,还应结合自己的特点融会贯通,在实践中形成自己的导游风格,并视具体的时空条件和对象,灵活、熟练地运用各种导游方法,这样才能产生良好的导游效果。

▶ **任务工单**

任务三　导游口头语言表达技巧

1. 任务描述

针对主题"导游口头语言表达技巧",培训师借助线上教学资源实施培训。

学员通过课前观看微课视频,课中实践操作、教师点评,掌握导游口头语言的表达技巧,并能灵活运用于实际带团。

（1）课前,各小组将任务二中完成的完整景点导游词进一步优化,着重体现口头语言形式。

（2）课中,各小组根据自己的理解,现场完成口头语言表达技巧在不同场景的运用表格。

（3）课中,各小组现场完成课前编写的导游词的分析和标注工作,重点标注口语语言表达要领如何在导游词中进行运用,并派代表展示导游词讲解。

（4）课中,学员根据分析和标注情况,向教师咨询或通过网络查询不理解的专有名词,理解其含义。

（5）课后,各小组结合课中所学,进一步修改课前创作的导游词,拍摄一段充分体现导游口头语言表达要领的导游讲解视频,并上传至在线课程的作业区。

2. 任务准备

以小组为单位,优化任务二中完成的完整景点导游词,注重调整文本中书面语的表述,充分运用导游口头语言基本形式和表达技巧。集体认真学习相关课程资源,回答下列任务引导。

任务引导1:导游口头语言的两种基本形式是什么?

任务引导2:导游口头语言的表达技巧有哪些?

任务引导3:导游口头语言表达技巧如何在实际中运用?

3. 任务实施

（1）各小组合作完成相关导游口头语言表达技巧在不同场合的运用填入表2-2-11。

①请扫码倾听欢迎语"大家好,欢迎来到美丽的星城——长沙"在升调、降调和直调场景下的三个语音版本(二维码2-2-3、2-2-4、2-2-5),在表2-2-11"语调运用"部分填上合适的序号。

表2-2-11　导游讲解语调运用实践表

运用场景	适用音调	适配的音频编码
在正式场合,如政府活动、大型会议或文化庆典的开场致辞中	□升调　□降调　□直调	
想表达特别的热情、欢迎以及对来宾的期待时	□升调　□降调　□直调	
需要保持中立、客观或日常交流时	□升调　□降调　□直调	

②请扫码倾听导游词片段"各位朋友,欢迎来到武陵源,这里山峰奇秀,溪水清澈。我们将漫步其中,感受大自然的鬼斧神工,享受这片自然奇观带来的震撼与宁静!"的快速和慢速语音版本(二维码2-2-6、2-2-7),在表2-2-12"音频编码"部分填上合适的编码。

表2-2-12　导游讲解语速运用实践表

运用场景/群体	适用语速	适配音频编码
时间紧迫的旅行团;年轻、活跃的游客群体	□快速　□慢速	
悠闲度假的家庭游客;老年游客;寻求深度体验的游客	□快速　□慢速	

③请扫码倾听四段导游词片段语音,请大家结合对四类停顿的理解,在导游讲解停顿运用实践表(见表2-2-13)中填上合适的编码。

导游词1:大家看,前面的山峰像不像一位威风凛凛的将军?(二维码2-2-8)

导游词2:您知道吗? 在咱们湖南啊,有这么一道菜,它辣得带劲,香得迷人,让人一吃就忘不了,那就是剁椒鱼头!(二维码2-2-9)

导游词3:大家注意,我们上午11点准时在停车场集合,请大家自由活动时做好时间安排。

音调1

2-2-3

音调2

2-2-4

音调3

2-2-5

语速1

2-2-6

语速2

2-2-7

停顿1

2-2-8

停顿2

2-2-9

（二维码2-2-10）

导游词4：湖南，这片古老而又充满活力的土地，不仅孕育了丰富的历史文化，还藏着无数令人叹为观止的自然风光。（二维码2-2-11）

表2-2-13　导游讲解停顿运用实践表

停顿类型	适配音频编码
语义停顿	
暗示省略停顿	
等待反应停顿	
强调语气停顿	

（2）各小组结合课前编写的导游词，分析其口头语言的形式和表达要领的运用，可填写在导游词口头语言技巧标注表（表2-2-14）中，也可直接标注在导游词中，并尝试运用这些要领进行讲解（可扫码参考标注范例2-2-12和讲解音频2-2-13）。

表2-2-14　导游词口头语言技巧标注表

景点名称	
导游词	

（3）学员结合案例搜集和导游词分析的情况，通过向教师咨询或网络查询理解相关概念。

（4）各小组充分运用导游口头语言的表达技巧，讲解课前创作的导游词，教师和其余学员予以评价。

（5）学员将任务完成过程中遇到的问题及解决办法、学习体会及收获记录在表2-2-15中。

表2-2-15　学习记录表

小组名称：	小组成员：
遇到的问题及解决办法：	
学习体会及收获：	

4. 任务考核

将任务考核评价记录在表2-2-16中。

停顿3
2-2-10

停顿4
2-2-11

长沙花鼓戏语音语调标注样例
2-2-12

长沙花鼓戏讲解音频
2-2-13

任务工单

表 2-2-16　任务考核评价表

任务	评价标准	分值/分	评价分数/分		
			自评	互评	师评
填写导游讲解语调运用实践表	能分清不同的语调、语速和停顿	10			
	能对应语调、语速和停顿找到合适的运用场景	10			
填写导游词口头语言技巧标注表	能准确识别导游词中涉及的语音、语调、语速、停顿等口头表达要领	10			
	能运用相关符号在导游词中标注语调、停顿、重音等，并理解其在整体表达中的具体作用和效果	10			
导游词讲解	在讲解过程中，自然、恰当地运用了口头语言表达要领，使讲解生动有趣	20			
	能通过口头表达技巧展现对讲解内容的情感投入，与听众建立较好的情感连接	20			
其他	仪容仪表	5			
	团队协作	10			
	时间管理	5			
最终得分					

▶ 新知讲授

一、导游口头语言的基本形式

（一）独白式

独白式是导游讲述而游客倾听的语言传递方式。如导游致欢迎词、欢送词或进行独白式的导游讲解等。

例如，关于西湖的导游讲解可以这样表述：

西湖位于杭州市西部，旧称武林水、钱塘湖、西子湖，唐代始称西湖。唐代西湖面积约为10.8平方千米，到了宋代，面积缩为9.3平方千米，清代为7.5平方千米。现在西湖湖面南北长3.3千米，东西宽2.8千米，面积为5.64平方千米，包括湖中岛屿为6.39平方千米，湖岸周长15千米，其面积已接近清代的规模。

又如，致新加坡游客的昆明之旅欢迎词可以这样表述：

来自新加坡的游客朋友们，大家好！欢迎你们来到美丽的春城昆明旅游，我是李明，是昆明国际旅行社的导游，这位是司机王师傅，他拥有多年安全驾驶经验，大家坐他的车尽可放心。衷心地希望在接下来的旅游过程中我们能够相互配合，顺利完成在昆明的行程。如果我的服务有任何不尽如人意的地方，请大家批评指正。祝大家在昆明旅游期间能度过一段难忘的时光。

从上面两个例子可以看出，独白式口头语言的特点有以下几点。

1. 目的性强

导游讲一席话,或是为了介绍情况,或是为了联络感情,或是为了解答疑问。第一个例子是为了介绍西湖的概况,第二个例子是为了欢迎游客、表达热情,两者的目的性都很强。

2. 对象明确

以上两个例子的对象是旅游团全体游客,对象十分明确。

3. 表述充分

第一个例子首先介绍西湖的地理区位,接着讲述西湖的历史和现状,使游客对西湖有了比较完整的印象;第二个例子话语不多,但充分表明了导游的身份和热情周到的服务态度。

（二）对话式

对话式是指导游与游客之间进行的交谈,如问答、讨论等。面对散客旅行团时,导游常采用这种形式进行讲解。

例如:

导游:你们知道北京最有名的菜式是什么吗?

游客:知道,肯定是北京烤鸭。

导游:那你们知道哪里的北京烤鸭最好吃呢?

游客:听说全聚德的北京烤鸭最地道。

导游:那你们知道全聚德的来历吗?

游客:不太清楚,你能给我们讲讲吗?

导游:没问题! 全聚德创始人是杨全仁,他初到北京时在前门外肉市街做生鸡鸭买卖。杨全仁将贩鸭之道揣摩得精细明白,生意越做越红火……

由上例可以看出对话式口头语言的特点:第一,依赖性强,即对语言环境有较强的依赖性。对话双方共处同一语境,有些话不展开来说,只言片语也能表达出对方能够理解的意思。第二,反馈及时,对话式属于双向语言传递形式,其信息反馈既及时又明确。

二、口头语言的表达要领

（一）音量大小适度

音量又称音强、响度,是指一个人讲话时的声音大小强弱程度。通常,导游讲解时音量的大小取决于三个要素,即旅游者的人数多少、讲解时的环境情况和讲解内容的重要性。

1. 旅游者人数多少

一般旅游者人数较多时,导游应适当提高音量,反之则应适当降低。音量大小以每一位旅游者都能听清为宜,必要时可借助扩音器帮助提高音量。

2. 讲解点环境情况

在宽阔地带且人员较分散,或者身边环境比较嘈杂的时候可以适当提高音量;在一些庄严重要的场合以及室内安静的空间等地方进行讲解时,则宜适当减小音量。

3. 讲解内容的重要性

在讲解一些比较重要的内容或需要特别强调的信息时,可以加大音量以提醒旅游者注意;而在提及不想做深入拓展的话题时,则可轻轻带过。

判断音量是否合适的依据主要有两条:一是音量大小要恰当、适度。导游应根据不同情况灵活调整音量,但也不宜音量大到声嘶力竭,或小到别人没法听清,要把握好尺度。二是音量变化要顺畅、自然。不宜在讲解时音量忽大忽小,或前后衔接生硬不自然,不仅影响游客听感,还可能造成误会。

(二)语调高低有序

语调是指一个人讲话的腔调,即讲话时语音的高低起伏和升降变化。一般分为升调、降调和直调三种,高低不同的语调往往伴随着人们不同的感情状态。

1. 升调

升调多用于表达兴奋、激动、惊叹、疑问等感情状态。

譬如:"大家快看,前面就是美丽的长白山天池了!"(表示兴奋、激动)

2. 降调

降调多用于表达肯定、赞许、期待、同情等感情状态。

譬如:"我们明天早晨8点准时出发。"(表示肯定)

又如:"希望大家有机会再来厦门,再来鼓浪屿。"(表示期待)

3. 直调

直调多用于表达庄严、稳重、平静等感情状态。

譬如:"这儿的人们都很友好。"(表示平静状态)

又如:"武昌起义是中华民族推翻帝制的重要里程碑。"(表示庄严、稳重)

语调有着十分重要的表达情感的作用,被称为"情感的晴雨表"。导游如果能根据讲解的具体内容对语调进行创造性的处理,使语调随着讲解内容的变化而呈现高潮、低潮的升降起伏,就会使讲解声情并茂,但是,在实地导游讲解中,也要注意避免一味地追求"抑扬顿挫"而造成"诗歌朗诵式讲解"的倾向。

(三)语速快慢相宜

语速是指一个人讲话速度的快慢程度。在导游讲解中,较为理想的语速应控制在每分钟200字左右。当然,具体情况不同,语速也应适当调整。譬如,对于中青年游客,导游讲解的速度可稍快些,而对老年游客则要适当放慢;对讲解中涉及的重要或要特别强调的内容,语速可适当放慢一些,以加深游客的印象,而对那些不太重要的或众所周知的内容,则要适当加快讲解速度,以免浪费时间,令游客不快。

(四)停顿长短合理

停顿是指当一个人讲话时声音的间歇或语流的断续。常用的停顿有语法停顿、逻辑停顿、感情停顿和生理停顿。

1. 语法停顿

在讲解时,导游按照书面导游词中的标点符号所做的停顿,即为语法停顿。一般来说,句号、问号、感叹号、省略号的停顿要比分号、破折号、连接号长一些;分号、破折号、连接号的停顿要比逗号、冒号长一些;逗号、冒号的停顿则要比顿号、间隔号长一些。此外,句中的停顿较短,一句话

新知讲授

说完时停顿稍长,一个意思说完后则应有相对较长的停顿。

2.逻辑停顿

在讲解时,导游为了突出或强调某些内容而做的停顿,即为逻辑停顿。逻辑停顿可以加深旅游者的印象,增强导游讲解的生动性。如"这些兵马俑到底是怎么被发现的呢？发现后为什么又被称为'世界第八大奇迹'呢?"在这两个问句后,导游各做一次停顿,从而激发旅游者的好奇心,不自觉地产生继续听下去的期待。

3.感情停顿

根据导游心理或情感表达需要而做的停顿,即为感情停顿。这种停顿可打破标点符号的限制,在句中根据情感需要停顿。导游在讲解时如能运用感情停顿手法,往往可以获得比有声语言更好的效果,营造出"此时无声胜有声"的境界。

4.生理停顿

当导游在讲解一段较长的语句时,为换气需要而在句中某个合适的地方所做的停顿,即为生理停顿。一般情况下,进行生理停顿时,要注意不能妨碍句意的表达,不要割裂语法结构。

▶ **任务工单**

任务四　导游态势语言运用技巧

1.任务描述

针对主题"导游态势语言运用技巧",培训师借助线上教学资源实施培训。

学员通过课前观看微课视频、课中实践操作、教师点评,掌握导游态势语言的运用技巧,并能灵活运用于实际带团。

(1)课前,各小组将上一任务中完善的景点导游词文稿进一步熟悉,做到能脱稿讲解,并思考导游词中应如何融入态势语言。

(2)课中,各小组填写态势语言分析表,深入理解各类态势语言的差异及适合使用的场景和环境。

(3)课中,各小组参照范例现场完成导游词的分析和标注工作,重点标注导游词中运用的各种态势语言。

(4)课中,学员结合案例搜集情况和导游词的分析标注情况,向教师咨询或通过网络查询不理解的专有名词。

(5)课中,各小组通过派代表或合作的方式,充分运用导游态势语言,对标注的导游词进行讲解展示(尤其注意手指语在不同国家代表的不同含义),同时说明标注过程中的思考,展开多方评价。

(6)课后,各小组结合课中所学,进一步调整或完善态势语言的标注,拍摄一段充分体现导游态势语言表达的导游讲解视频,并上传至在线课程的作业区。

2.任务准备

以小组为单位,各组员熟背上一任务中修改后的导游词,分析在讲解中可以如何融入态势语言。集体认真学习相关课程资源,回答下列任务引导。

任务引导1:导游态势语言的类型。

任务引导2:三类导游态势语言的要点及其运用场合。

任务引导3:导游态势语言在实际中的运用。

3. 任务实施

（1）辨析导游各类目光语的运用场景,填写表2-2-17。

表2-2-17 导游目光语运用实践表

适用场合	前视法	环视法	点视法	虚视法	侧视法	仰视法	俯视法	闭目法
导游想了解全体旅游者反应状态								
导游遇到场面较大或旅游者人数较多的场景								
导游把目光集中于某一位旅游者或某一区域								
导游想缓解自己的紧张情绪								
导游想平息因航班延误而躁动的旅游者的情绪								
导游想要表达尊重、回忆、思索等情绪								
导游想要表达惭愧、爱护、沉思等情绪								
导游想要表达自己内心情绪正波澜起伏								
导游不宜频繁使用的目光								
导游想提醒某位正在捣乱的旅游者								
导游着重感谢某位德高望重的旅游者								

（2）认真查阅各类手指语的释义,填写表2-2-18。

表2-2-18 手指语运用实践表

手指语	国家	代表含义
竖起大拇指	日本	
		首领、部长
	希腊	
		搭车
伸出食指		再来一杯啤酒
	缅甸	
伸出食指往下弯曲	中国	
		墨西哥
	日本	
用拇指与食指尖形成一个圆圈并手心向前	美国	
		金钱

（3）分析上个任务中完善的导游词在实际讲解中应运用的态势语言，填写表2-2-19（可扫码参考标注范例和讲解视频）。

表2-2-19　导游词态势语言标注表

景点名称：

天心阁讲解词标注样例

2-2-14

天心阁讲解视频

2-2-15

（4）各小组派代表陈述标注思路，对存疑处师生共同进行分析。

（5）各小组派代表尝试运用这些态势语言进行导游讲解，教师和其余学员予以评价。

（6）学员将任务完成过程中遇到的问题及解决办法、学习体会及收获记录在表2-2-20中。

表2-2-20　学习记录表

小组名称：	小组成员：

遇到的问题及解决办法：

学习体会及收获：

4. 任务考核

将任务考核评价记录在表2-2-21中。

表2-2-21　任务考核评价表

任务	评价标准	分值/分	评价分数/分		
			自评	互评	师评
运用实践	能理解各导游目光语的使用场景	10			
	能理解各导游手指语的使用场景	10			
导游词分析标注	能准确区分并识别头部语言、目光语、手指语等不同类型的态势语言	10			
	能准确标注导游词中应使用的态势语言元素，如适当的手势、眼神交流等	10			
导游词讲解	在讲解过程中，能自然、恰当地将态势语言与口头语言相结合，提升讲解的吸引力和表现力	20			

续表

任务	评价标准	分值/分	评价分数/分		
			自评	互评	师评
导游词讲解	能通过态势语言有效传递情感,增强与听众的互动,提升听众的参与感和体验感	15			
	在使用手指语等态势语言时,有意识地避免某些国家的禁忌	5			
其他	仪容仪表	5			
	团队协作	10			
	时间管理	5			
最终得分					

▶ 新知讲授

一、头部语言

头部语言是指导游通过头部的整体活动来表达语义、传递信息的一种体态语言。在人际交往中,头部往往是对方比较关注的部位,头部语言也是人们常用的身体语言。

(一)头部语言的类型

头部语言的动作不多,主要包括点头、摇头、低头、仰头、侧头五种,但其中蕴含的信息却极为丰富,如点头通常表示肯定、摇头表示否定、低头则表示顺从等。头部语言的使用一般需配合目光语。

(二)使用头部语言注意事项

头部语言虽好用,但要用好头部语言,导游还得提前了解一些使用头部语言的注意事项,否则不但使用无效,而且可能会引起误会。

1. 注意文化差异

地域文化不同,头部动作的含义就会有不同,因此要注意区分,以免造成误会。如印度、泰国等国家的部分人有"点头不算摇头算"的习惯,即用摇头表示同意,用点头表示反对。

2. 头部动作要明显

如果只用头部语言回答对方,那就要让对方看清楚,以帮助其正确领会意思。

3. 与有声语言相配合

如在点头的同时,自然地搭配"嗯""好的"等口语表达,就可以避免因为没看清头部动作而可能产生误会。

4. 控制使用频率

适当地点头或摇头,可以让旅游者觉得导游是在用心听,如果长时间频频点头或摇头,则会影响到旅游者的注意力,或者让旅游者觉得这个人有点敷衍。

二、目光语

导游运用眼睛的动作和眼神的变化来向旅游者传递情感和信息的体语,即为目光语。眼神的变化可以反映一个人的内心世界,因此,达·芬奇说"眼睛是心灵的窗户"。在汉语里,更是有大量与眼睛相关的成语,如形容高兴是"眉开眼笑",表示发怒为"横眉竖目",描写恋爱状态有"眉目传情""暗送秋波"等,这些无不说明眼神含义的微妙和丰富。因此,导游在服务过程中应当灵活用好目光语。

（一）目光语的类型

根据目光投射方向的不同,可将目光语分为正视、仰视、俯视和斜视。

1. 正视

正视也称平视,是指导游与旅游者的视线平齐。通常表示理性、平等、坦诚等含义。正视是导游目光语中的主要语言,可以体现出导游与旅游者之间平等、坦诚和友好的相处诚意。

2. 仰视

导游的视线朝上,即为仰视。通常表示尊重、谦逊、期待、哀求等含义。

3. 俯视

导游的视线朝下,即为俯视。通常表示爱护、宽容等含义。

4. 斜视

导游的视线斜行,即为斜视。通常表示怀疑、疑惑、轻视等含义。

（二）使用目光语的方法

在旅游活动开展期间,导游会随时随地与旅游者进行面对面的交流,彼此的一个微笑、一个眼神、一个手势都会影响对方运用目光语的感觉。因此,目光语非常重要,导游应当学会目光语、用好目光语。具体来说,导游讲解时运用目光语的常见方法有以下八种。

（1）前视法。

导游在讲话时将视线沿着旅游者站位或座位的中心线,从前往后平移,同时顾及两边旅游者,直到视线落到最后一位旅游者头上的方法,即为前视法。视线在前移时不一定要匀速,可以按照讲解时的节奏进行。当导游想了解全体旅游者在自己讲解时的反应状态时,可以选择前视法。

（2）环视法。

导游在讲话时有规律地用弧形视线从一边扫视到另一边,再往回扫视的方法,即为环视法。可以是左右来回、前后来回,也可以是上下来回等。此方法的观察范围较大,适用于场面较大或旅游者人数较多时。导游可以用此法关注现场的秩序,检验自己的讲解效果,但要注意不能频繁使用环视法,快速转动的眼睛会给人以心机重、不诚实的感觉。

（3）点视法。

导游把目光集中投向某一旅游者或某一区域,以便产生某种情绪呼应的方法,即为点视法。使用点视法旨在进行重点关注,如导游把目光集中在一位不认真听讲解还影响他人的旅游者身上，当对方感受到导游的目光后，会自觉停止一些不恰当的举动。再如，导游在向某位游客表达感谢时，应同时把目光投向该旅游者。

（4）虚视法。

虚视法是导游在讲解时，将目光似看非看地投向旅游者，营造"心系游客"氛围的一种方法，即为虚视法。虚视法还可以形象地描述成"眼中无听众，心中有听众"，采用此法的主要目的是让全体旅游者都能感觉到导游的关注。对于初入行业的导游而言，采用虚视法可以有效解决因为紧张而不知目光该落在何处的尴尬。

（5）侧视法。

导游在讲解时，按照Z形或S形路线移动视线观察游客的方法，即为侧视法。此方法可避免环视法视线范围过大的不足，能够相对细致地把握全场动态。尤其当旅游团中出现了一些小骚动时，采用此方法能产生一定的威慑作用，有助于快速平息骚动。

（6）仰视法。

导游在讲解时抬头向上注视的方法，即为仰视法。此方法多用于表现回忆、思考等状态，但不宜多用，否则容易显得刻意。

（7）俯视法。

导游在讲解时低头向下注视的方法，即为俯视法。此方法通常用于表现惭愧、关怀等情感，跟仰视法一样，也不宜多用。

（8）闭目法。

导游在讲解时暂时闭上眼睛，以表现内心情绪波动的方法，即为闭目法。例如，当讲解英雄人物的感人事迹时，可在讲述最震撼人心的情节时使用此法，以表达自己难以平复的心情，从而感染旅游者，最终产生良好的讲解效果。

在实际导游工作中，目光语的运用通常是多种方式交叉配合的。若能结合有声语言和其他体态语言形成立体化表达，效果会更加显著。比如，在讲解具体事物时，导游可同步做出指引手势，同时将目光转向目标物，以此统一讲解节奏，将旅游者的注意力集中到目标物上。

三、手势语

手势语是通过手的挥动及手指动作来传递信息的一种态势语言。

（一）手指语

手指语是一种较为复杂的态势语言，是通过手指的各种动作来传递不同信息的手势语。由于文化传统和生活习俗的差异，在不同的国家、不同的民族中手指动作的语义也有较大区别，导游在工作中要根据游客所在国和民族的特点选用恰当的手指语，以免引起误会和尴尬。

1.竖起大拇指

竖起大拇指在世界上许多国家包括中国都表示"好"，用来称赞对方高明、了不起。在有些国家还有另外的意思，如在韩国表示"首领""部长""队长"或"自己的父亲"，在日本表示"最高""男人"或"您的父亲"，在希腊表示叫对方"滚开"，在法国、英国、新西兰等国是请求"搭车"。

2.伸出食指

伸出食指在缅甸表示"拜托""请求"，而在澳大利亚则是"请再来一杯酒"的意思。

新知讲授

3. 伸出食指往下弯曲

伸出食指往下弯曲在中国表示数字"9"，在墨西哥表示"钱"，在日本表示"偷窃"。

4. 用拇指与食指尖形成一个圆圈并手心向前

这是美国人爱用的"OK"手势，在日本则表示"金钱"。

5. 伸出食指和中指构成英语"Victory"（胜利）的第一个字母"V"，手心向外

西方人常用此手势来预祝或庆贺胜利。

在导游服务中，导游要特别注意不能用手指指点游客，这是很不礼貌的动作，如导游在清点人数时用食指来点数，就会引起游客的反感。

（二）讲解时的手势

在导游讲解中，手势不仅能强调或解释讲解的内容，而且还能生动地表达口头语言无法表达的内容，使导游讲解生动形象，富有感染力。导游讲解中的手势有以下三种。

1. 情意手势

情意手势是用来表达导游讲解情感的一种手势。譬如，在讲到"我们中华民族伟大复兴的梦想一定能实现"时，导游用握拳的手有力地挥动一下，有助于情感的表达。

2. 指示手势

指示手势是用来指示具体对象的一种手势。譬如，导游讲到孔府大门对联"与国咸休，安富尊荣公府第；同天并老，文章道德圣人家"时，可用指示手势来一字一字地加以说明。

3. 象形手势

象形手势是用来模拟物体或景物形状的一种手势。譬如，当讲到"五千克重的西瓜"时，可用手比画成一个球状；当讲到"四川有座峨眉山，离天只有三尺三；湖北有座黄鹤楼，半截插在云里头"时，也可用手的模拟动作来形容。

导游讲解时，手势的使用应视讲解内容而定。在手势的运用上必须注意：一要简洁易懂；二要协调合拍；三要富有变化；四要节制使用；五要避免使用游客忌讳的手势。

▶ **任务工单**

任务五　导游的语言沟通技巧

1. 任务描述

针对主题"导游语言的沟通技巧"，培训师借助线上教学资源实施培训。

学员通过课前观看微课视频，课中实践操作、教师点评，掌握导游的语言沟通技巧，并能灵活运用于实际带团。

（1）课前，各学员完成一篇符合相应场景和个人风格的自我介绍词，并上传至在线课程的课前任务区。各小组抽选劝服、提醒、回绝、道歉和答问等语言沟通技巧中的任意一个，结合接待计划，创编一个可能发生的对话情景，展现所抽到的语言沟通技巧。

（2）课中，被教师抽选的部分学员进行自我介绍展示，领悟自我介绍的要领。

（3）课中,各小组根据自己的理解,现场完成能体现称谓和交谈沟通技巧的运用实践表。

（4）课中,学员结合案例收集和课前对话情景的创编情况,向教师咨询或通过网络查询不理解的专有名词。

（5）课中,各小组结合自己创编的劝服、提醒、回绝、道歉和答问等语言沟通技巧的对话来进行情景模拟,教师和其余学员予以评价。

（6）课后,各小组结合课中所学,修改课中创编的对话情景,并拍摄模拟演练视频上传至在线课程的作业区。

2.任务准备

（1）个人任务:各学员撰写一篇符合带团场景和个人风格的自我介绍词。

（2）小组任务:结合接待计划,抽选劝服、提醒、回绝、道歉和答问等语言技巧中的任意一个,创编一个可能发生的对话情景,掌握相应的语言沟通技巧的运用。集体根据任务引导认真学习相关课程资源。

任务引导1:导游语言沟通技巧的类型。

任务引导2:八类导游语言沟通技巧的要点及具体要求。

任务引导3:导游语言沟通技巧在实际中的运用。

3.任务实施

（1）被教师抽选到的学员进行自我介绍,掌握自我介绍的场景及风格类型。

（2）结合个人理解,现场完成以下能体现称谓和交谈沟通技巧的运用实践内容。

①请结合个人理解,完成称谓运用实践表2-2-22。

表2-2-22　称谓运用实践表

游客描述	举例说明
希望中学的教师	
非洲国家赴华研修学员	
省新闻出版局政务考察	
韶山一日游散客	

②请认真阅读以下导游和游客之间的对话,想一想它运用了交谈沟通中的哪些技巧,在表2-2-23的对应项目下打"√",并将相应描述摘录填写。

导游:(微笑着问游客)刘先生,早上好!看您心情不错,是不是已经对今天凤凰古城的游览迫不及待了呢?

游客刘先生(兴奋地回应):是啊,我一直听说凤凰古城风景如画,文化底蕴深厚,今天终于有机会亲眼见到了,真的很开心。

导游:那真是太好了,凤凰古城确实是一个让人流连忘返的地方。它不仅有着独特的自然风光,如沱江两岸的吊脚楼、古朴的石板街,还蕴含着丰富的苗族、土家族等少数民族文化。在这里,您可以感受到一种别样的宁静与和谐。

（此时,游客张先生和其他游客走过来,张先生表示大家对民族文化特别感兴趣,询问导游的安排。）

导游:(转向张先生和其他游客)如果大家对民族文化感兴趣的话,那一定不能错过晚上的篝火晚会。在那里,大家可以欣赏地道的民族歌舞表演,还能和当地的苗族、土家族朋友一起跳舞,体验他们的热情与好客。

（谈话过程中，导游始终保持着温和而中肯的语调，既不过分热情也不过于冷淡，而是根据游客的反应和兴趣点灵活调整话题，确保每个人都能感受到真诚和关怀。）

游客们：听起来真的很不错，我们都很期待能深入体验凤凰古城的独特魅力。

导游：那就让我们一起走进这座古城，去感受它的美丽、文化和人情味吧。我相信，这将是一次难忘而美好的旅程。

表2-2-23　交谈技巧运用实践表

交谈技巧	是否运用	相应描述摘录
开头要寒暄		
说话要真诚		
内容要健康		
言语要中肯		
要"看"人说话		
善于把握谈话过程		

（3）学员结合称谓和交谈技巧运用实践表的完成情况和课前对话情景创编的情况，对于没有理解的相关概念，通过网络咨询或向教师提问的方式加以理解。

（4）各小组结合自己创编的劝服、提醒、回绝、道歉和答问等沟通技巧的对话进行情景模拟（对话模式可参考示例表2-2-24），教师和其他学员进行评价。

表2-2-24　情景对话（诱导式回绝）示例表

组名	场景	小组成员	成员角色	学号	备注
	诱导式回绝		英国游客刘先生		
			导游小张		

情景对话大纲	
英国游客刘先生	导游，这木楼能保存千年，是不是全靠现代修复技术？
导游小张	您先闻闻这木料的香气，它和旁边新换的栏杆味道是不是一样的？
法国游客刘先生	旧木头有股沉香味……是桐油的味道？
导游小张	对啦！中国古代匠人用三遍灰浆打底，七层桐油罩面，您摸这木纹，上千年风雨都没渗进半分水汽。
英国游客刘先生	所以不是现代技术，是传统工艺本身就能防蛀防腐？
导游小张	是的，您再看这榫卯结构（手指着古楼的接缝），不用一根铁钉，全靠木头间的咬合力。这才是中国匠心的"三重保险"：防水、防蛀、抗震。

（5）学员将任务完成过程中遇到的问题及解决办法、学习体会及收获记录在表2-2-25中。

表 2-2-25 学习记录表

小组名称：	小组成员：
遇到的问题及解决办法：	
学习体会及收获：	

4. 任务考核

将任务考核评价记录在表 2-2-26 中。

表 2-2-26 任务考核评价表

任务	评价标准	分值/分	评价分数/分		
			自评	互评	师评
运用实践完成情况	能根据场景选择恰当的称谓	20			
	能理解交谈技巧在实际带团活动中的运用	20			
语言沟通技巧情景模拟	能正确理解劝服、提醒、回绝、道歉、答问等语言沟通技巧的含义	20			
	对话逻辑清晰,具有代表性	10			
	对话用语文明,符合职业特点	10			
其他	仪容仪表	5			
	团队协作	10			
	时间管理	5			
最终得分					

▶ 新知讲授

一、称谓的语言技巧

一般情况下,导游对游客的称谓通常有三种形式。

(一)通用型称谓

绝大部分情况下,常规团导游可使用"各位朋友""朋友们""游客朋友们"的方式称呼游客。这类称谓热情友好,注重强调平等亲密的交际关系,易于消除游客的陌生感。

(二)团型类称谓

如果导游带领的是亲子团、教师团、夕阳红团、研学团等团型特点显著的游客,在称呼时就可凸显团型特点,选择如"各位大朋友、小朋友""各位老师""各位爷爷奶奶""各位同学"的称谓,这样也能体现因人施讲,而不是泛泛地称呼对方。

（三）其他称谓

如果接待的游客是外宾,可考虑使用"女士们、先生们""各位女士、各位先生"等适合涉外团的称谓,这类称谓较正式,但亲和力不强。如果接待的游客身份比较尊贵,也可使用"各位嘉宾""各位贵宾",突出对对方的尊重。

二、自我介绍的语言技巧

自我介绍是导游推销自我形象和价值的一种重要方法。导游要掌握自我介绍的语言艺术,必须注意以下技巧。

（一）热情友善,充满自信

导游自我介绍时要清晰地报出自己的姓名、单位、身份;面带微笑,用眼神表达友善、诚恳,并充满自信。如果含糊或态度冷淡、随便应付,就会使人产生疑虑和不信任感,彼此之间产生隔阂。

（二）介绍内容繁简适度

导游与旅游团团长、领队或其他导游接头时,自我介绍一般从简,讲清自己的姓名、单位、身份即可,这是因为旅游团初到一地,还有许多事情需要接洽协商。在游客集合后,或去下榻酒店的途中,导游的自我介绍可以具体详细一些,以便游客尽快熟悉自己。

（三）善于运用不同的方法

自我介绍不单纯是介绍自己的姓名、单位、年龄、身份等,往往还包括自我评价的内容。合适的自我介绍是拉近导游与游客之间距离的重要途径。其方法有以下三种。

1. 自谦式

例如:"我是去年从外语学院毕业的,导游经验不足,请各位多多关照。"

对东方游客用自谦式自我介绍未尝不可,但对西方游客,则大可不必用这种自谦式自我介绍,否则会使游客对导游产生不信任感,更有甚者,游客会提出更换导游。

2. 调侃式

例如:"非常荣幸担任大家的导游！导游常被称作'活地图'和'故事篓子',我的地图功能尚可,就是这'故事篓子'装得太满,一不小心可能就'溢'出来讲个没完,大家如果听得太入迷耽误了行程,记得提醒我刹车哦！"

该导游的自我嘲讽中包含着自律,于诙谐幽默的自我揶揄之中露出一点自信和自得之意,既能体现自身的幽默风趣又不流于自夸。

3. 自识式

例如:"我姓张,名曲,张是弯弓张,曲是弯弯曲曲的曲,但大家不要误会,我不是一个弯弯曲曲的人,而是一个十分正直的人。我为什么要取名'曲'呢？大概是我小时候特别爱唱歌,所以父亲给我取名'张曲'。等会儿有空,我将为大家演唱一两曲。"

导游的自我介绍,既可用语言,也可借助名片。在导游活动中,面对团长、领队、全陪导游或人数不多的游客时皆可用这种自我介绍方法。赠送名片时要用双手恭敬地递给对方,并附带"认识您很高兴""请多关照"之类的礼貌语。

三、交谈的语言技巧

导游交际过程中,虽然讲解占据主要地位,但还有大量同游客的自由交谈。这种交谈是导游与游客之间增进互相了解与友谊的重要途径之一,因此,须讲究交谈的语言技巧。

(一)开头要寒暄

交谈之前,先寒暄一番,可以拉近彼此之间的感情距离,打破双方陌生的界限,使彼此之间有些初步了解。寒暄的方法很多,主要有以下几种。

(1)问候式:如"你好,挺辛苦吧",显得亲切自然。

(2)询问式:一般用于询问对方的姓名、职业,如"您贵姓""您从事什么工作(职业)呢"等,但切忌直接询问对方的履历、工资、收入、家庭财产、衣饰价格、女性年龄、婚姻状况等私人生活方面的问题。

(3)夸赞式:如"王小姐,您的衣服真漂亮""张教授,您的身体比我们年轻人还棒啊"诚心地赞美是一种活泼的寒暄方式。

(4)描述式:以友好的语气描述对方正在进行时的动态,如:"您累了就休息一下吧""您对此挺有兴趣呀"等。

(5)言他式:用双方都认同的话打破沉默,引出话题,如"今天天气真热"。

进入交谈的方法,不仅仅局限于寒暄,寒暄也不必拘泥于谈话的内容,但切忌冒犯对方,如"您这衣服穿着不怎么合身""您是大学毕业吗"等

(二)说话要真诚

导游要给游客留下良好的印象,不能忘记真诚。所谓真诚,就是勇于把自己真实想法开诚布公地说出来。同时,当对方真诚地对待你时,你也要以诚相待。对人真诚,并不是毫无节制地说话,也不是无原则地什么话都谈,而必须符合道德规范。

(三)内容要健康

导游与游客交谈的内容一般不要涉及疾病、死亡等不吉利、不愉快的话题,谈话内容不应荒唐离奇、耸人听闻,不要说他人的坏话,更不要谈有损国格、人格的事情。

(四)言语要中肯

喋喋不休、夸夸其谈,或者吞吞吐吐、欲言又止,又或者故弄玄虚、矫揉造作等,都是交谈时的禁忌,导游必须特别注意。

(五)要"看"人说话

在不同的场合,对不同的人要说不同的话,这是交谈的一个基本准则。日本专家把说话能力分解成五个因素:语气(S)、用词(W)、内容(I)、感情(E)、技巧(T)。只要对五个因素做适当调整,就能获得良好的交谈效果:对年长者,$S>W=I=E=T$;对同辈,$I>S=W=E=T$;对晚辈,$S=W=I=T>E$;对小孩,$W=I=E>S>T$;对初次见面者,$S>I>W>T>E$;商谈时,$W=I=T$

＞S＞E;恳谈时,I＞W＞E＞T＞S;开玩笑时,T＞I＞E＞W＞S;夸赞时,I＞W＞E＞S＞T:关注时,I＞T＞S＝W＞E。

上述方程式的意思是,在各种不同的场合、语气(S)、用词(W)、内容(I)、感情(E)、技巧(T)各自发挥作用的程度也随之变化。如初次见面时,其方程式是S＞I＞W＞T＞E,其含义是初次与对方交谈,最重要的是选择适当的语气(S),之后依次是内容(I)、用词(W)、技巧(T)、感情(E)。方程式中各因素的顺序,可按其在交谈中所起的作用的大小来拟定。

（六）善于把握谈话过程

在交谈过程中,导游要注意以下几点。

第一,切忌在对方谈兴正浓时突然终止交谈。应等交谈告一段落时,再设法收场。

第二,不要勉强延长交谈。当发现自己或对方交谈的内容临近枯竭时,应及时结束交谈;对方谈兴已衰时,不要无话找话。故意延续话题是不明智的。

第三,要注意对方的暗示。若对方已无交谈兴趣,大多会通过身体或言语给出希望结束谈话的暗示,如心不在焉地游目四周等,遇到这种情况就要知趣地结束谈话。

第四,结束交谈要恰到好处。准备结束谈话之前,可先预留一段时间,以便从容地停止交谈。如果突然中止交谈,匆匆离开,会显得粗鲁无礼。若因别的事需要打断与对方的谈话,可说一句道歉的话,然后再离开。

第五,结束交谈时,要给对方留下一个良好的印象。微笑往往是结束交谈的最佳"句号",几句幽默的话语更是结束交谈的"尾声"。

四、劝服的语言技巧

导游常常会面临各种问题,需要对游客进行劝服,如活动日程改变需要劝服游客接受等。劝服要以事实为基础,根据事实讲明道理,要讲究方式、方法,使游客易于接受。

（一）诱导式劝服

诱导式劝服即循循善诱,通过有意识、有步骤的引导,澄清事实。讲清利弊得失,使游客逐渐信服。

例如,某旅游团原计划自北京飞往深圳,因未订上机票只能改乘火车,游客对此意见很大。导游首先要诚恳地向游客致歉,再耐心地向游客解释并分析利弊:"没有买上机票延误了大家的旅游行程,我很抱歉。对于大家急于赴深圳的心情我很理解,然而想要乘飞机去深圳得等两天以后,这样你们在深圳只能停留一天,甚至一天还不到;如果现在乘火车,大家可在深圳停留两天,可以游览深圳的一些主要景点。另外,大家一路都非常辛苦,乘火车一方面可以观赏沿途的自然风光,另一方面也可以得到较好的休息。"

对这类问题的劝服,导游要态度诚恳,使游客感到导游是站在游客的立场上帮助他们考虑问题;要善于引导,巧妙地使用语言分析利弊得失,使游客感到上策不行取其次也是很好的选择。

（二）迂回式劝服

迂回式劝服是指不对游客进行正面、直接的说服,而采用旁敲侧击的方式进行劝服。这种劝服方式的好处是不伤害游客的自尊心,而又使游客较易接受。

例如,每当导游安排参观景点时,一位年长的游客——张伯总是显得心不在焉,更期待接下来的购物时间。然而,为了确保每位游客都能充分体验旅行的每个部分,同时也考虑到团队的行程安排,导游决定采用一种温和而巧妙的方式来引导这位游客。

在游览一个风景如画的古镇时,导游特意走到这位游客身边,轻声说道:"张伯,您知道吗?这个古镇里隐藏着许多手工艺人,他们世代相传的手艺简直是艺术品。我听说您对这些传统工艺特别感兴趣,而且眼光独到,总能发现别人忽略的美。我想,如果由您来为我们大家讲述这些手工艺品背后的故事,那一定会成为我们这次旅行中最难忘的一部分。大家也都非常期待能听到您的见解呢。"张伯听后,脸上露出了被重视和认可的笑容。他意识到,导游的这番话不仅是对他个人兴趣的尊重,也是对他作为团队一员的价值的肯定。于是,他欣然接受了导游的"邀请",开始更加专注于眼前的古镇游览,不时停下脚步,仔细观察那些手工艺品,并主动与团队成员分享自己的发现和感悟。

通过这样的方式,导游成功让张伯在享受购物乐趣的同时,充分参与团队的集体活动。这样迂回劝服,既维护了游客的自尊心,又增强了团队的凝聚力。

(三)暗示式劝服

暗示式劝服是指导游不明确表示自己的意思,而采用含蓄的语言或示意的举动使人领悟的劝说。

例如,在一次旅行的长途转移过程中,一位坐在靠近车窗的游客开始是小声播放手机音乐,后来逐渐将音量调高,影响了其他游客。导游注意到了这事情后觉得应该进行干预,但考虑到直接指出可能会让该游客感到尴尬,于是决定采用更为温和且富有暗示性的方式来解决问题。当巴士行驶至一段风景优美的路段,导游特意以一种轻松愉快的语气对全车游客说:"大家看窗外,这沿途的风景多美啊,正是静下心来享受大自然的好时机。有时候,最动听的旋律就藏在这样的宁静之中。"同时,导游的眼神不经意间与该游客交会,并轻轻摇了摇头,嘴角带着一抹微笑,仿佛在说:"您看,大家都沉浸在这份宁静中了。"这位游客很快领悟到了导游的暗示,他看了看周围的游客和窗外美景,于是主动关闭了音乐,加入欣赏窗外风景的行列中。

通过这样的暗示式劝服,导游既维护了车内的和谐氛围,又没有直接伤害游客的自尊心,展现了高超的沟通与协调能力。

五、提醒的语言技巧

导游会碰到少数游客由于个性或生活习惯的原因,表现出群体意识较差或丢三落四的行为,如离团独自活动、遗忘物品等。对这类游客,导游应从关心游客安全和旅游团集体活动的要求出发给予特别关照,在语言上适时提醒。提醒的语言方式很多,常用的有以下几种。

(一)敬语式提醒

敬语式提醒是导游使用恭敬口吻的词语,对游客直接进行提醒的方式,如"请""对不起"等,即"请大家安静一下""对不起,您又迟到了"。这样的提醒比"喂,你们安静一下""以后不能再迟到了"等命令式语言要好得多。

(二)协商式提醒

协商式提醒是导游以商量的口吻间接地对游客进行提醒的方式。协商将导游与游客置于平等的位置上，导游主动同游客进行协商，是对游客尊重的表现。

例如，在一次自由活动结束后，导游发现某游客总是最后一个回到集合点，这在一定程度上影响了团队的整体行程安排。为了妥善处理这一情况，导游选择了一个私下且合适的时机，微笑着对游客说："李先生，我注意到您在自由活动时总是能深入探索，发现不少有趣的细节，这让我非常佩服您的观察力。不过，我也注意到，每次集合时，您总是最后一个到，让其他游客等待。我们团队的行程安排得比较紧凑，每个人的准时都非常重要。我想跟您商量一下，未来在自由活动时，您是否可以尽量提前一点规划好路线和时间，确保能准时回到集合点？这样既能保证您充分享受探索的乐趣，又能让团队的整体行程更加顺畅。我相信，以您的细心和周到，一定能够做到。"

这样的协商式提醒，既表达了导游对游客个性的尊重和理解，又明确指出了问题所在，同时提出了具体的解决方案，更容易被游客接受并积极配合。

（三）幽默式提醒

幽默式提醒是导游用有趣、意味深长的词语对游客进行的提醒方式。导游运用幽默的语言进行提醒，可使游客在欢愉的气氛中受到启示或引起警觉。

例如，在一次海洋公园游览中，导游带领游客观看海豚表演。由于天气炎热，部分游客迫不及待地想要占据前排位置，甚至开始推搡起来。为了缓解这一紧张气氛，并提醒大家保持秩序，导游笑眯眯地说道："各位朋友，我知道大家都想看海豚的精彩表演，心情激动得跟海豚跃出水面一样高！但咱们可不能真的像海豚那样'跳跃'进场哦，不然海豚可能会误会我们是来跟它们比跳高的呢！而且，万一咱们真的跳进了表演池，那可就成了今晚最大的'特邀嘉宾'，不过我可不确定海豚会不会给我们颁发最佳表演奖呢！所以，请大家保持绅士风度，女士们要优雅地排队等候，让我们一起期待这场海洋的盛宴吧！"

这样的幽默式提醒，让游客们在欢笑中意识到自己的行为不妥，导游以一种轻松愉快的方式维护了现场的秩序，增强了团队的凝聚力。

六、回绝的语言技巧

回绝是指对别人的意见、要求予以回绝。导游服务中，导游常常会碰到游客提出的各种各样的问题和要求，除了一些常见的问题和合理且可行的要求可予以满足外，也有一些问题和要求是不合理的或不可能办到的，对这类问题或要求导游需要回绝。但是，囿于导游同游客的主客关系，导游不便直接回答"不"，这时导游必须巧妙运用回绝的语言技巧。

（一）柔和式回绝

柔和式回绝是导游采用温和的语言进行推脱的回绝方式。采取这种方式回绝游客的要求，不会使游客感到太失望，避免了导游与游客之间的对立。

（二）迂回式回绝

迂回式回绝是指导游对游客的发问或要求不正面表示意见，而是绕过问题从侧面予以回应或回绝。

例如:某团队在自由购物时,一位游客看中了一件价格昂贵的当地特色玉石,反复要求导游帮忙"砍个半价",并说:"你是本地导游,跟老板说说肯定能便宜!"导游微笑着回应:"您真有眼光,这件玉石的工艺确实很特别! 不过您也知道,旅游景区的特色商品定价通常都有统一规范,而且价格里也包含了后续的鉴定和包装服务。不如我帮您多比较几家店,看看有没有更符合您预算的精品?"

(三)引申式回绝

引申式回绝是导游根据游客话语中的某些词语加以引申而产生新意的回绝方式。

例如,某游客在离别前把喝剩的半瓶酒送给导游说:"这种酒很贵,我很喜欢喝,送给你做个纪念。"导游谢绝说:"既然这种酒这么贵重,您又很喜欢喝,送给我这没有饮酒习惯的人太可惜了,还是您自己带回去慢慢喝更好。"

这里导游用游客的话语引申十分自然,既维护了自己的尊严,又达到了拒绝的目的。

(四)诱导式回绝

诱导式回绝是指导游针对游客提出的问题进行逐层剖析,引导游客对自己的问题进行自我否定的回应方式。

在故宫的午门广场前,一位来自英国的游客好奇地向导游提问:"我听说故宫的一部分建筑是由意大利的传教士或者外国工匠参与设计的,所以有人认为故宫并不完全是中国的建筑艺术代表,您怎么看?"导游回应说:"您提到的这个观点确实很有趣,也反映了历史上文化交流的一个方面。不过,让我们先一起回顾一下故宫的历史背景吧。故宫,又称紫禁城,是明清两代的皇家宫殿,它的设计和建造主要基于中国古代的建筑理念。"然后开始诱导式提问:"您知道故宫的设计理念中,最重视的是什么吗?"英国游客思索后回答:"可能是皇权的威严和宫殿的宏伟吧?"导游接着说:"非常准确! 故宫的设计确实是为了彰显皇权的至高无上和宫殿的庄严肃穆。在这个过程中,虽然不排除有外国工匠或传教士的参与,但他们更多的是在技术和材料上提供了一些帮助或建议,而整体的设计理念和风格仍然深深植根于中国的传统文化之中。"导游进一步引导说:"我们再来看故宫的建筑细节,比如屋顶的琉璃瓦、雕梁画栋,以及那些寓意深远的图案和装饰,这些都是中国古代工匠智慧和艺术的结晶。它们不仅体现了中国古代建筑的高超技艺,也承载了丰富的文化内涵和历史信息。"英国游客开始自我反思:"哦,我明白了。原来故宫虽然可能受到了外来文化的影响,但其核心仍然是中国的建筑艺术和文化传统。"

总之,导游应根据游客的情况、问题的性质、要求的合理与否,分别采用不同的回绝方式,尽量减少游客的不快。

七、道歉的语言技巧

在导游服务中,不管造成游客不愉快的原因是主观的还是客观的,也不论责任在导游自身还是在旅行社或相关接待单位,导游都应妥善处理,通过恰当的语言表达方式向游客致歉或认错,以消除游客的误会和不满情绪,求得游客的谅解。

(一)微笑式道歉

微笑是一种润滑剂,是向游客传递歉意信息的载体。如某导游回答游客关于长城的提问时,将长城说成建于秦朝,其他游客纠正后,导游对这位游客抱歉地一笑,使游客不再计较了。

(二)迂回式道歉

迂回式道歉是指导游在不便于直接、公开地向游客致歉时,采用其他方式求得游客谅解的一种技巧。如某旅游团就下榻酒店早餐的品种单调问题向导游表示不满,导游经过与酒店协商后,增加了早餐的品种,得到了游客的谅解,旅行社领导也同意赠送礼物进行道歉。

除了采用迂回道歉方式改进导游服务外,导游还可请示旅行社或同相关接待单位协商后,采用向游客赠送纪念品、加菜或免费提供其他服务项目等方式向游客道歉。

(三)自责式道歉

由于旅游供给方的过错,使游客的利益受到较大损害而引起强烈不满时,即使代人受过,导游也要勇于道歉,以缓和游客的不满情绪。

例如,在古村落文化探索之旅中,导游组织游客体验手工艺制作活动。活动结束后,一位摄影爱好者游客发现自己珍贵的相机遗落在工作坊,相机里满是自己家人旅途中的温馨瞬间,对他意义重大。该游客情绪低落,晚餐也吃不下。

夜深,众人回房休息,他却仍坐在大堂沙发,满脸焦虑失望。这时,导游过来轻声坐在他身旁,满是自责地说:"真的特别对不起,这次是我的失职。本应保障大家财物安全,却出了这样的事,让您珍贵回忆可能丢失,我心里特别不是滋味。工作人员已经在村落全力寻找,我们一定会尽力找到相机。您先回房休息,养足精神,明天继续美好旅程,您的相机肯定会像最珍贵的礼物,回到您手上。"

这样的自责式道歉,不仅展现了导游对游客情感的高度重视,也传递了解决问题的坚定决心,给予了游客极大的心理安慰和信任感。

不管采用何种道歉方式,诚恳、及时、把握好分寸是关键,不能因为游客某些不快就道歉,要分清深感遗憾与道歉的界限。

八、答问的语言技巧

不同国家和地区的游客因各种动机,常提出稀奇古怪的问题,导游需要作答。避而不答或率直表态是机械反应,有时会加重问题。答问语言技巧既有助于化解问题,同时又不削弱表达效果,所以导游掌握答问的语言技巧很有必要。

(一)是非分明

导游在回答游客的提问时,能够给予明确回答的,就要是非分明、毫无避讳地予以回答,以澄清对方的误解和模糊认识。

例如,导游在带领游客参观一座历史悠久的古寺庙时,有游客指着大殿外悬挂的红色许愿牌问:"这些牌子都挂在树上,是不是一种迷信活动? 你们当地政府允许这样做吗?"导游立刻清晰地回答:"这并非迷信。悬挂许愿牌是我们传统文化中表达美好祝愿的习俗,已有数百年历史。景区管理部门专门设置了这些许愿区,既尊重传统习俗,也严格选用对树木无害的可降解材料制作许愿牌,并进行定期科学维护,确保古树健康和景区环境。这是一种将文化传承与生态保护相结合的可持续方式。"

（二）以问为答

导游对游客的有些问题,不直接给予肯定或否定的回答,而是以反问的形式,使对方从中得到答案。

（三）曲语回避

有的游客提的问题很刁钻,导游答问时容易陷入"两难境地",无论回答肯定或否定,都能被抓住把柄。这时只能以曲折含蓄的语言予以回避,不给予正面回答。

某游客抱怨溶洞:"导游,朋友说这里的灯光花里胡哨,到处挂着收款码,真的有必要进去吗?不如早点去商场。"

导游答:"其实咱们看溶洞时,有人偏爱原生态的岩壁,也有人觉得彩灯让奇石更震撼,但最关键的,这可是地壳运动五亿年的杰作,咱大老远来了,不亲自探探这'地下龙宫'的宝物,您不觉得太可惜了么?"

（四）诱导否定

对方提出问题之后,不马上回答,先讲一点理由,提出一些条件或反问一个问题,诱使对方自我否定,自我放弃原来提出的问题。此方法类似于前述的"诱导式回绝"。

新知讲授

▌任务检测

▌微课视频

精英面对面:
如何修炼讲解
内功

模块三　规范笃行

——标准导游服务

项目一　东道之主精带玩
——地陪导游服务程序与服务质量

● **知识目标**

1.了解地陪导游的八大服务程序。

2.掌握地陪导游服务程序中工作的具体细则和服务质量要求。

● **能力目标**

1.能根据地接社下达的任务要求,制订详细接待计划,做好行前服务。

2.能根据游客需求,做好讲解及其他相关服务。

3.具有服务为本、关怀至上的职业精神。

4.能保障游客安全,处理游览中各类突发问题。

● **素养目标**

1.具有标准化服务意识,养成细致的工作习惯。

2.具有爱国爱岗、爱人爱己的职业素养。

● **任务引入**

湖南华天国际旅行社有限责任公司新导游岗前培训进入第五个主题。导游部王经理宣布,近日旅行社要接待来自北京的某文化传媒公司奖励旅游团,由资深导游小李担任该团地陪导游,旅行社接待计划书见表3-1-1,游客信息表见表3-1-2,计划从新导游中挑选1名导游跟团学习,并协助地陪导游小李做好带团工作。

表 3-1-1　旅行社接待计划书

组团社	北京××旅行社		团号	DJ-20240821	
旅游团构成	人数：16人		组团社计调	小陈：138×××0212	
	男：10人	70岁以上：无	全陪导游	小刘：139×××6868	
	女：6人	12岁以下：2人	领队	廖经理：139×××××××	
抵离时间	2024年8月21日（G73北京西—长沙南）,抵达时间：16:19				
	2024年8月25日（CA1954张家界—北京）,起飞时间：16:35				
行程	行程安排		用餐安排	住宿和其他安排	
	8月21日:乘坐高铁从北京抵达长沙,晚餐后夜游橘子洲		早餐：不含 中餐：不含 晚餐：文和友	住宿：长沙君悦酒店 娱乐：无 购物：无	

组团社	北京××旅行社		团号	DJ-20240821
行程	8月22日：游览湖南大学、岳麓山、岳麓书院、湖南省博物院	早餐：含 中餐：含 晚餐：含		住宿：长沙君悦酒店 娱乐：无 购物：无
	8月23日：游览李子健美术馆、谢子龙艺术馆，中饭后乘大巴前往张家界	早餐：含 中餐：含 晚餐：含		住宿：长沙君悦酒店 娱乐：无 购物：无
	8月24日：游览张家界、袁家界·天子山、十里画廊	早餐：含 中餐：含 晚餐：三下锅		住宿：青和锦江国际酒店 娱乐：魅力湘西（自费） 购物：银器
	8月25日：游览天门山，中饭后乘航班返程	早餐：含 中餐：含 晚餐：不含		住宿：无 娱乐：无 购物：无
备注				
地接社	湖南华天国际旅行社有限责任公司			
地接社计调	小陈：138×××3618		地陪导游	小李：137×××0086
用车情况	长沙××旅游汽车有限公司		司机	戴师傅：130×××9983

表 3-1-2　游客信息表

序号	性别	姓名	身份证号码	联系方式	特殊要求
01	男	廖××	××××19860825××××	139××××××××	领队
02	女	刘　×	××××19901021××××	136××××××××	母子
03	男	金××	×××××20170606××××	159××××××××	
04	男	朱××	××××19871116××××	138××××××××	父女
05	女	朱　×	×××××20181230××××	137××××××××	小占床
06	男	胡　×	××××19930802××××	130××××××××	—
07	男	钱××	××××19891012××××	137××××××××	
08	男	孙××	××××19900906××××	136××××××××	
09	男	吴×	××××19930306××××	131××××××××	
10	男	陈××	××××19950824××××	159××××××××	—
11	女	谭　×	××××19880316××××	139××××××××	回程交通自理
12	女	马××	××××19870922××××	139××××××××	素食者
13	女	严××	××××19861123××××	139××××××××	素食者
14	男	陈　×	××××19930722××××	155××××××××	—
15	男	舒××	××××19940613××××	158××××××××	—
16	女	张××	××××19980921××××	159××××××××	—

本项目的学习清单如表3-1-3所示，请你每完成一项学习任务后在相应的括号中打"√"。

表3-1-3 学习清单

项目	任务内容		备注
学习任务	（ ）	准备工作	
	（ ）	接站服务	
	（ ）	入住酒店服务	
	（ ）	核对商定日程	
	（ ）	参观游览服务	
	（ ）	餐饮、购物、娱乐服务	
	（ ）	送站服务	
	（ ）	后续工作	
学习感想			

▶ 任务工单

任务一 准 备 工 作

1. 任务描述

针对主题"准备工作"，培训师借助线上教学资源实施培训。

学员通过课前观看微课视频，课中实践操作、任务点评，掌握带团前准备工作的各项要点，能全面充分地做好带团前准备工作。

（1）课前，学员绘制准备工作的思维导图（具体到三级目录），并将思维导图上传至在线课程的课前任务区。各小组抽选接待计划书中8月21日、22日和23日中任意一天，详细了解当天行程，安排各节点的具体信息。

（2）课中，被教师抽选到的部分学员进行思维导图解析，梳理准备工作的五个方面。

（3）课中，结合接待计划对照旅游团信息和旅游团游客信息填空，对于不理解的专有名词可以向教师咨询或通过网络查询，理解其含义。

（4）课中，结合游客信息表和接待计划书填写表格，对游客可能出现的一些特殊要求进行分析。

（5）课中，各小组通过制订长沙第一、二、三日接待计划，进一步掌握熟悉接待计划的方法。

（6）课中，各小组通过情景模拟落实接待事宜的操作程序。

（7）课中，学员完善思维导图至四级目录。

（8）课后，各小组完善长沙第一、二、三日详细接待计划，上传至在线课程的作业区。

2. 任务准备

（1）个人任务：学员绘制准备工作的思维导图。

（2）小组任务：根据抽选到的当日行程安排，搜集其中各节点信息，掌握熟悉接待计划的方法。集体根据任务引导认真学习相关课程资源。

任务引导1：各景点开放时间、位置、游览的基本时间要求，以及各景点之间的距离。

任务引导2:接送站的基本要求。

任务引导3:特别的餐饮、购物、娱乐安排。

3.任务实施

(1)被教师抽选到的学员个人汇报已绘制好的思维导图,理清准备工作的五个方面。

(2)结合接待计划,找出旅游团信息和旅游团成员信息各个要素并填写在表3-1-4中。

表3-1-4 旅游团基本信息表

组团社信息			
组团社名称		组团社电话	
组团社联络人姓名		组团社联络人电话	
旅游团队信息			
旅游团名称		旅游团团号	领队姓名及电话
全陪导游姓名及电话		旅游团团型	旅游团结算方式

(3)结合游客信息表和接待计划填写表3-1-5。

表3-1-5 旅游团成员情况表

总人数		男性人数		女性人数	
客源地		12岁以下的儿童		70岁以上的老人	
职业		受教育程度		宗教信仰	
其他					

(4)以小组为单位,根据抽选的某一天日程安排(21日、22日或23日),将表3-1-6补充完整,并借助地图类App安排好基本线路。

表3-1-6 长沙第一、二、三日详细接待计划表

时间	活动安排及内容
示例:15:40	示例:导游抵达高铁站准备接站

(5)课中,各小组通过情景对话实践落实接待事宜的操作程序,并填写表3-1-7。

表3-1-7 落实接待事宜情景对话表

组名	场景	小组成员	成员角色	学号	备注
	落实接待车辆		地陪导游小李		
			司机戴师傅		
情景对话大纲					

组名	场景	小组成员	成员角色	学号	备注

组名	场景	小组成员	成员角色	学号	备注
	落实住房		地陪导游小李		
			酒店前台		
情景对话大纲					

组名	场景	小组成员	成员角色	学号	备注
	落实用餐		地陪导游小李		
			餐厅前台		
情景对话大纲					

组名	场景	小组成员	成员角色	学号	备注
	与全陪导游联系		地陪导游小李		
			全陪小刘		
情景对话大纲					

（6）课中，各学员完善思维导图的四级目录。

（7）学员将任务完成过程中遇到的问题及解决办法、学习体会及收获记录在表3-1-8中。

表 3-1-8　学习记录表

小组名称：	小组成员：
遇到的问题及解决办法：	
学习体会及收获：	

4.任务考核

将任务考核评价记录在表 3-1-9 中。

表 3-1-9　任务考核评价表

任务	评价内容	分值/分	评价分数/分		
			自评	互评	师评
制订第一、二、三日的详细接待计划	线路安排科学,不走回头路,不将相邻景点拆分游览,离站前不安排自由活动,无非景点开放日/时间游览等不合理安排	30			
	接送站时间、景点游览时间符合带团基本要求	10			
落实接待事宜情景对话	核实信息完整、准确	20			
	对话逻辑清晰	10			
	用语文明,符合职业特点	10			
其他	仪容仪表	5			
	语言表达	5			
	团队协作	5			
	工单填写	5			
最终得分					

▶ 新知讲授

一、做好业务准备

(一)熟悉接待计划

接待计划是组团社根据与游客签订的旅游合同(协议)而制定的各项旅游活动安排,是组团社委托有关地接社组织落实旅游团活动的契约性文件,同时也是导游了解旅游团基本情况和安排当地活动日程的主要依据。地陪导游要在旅游团抵达前认真阅读接待计划书和有关资料,详细、准确地了解该旅游团的服务项目和要求,主要事项要做好记录并了解清楚以下情况。

1.旅游团及团员情况

(1)旅游团概况:包括组团社名称、相关联络人及联络方式、国籍、导游语言要求、旅游团名称或团号、收费标准和费用结算方式等。

新知讲授

（2）团员基本情况：包括人数及团员的姓名、性别、年龄、护照或身份证号码、职业及宗教信仰等。

（3）旅游线路和交通方式：包括该团的全程路线、抵离时间、所乘交通工具类型、航班（车次、船次），以及交通港（机场、车站、码头）名称。

（4）交通票据：包括赴下一站的交通票是否订妥、有无变更及其落实情况、有无返程票（如有，是否已落实）。

（5）特殊要求和注意事项。如住房、用车、游览、餐食等方面的是否有特殊要求；是否存在增收额外游览项目（加点等）、行李车费用等情况；是否存在老弱病残和婴幼儿等需要特殊照顾的游客；是否存在需要办理通行证地区的参观游览项目等；是否存在重要会见、宴请等特殊活动的安排。

新知讲授

（二）落实接待事宜

1. 落实日程安排表

地陪导游要根据接待计划安排的日程，认真核对接待社旅游团当地活动日程表中所列的日期、出发时间、游览项目、就餐地点、风味餐品尝、购物、晚间活动、自由活动、会见等项目。

2. 落实交通工具

地陪导游要在接团前，同司机联系约定会合的时间和地点，提醒司机检查车辆空调、话筒、音响、座椅及安全带等设备，确保设备的正常使用。接待大型旅游团前，地陪导游要在车身合适位置贴上醒目的编号或标记，以便游客识别。

多数旅游团游客的行李与旅游车一起运输，但如果旅游团在合同中要求提供行李车，地陪导游应与行李车司机联系，告知旅游团抵达的时间、乘坐的交通工具、抵达地点和下榻的酒店。

对于旅游团离开本地的交通出票情况也要核实，包括航班（车次、船次）确定的出发时间、交通票证是否已由组团社订妥；若需地接社安排，地陪导游要及时与旅行社联系确认。

3. 落实食宿

地陪导游应熟悉行程安排中旅游团所住酒店的位置、概况、房间数量、房型、用房时间、是否含早餐、服务设施和项目，以及附近有无商圈、地铁口等。还要与相关餐厅联系，确认该团日程表上的用餐安排。

4. 落实参观游览项目

地陪要确认接待计划中的各项参观游览项目的状况，比如是否整修、闭馆等，如果发现实际情况与接待计划有出入，要及时向地接社汇报，并做出合理、恰当的调整。对于接待计划中出现的新的旅游景点或不熟悉的参观游览点，地陪导游应事先了解景点位置、行车线路、开放时间、最佳游览线路、厕所位置等，以及景点门票优惠政策、景点内收费项目、景区内演出或表演的场次和时间等情况，并提前核实，若条件允许可先踩点。

5. 落实相关单位和人员的联络方式

地陪导游应掌握接待社各部门、行李员、全陪导游、旅游车租车公司、就餐餐厅、下榻酒店、景区、机场（码头或车站）、下一站接待社的联系电话等。

6. 与全陪导游联系

地陪导游应与全陪导游提前取得联系，了解该团有无变化、该团特点、有无需要特别注意的人或事,以及双方约定接团的时间和地点,防止漏接或空接事故的发生。

二、做好知识准备

(一)语言准备

如果需要接待入境旅游团,地陪导游要做好语言翻译和外语词汇的准备。

(二)专业知识准备

地陪导游在掌握随时更新的旅游地概况、风俗习惯、风物特产、法律法规及主要景点等常规知识的同时,要根据旅游团大部分成员的职业情况,做好相关专业知识、词汇的准备工作。

(三)做好时政要闻准备

地陪导游要做好当地的热门话题、国内外重大新闻、游客可能感兴趣的话题等方面的准备工作,以便在接待活动过程中更好地与游客互动交流。

(四)做好客源地知识准备

为更好地了解游客,提供有针对性的服务,地陪导游要重点了客源地的风俗习惯、人文典故等相关知识。

三、做好形象准备

(一)仪容准备

地陪导游应面容干净,发型和妆容适合工作环境,体现良好精神风貌和审美素养。

(二)仪表准备

地陪导游的着装要符合职业身份,要方便开展旅游服务工作。衣着整洁、大方、自然,佩戴饰品要适度。上团时,应佩戴好导游证。

四、做好心理准备

地陪导游需要具备良好的心理素质,在接团前做好以下几个方面的心理准备。

(一)准备面临艰苦复杂的工作

地陪导游的服务工作极易受外界各种环境影响,因此地陪导游不仅要考虑按标准化和规范化工作程序为游客提供热情服务,还要有充分的思想准备,考虑要如何应对接待工作中发生的各类问题和事故。

(二)准备承受抱怨和投诉

有时导游已经尽其所能为旅游团服务,但仍有一些游客挑剔、抱怨、指责,甚至是投诉。对

新知讲授

此,导游要有足够的心理准备,冷静、沉着地面对抱怨和投诉,不忘初心地继续做好导游服务工作。

（三）准备面对形形色色的"精神污染"和"物质诱惑"

地陪导游在带团过程中要与众多游客、商家打交道,这些人员的言行举止可能有意无意地传播某些不健康的内容,甚至用不正当利益进行诱惑。因此,面对这些言行,地陪导游要有坚定的思想信念,不受外界"污染"与"诱惑"。

五、做好物资准备

地陪导游做好接团的有关物资准备。

（一）准备必要的票证、表格和费用

必要的票证、表格和单据包括接待计划(电子行程单)、旅游服务质量反馈表、旅游团游客名单、各类结算单据(如餐饮、住宿、景区门票、旅游团费用)等。

（二）准备工作用品

工作用品包括表明身份的物品(如电子导游证、身份证)、提示游客的物品(如导游旗、接站牌、旅游车标志、扩音器)等。

（三）准备个人物品

个人物品包括通信联络工具及相应配件(手机、充电器、充电宝)、生活日用品(洗漱用品、换洗衣物)、防护用品(雨伞、遮阳帽、润喉片)、与游客互动的小物件(小纪念品、手绘地图、宣传资料)等。

▶ 任务工单

$\boxed{\text{任务二　接站服务}}$

1.任务描述

针对主题"接站服务",培训师借助线上教学资源实施培训。

学员通过课前观看微课视频,课中实践操作、任务点评,掌握旅游团抵达前、抵达后及赴酒店途中服务的操作程序和规范,能及时礼貌地接到游客,并带领游客上车前往酒店。

（1）课前,学员绘制接站服务思维导图(具体到三级目录),撰写一篇针对本接待任务的欢迎词,上传至教学平台,并熟悉文稿,做好讲解准备。各小组完成长沙火车站-麓山宾馆首次沿途导游讲解准备。

（2）课中,被教师抽选的部分学员进行思维导图解析,梳理接站服务的三个流程。

（3）课中,被教师抽选的部分学员展示欢迎词文案,并进行讲解展示,师生共同分析文本的撰写和讲解展示的要点和技巧。

（4）课中,老师重点分析首次沿途导游讲解的特征和基本技巧,小组进一步完善课前准备的相关内容,完善后以"PPT＋讲解"的形式进行课堂展示。

（5）课中,学员完善思维导图至四级目录。

（6）课后,学员进一步完善欢迎词并录制讲解视频,各小组进一步完善首次沿途导游讲解,将PPT和讲解录屏提交,上述两项作业均上传至在线课程的作业区。

2.任务准备

（1）个人任务1:学员绘制接站服务的思维导图。

（2）个人任务2:学员根据接待计划撰写欢迎词。

根据下列任务引导,认真学习相关课程资源。

任务引导1:欢迎词的五大要素。

任务引导2:在称呼、内容上体现因人施讲。

任务引导3:介绍司机或祝福语的特色表达方式。

任务引导4:欢迎词的讲解风格。

（3）小组任务:以小组为单位,搜集首次沿途的节点信息(6个)、城市概况信息。集体根据任务引导认真学习相关课程资源。

任务引导1:城市概况。

任务引导2:沿途地标的情况。

任务引导3:酒店的基本情况。

3.任务实施

（1）被抽选的学员展示绘制的思维导图,师生共同理清接站服务的三个步骤。

（2）结合接待计划书,并参考表3-1-10,撰写欢迎词。

表3-1-10 欢迎词

欢迎词风格	□幽默风趣 □文采飞扬 □简单明了 □其他_____
问候语	
欢迎语	
介绍语	
希望语	
祝愿语	

（3）搜集首次沿途地标节点,将本地概况、下榻酒店情况填入表3-1-11中。

表3-1-11 首次沿途导游要素

风光风情导游		
节点	文字描述	图片

续表

本地概况		
要素	文字描述	图片
地理位置		
行政区划		
气 候		
人 口		
风物物产		
居民生活		
文化传统		
历史沿革		
其 他		

下榻酒店的情况		
地点	文字描述	图片
麓山宾馆		

（4）各学员完善思维导图中旅游团抵达前的业务准备、旅游团抵达后的服务、赴酒店途中服务的四级目录。

（5）学员将任务完成过程中遇到的问题及解决办法、学习体会及收获记录在表3-1-12中。

表3-1-12　学习记录表

小组名称：	小组成员：
遇到的问题及解决办法：	
学习体会及收获：	

4.任务考核

将任务考核评价记录在表3-1-13、表3-1-14中。

表3-1-13　个人任务考核评价表

个人任务	评价内容	分值/分	评价分数/分		
			自评	互评	师评
致欢迎词	要素齐全	30			
	内容有针对性,体现"因人施讲"	10			
	语句通顺,生动形象	20			
	表达流畅,有亲切感	20			
	讲解具有个人风格	10			

续表

个人任务	评价内容	分值/分	评价分数/分		
			自评	互评	师评
其他	仪容仪表	5			
	工单填写	5			
最终得分					

表3-1-14 小组任务考核评价表

任务	评价内容	分值/分	评价分数/分		
			自评	互评	师评
首次沿途导游	内容信息准确	20			
	内容有针对性,体现"因人施讲"	10			
	语言表达生动形象	15			
	图文相符	10			
	PPT制作框架完整,内容精美	10			
	讲解有代入感,有感染力	20			
其他	仪容仪表	5			
	团队协作	5			
	工单填写	5			
最终得分					

▶ 新知讲授

一、旅游团抵达前的工作

(一)确认旅游团所乘交通工具抵达的准确时间

接团当天,地陪导游一方面应及时与旅游团全陪导游或领队联系,了解旅游团是否如期乘坐交通工具,特别是在天气恶劣的情况下,应随时掌握旅游团的动向,了解其抵达的准确时间。另一方面,地陪导游还要通过查询航班、火车动态信息的App,或是向机场(车站、码头)问讯处问清飞机(火车、轮船)到达的准确时间。

(二)与旅游车司机联系

确认该团所乘交通工具到达的准确时间后,地陪导游应与旅游车司机联系确认,如果交通工具抵达时间无变化就按前期约定进行(出发时间,见面地点、游客上车位置),若到达时间发生较大变化,地陪导游要及时通知司机做好相应调整。最终要确保提前半小时到达接站地点。

(三)再次核实旅游团抵达时间

地陪导游到达接站地点后,应迅速查阅航班(车次、船次)抵达的显示信息。若出现航班(车次、船次）晚点,则应根据晚点程度来决定后续安排;若推迟时间不长,地陪导游可留在接站地点继续等候旅游团;若推迟时间较长,应立即报告接待社有关部门,听从安排。

（四）与行李员联系

如果团队配备了行李车和行李员,地陪导游应提前与行李员联系,告知旅游团的名称、人数,通知其抵达机场（车站、码头）,并将游客行李及时送到下榻酒店。

（五）迎候旅游团

旅游团所乘交通工具抵达后,地陪导游应在旅游团出站前,与全陪导游或领队取得联系,并持接站牌站立在出口醒目位置,面带微笑,热情迎接旅游团。接站牌上写明团名、领队或全陪导游的姓名,接小型旅游团或无领队、无全陪导游的旅游团可写上游客的姓名。

二、旅游团抵达后的服务

（一）认找旅游团

旅游团出站时,地陪导游应尽快认找所接旅游团。应注意的是,地陪尽量站在出口醒目位置,高举接站牌或导游旗,以便领队、全陪导游或游客前来联系。还可根据游客的民族特征、衣着、组团社的徽记、人数等情况主动认找。

（二）核实旅游团情况

为避免出现错接事故,地陪导游在找到游客后,应立即与全陪导游、领队或旅游团负责人核实组团社名称、团号、领队或全陪导游姓名以及实到人数。如出现与计划不符的情况,应立即通知接待社的有关部门和负责人,做出相应调整。

（三）集中清点行李

若旅游团是乘飞机抵达,地陪导游在核实完旅游团情况后,应协助本团游客将行李集中放在指定位置,提醒游客检查各自行李物品是否齐全,是否有行李损坏。若有行李遗失或破损,地陪导游应协助游客在机场登记处或其他有关部门办理行李丢失或赔偿申报手续。

若旅游团配备了行李车,地陪导游应与领队、全陪导游、接待社行李员一起清点核对行李件数,请全陪导游填写行李卡,卡上要注明团名、人数、行李件数、下榻酒店。行李卡一式两份,由全陪导游和行李员双方签字。

（四）集合登车

行李清点完毕后,地陪导游提醒游客带齐行李物品,引导游客前往乘车处。旅游车司机帮助游客将行李码放至大巴车行李柜或汽车后备厢。地陪导游则站在旅游车车门靠头一侧,搀扶或协助游客上车。游客上车后,地陪导游应帮助游客将放在行李架上的手提行李整理好,尤其注意行李架上不得存放大型或重型行李,以免意外掉落砸伤游客。待游客坐定后,地陪导游要礼貌清点人数,清点无误后示意司机开车。

为保证安全,地陪导游应坐在导游专座上。根据2016年4月发布的《国家旅游局 交通运输部关于进一步规范导游专座等有关事宜的通知》,"导游专座"应设置在旅游客运车辆前乘客门侧第一排乘客座椅靠通道侧位置;旅游客运企业在旅游服务过程中,应配备印有"导游专座"字样的座套。

地陪导游进行途中讲解时,应提醒司机放慢车速并保持匀速前进状态;当汽车高速行驶时,导游不可在车内站立讲解。

三、赴酒店途中服务

(一)致欢迎词

致欢迎词是地陪导游给游客留下良好第一印象的重要环节,一般控制在5分钟左右。一般要包括以下内容。

(1)问候语:真诚问候游客,如"各位朋友,大家好"。

(2)欢迎语:代表所在旅行社及司机欢迎游客的到来。

(3)介绍语:介绍旅行社、自己和司机。

(4)希望语:表达提供服务的诚挚愿望,希望得到全团的配合。

(5)祝福语:预祝游客旅游愉快顺利。

欢迎词的内容应根据旅游团的性质和游客的文化水平、职业、年龄和居住地等情况而定,应结合导游自身性格特征、语言风格,努力形成独树一帜、风格鲜明的欢迎词,给游客留下深刻印象。

(二)调整时间

调整时间主要针对国际旅游团首站接站地的地陪导游。地陪导游在致欢迎词后向游客介绍两国时差,并请游客调整好时间。

(三)首次沿途导游

首次沿途导游是指游客在机场(车站、码头)前往下榻酒店或前往首个参观点途中,地陪导游结合沿途情况所做的导游讲解工作。这一环节的工作对于满足游客初到一地的好奇心和求知欲非常重要,同时也是地陪导游展示学识和语言水平的大好时机。精彩成功的首次沿途导游会使游客产生信任感和满足感,在游客心中留下良好的第一印象,主要包括以下几点内容。

(1)风光风情导游:包括行车途中道路两边的景色、建筑等的介绍。景物取舍要恰当,介绍的内容与游客的观赏保持同步。

(2)本地概况:包括地理位置、行政区划、气候、人口、风物物产、居民生活、文化传统、历史沿革等。

(3)下榻酒店的情况:包括酒店的名称、位置、距机场(车站、码头)的距离、星级、规模、主要设施、入住手续和注意事项等(若途中时间较短,该部分内容也可在游客入住酒店后介绍)。

(四)抵达酒店时的提醒工作

旅游车行驶至下榻酒店,地陪导游应在游客下车前向全体成员讲清下次集合的时间、地点和停车地点,让其记住旅游车的颜色、车型和车牌号,提醒游客将手提行李和随身物品带下车。与此同时,再次跟司机确认第二天旅游团出发的时间,提醒司机提前到达酒店。

▶ 任务工单

任务三 入住酒店服务

1. 任务描述

针对主题"入住酒店服务",培训师借助线上教学资源实施培训。

学员通过课前观看微课视频,课中实践操作、任务点评,掌握入住酒店过程中导游主要提供的两项服务,能顺利安排旅游客入住并用好第一餐。

（1）课前,各学员绘制入住酒店服务的思维导图（具体到三级目录）,并将思维导图上传至在线课程的课前任务区。

（2）课中,被教师抽选的部分学员进行思维导图解析,梳理入住酒店服务的两个方面。

（3）课中,学员通过分析团队遇到的两个典型案例和两个突发情况,加深对该服务流程细节的重视和理解。

（4）课中,各学员完善思维导图至四级目录。

（5）课后,各学员根据表3-1-1中8月22日的游览安排,录制一段宣布次日活动安排的讲解视频,上传至在线课程的作业区。

2. 任务准备

各学员绘制入住酒店服务的思维导图。

3. 任务实施

（1）被教师抽选到的学员个人汇报已绘制好的思维导图,理清入住酒店服务的两个方面。

（2）结合旅游团（详见表3-1-1和表3-1-2）在入住服务过程中遇到的两个典型案例和两个突发情况,分析入住酒店服务过程中需完善并落实哪些服务环节可以避免出现类似问题。

典型案例1:地陪导游带领旅游团抵达酒店,全陪导游把收集到的游客证件交给地陪导游,请其与前台办理入住手续。其中,胡先生因身份证刚刚丢失,因此提供了护照。在办理过程中,酒店前台以"护照不能当作身份证明"为由拒绝他入住。

试分析该典型案例,并填写表3-1-15。

表3-1-15　典型案例1分析表

酒店前台说法是否正确	
入住的有效证件有哪些	
如果酒店坚持拒绝为该名游客办理入住,地陪导游应如何处理	
处理期间如何安顿游客	

典型案例2:地陪导游带领游客入住酒店,协助全陪导游分发完房卡后已是晚上十一点多,因正值旅游旺季,酒店房间也十分紧张,仅提供司机和全陪导游的房间。地陪导游在宣布完次日

的行程安排后,与酒店前台就叫早服务事宜进行了沟通,之后便匆忙赶上末班地铁回家。结果一路上不停接到全陪导游的电话,有游客反映床上用品不洁净、房间有异味,房间卫生情况整体不好,另外还有游客反映淋浴的水流特别小……游客们怨声载道,非常不满意。

试分析该典型案例,并填写表3-1-16。

表3-1-16 典型案例2分析表

游客不满意的原因	
导致游客不满意的关键	
地陪导游应如何处理该情况	
可采取的补救措施	

突发情况1:游客们刚入住酒店后,地陪导游小李告知大家,在休息半小时后,即六点半,需要到酒店二楼的中餐厅享用围桌晚餐。随着时间接近六点半,一些游客陆续抵达,他们三三两两地分散在旅游团预先订好的两桌位置。然而,直到六点三十五分,游客仍未全部到齐。此时,先到达的游客表示已经饿了,并且认为已经过了通知的开餐时间,于是便开始用餐。随后,较晚到达的游客陆续入座,但他们发现桌上的菜肴已经被先到的游客动过,对此感到非常不满,并责备小李的安排不够妥当。

试分析小李服务不当的地方,并填写表3-1-17。

表3-1-17 突发情况1处理措施表

游客不满意的原因	
导致游客不满意的关键	
正确的做法	
可采取的补救措施	

突发情况2:23日,因暴雨,旅游团抵达酒店时已接近晚上七点,小李在酒店大堂协助全陪导游分发房卡,因为游客旅途奔波,着急入住房间休整,小李就粗略介绍了次日活动安排,告知游客晚上七点半在一楼中餐厅用晚餐。小李原本想着晚餐时再和游客详细介绍次日活动安排和注意事项,并通知次日叫早时间,但到餐厅后得知,有多名游客已告知全陪导游不来餐厅,自行用餐。

试分析小李服务不当的地方,并填写表3-1-18。

表3-1-18 突发情况2处理措施表

导游未能向全体游客宣布次日行程安排和注意事项带来的问题	
正确的做法	
可采取的补救措施	

(3)各学员完善思维导图的四级目录。

(4)学员将任务完成过程中遇到的问题及解决办法、学习体会及收获记录在表3-1-19中。

表 3-1-19　学习记录表

学员姓名：

遇到的问题及解决办法：

学习体会及收获：

4. 任务考核

将任务考核评价记录在表 3-1-20 中。

表 3-1-20　任务考核评价表

任务	评价内容	分值/分	评价分数/分		
			自评	互评	师评
典型案例一	护照可否用作身份证明的判断	5			
	办理入住的有效证件列举正确	5			
	与酒店前台沟通的有效性	5			
	安抚游客情绪的效果	5			
	寻求外界帮助的路径正确	10			
典型案例二	找到出错的两个环节	10			
突发情况一	找到导致该问题出现的关键点	5			
	补救措施全面得当	15			
突发情况二	找到地陪导游遗漏的关键服务环节	15			
	补救措施全面得当	15			
其他	工单填写	10			
最终得分					

▶ 新知讲授

一、登记入住

（一）协助办理入住登记手续

地陪导游带领游客抵达酒店后，应安顿游客在大堂休息等候，迅速协助全陪导游、领队办理入住登记手续。

（1）请领队或全陪导游收齐游客证件，地陪导游将证件和游客名单表一并交给酒店前台，讲明团队名称和订房单位。

（2）地陪导游将拿到的房卡清点确认转交给领队或全陪导游，领队或全陪导游对房卡进行分发并把分房情况登记在分房名单表上。地陪导游、全陪导游、领队均要掌握全团成员（含导游）的入住房间房号，方便取得联系。

（3）用完的证件由全陪导游或领队及时归还游客。

（二）介绍酒店设施和服务

地陪导游简要向全团成员介绍酒店内的设施和服务，包括电梯、中西餐厅、娱乐场所、公共洗手间、商务中心、外币兑换等，说明住店的注意事项，如提醒游客将贵重物品交前台保管，告知客房内收费项目（如饮品、零食等）、酒店安全通道位置以及房间安全注意事项（如禁烟等）。

（三）宣布下一步活动安排

1. 与全陪导游或领队商量

地陪导游先与全陪导游或领队商量活动安排和叫早时间，达成一致。

2. 向游客宣布

地陪导游向全体游客宣布当天或第二天活动的安排、集合的时间和地点，提醒游客做好必要的准备，比如第二天需要爬山，要穿着舒适的运动鞋等。提醒游客注意第二天的叫早时间、早餐时间和出发时间。为表示尊重，也可以请全陪导游或领队宣布。

3. 向酒店通知

地陪导游负责将与全陪导游、领队商定的叫早时间通知酒店服务台，办理叫早手续。

（四）照顾游客入住并处理游客入住后有关问题

游客拿到房卡后，地陪导游协助游客找到房间并在楼层停留一段时间，关注是否存在门锁打不开、网络无法连接、房间不干净或有虫害等房间内设施设备问题，或房间沿街太吵闹、楼层太低等问题，如有发现要及时与酒店联系，迅速解决并向游客说明情况，表示歉意。

二、带领旅游团用好第一餐

（一）餐前交代

在分发房卡前，地陪导游要向游客介绍酒店的就餐时间、地点和餐饮的有关规定；核实餐厅是否根据该团用餐的特殊要求和饮食禁忌安排团餐。

（二）餐中服务

游客到餐厅用第一餐时，地陪导游要提前在餐厅门口等候，引领游客进入指定区域就座。地陪导游将全陪导游或领队介绍给餐厅经理或主管，告知旅游团的特殊要求。游客就餐期间，地陪导游要巡视就餐情况，监督餐厅按标准提供餐食，同时征求游客的意见和建议，以便通知后续各用餐餐厅及时调整。

微课视频

地陪如何做好
核对商定日程
工作

全陪地陪
核对行程
单

3-1-1

任务四　核对商定日程

1.任务描述

针对主题"核对商定日程",培训师借助线上教学资源实施培训。

学员通过课前观看微课视频,课中实践操作、任务点评,重视核对商定日程环节,并掌握处理其中各类情况的方法和标准。

（1）课前,学员绘制核对商定日程的思维导图(具体到三级目录),并将思维导图上传至在线课程的课前任务区。

（2）课中,被教师抽选的部分学员进行思维导图解析,梳理核对商定日程的三个方面。

（3）课中,各小组抽取一组(共两组)全陪导游与地陪导游手中的行程单(二维码3-1-1),并找出其中不一致的地方。

（4）课中,各小组抽选老师发布的情景描述,进行情景模拟。

（5）课中,学员完善思维导图至四级目录。

（6）课后,各小组将课上情景模拟的对话进一步完善,录制成视频上传至在线课程的作业区。

2.任务准备

（1）个人任务:学员绘制核对商定日程的思维导图。

（2）小组任务1:各小组抽取一组全陪导游与地陪导游的行程单,集体根据任务引导认真学习相关课程资源。

任务引导1:旅游六要素安排是否一致(包括数量、名称、规格、时间节点安排)。

任务引导2:特殊人群(如老年人、儿童)接待标准(如费用计算方式)是否一致。

（3）小组任务2:针对任务实施中描述的四类情景,集体根据任务引导认真学习相关课程资源。

任务引导1:不同类型行程变动意见的回复态度。

任务引导2:判断合理性和可行性。

任务引导3:对费用和原行程安排的影响。

任务引导4:与旅行社的沟通方式。

3.任务实施

（1）被教师抽选到的学员汇报思维导图,理清核对商定日程的三个方面。

（2）抽选到同一组全陪导游与地陪导游行程单的几组学员,比比看哪一组先找到行程不一致的地方。

（3）各小组将处理方式填写在表3-1-21至表3-1-23中,并派一位学员扮演该情景中的导游,进行演示。

表 3-1-21　领队、全陪导游或游客的行程变动意见的处理

情景描述:旅游团抵达长沙后,全陪导游和地陪导游小王说,这个亲子团的很多家长表示参观完岳麓书院后希望能安排2—3小时的自由参观时间,带孩子去湖南大学城转转,打卡名校。

判断变动类型	□较小变动 □较大变动　□与接待计划有出入
判断合理性与可行性	□合理且可行　□不合理不可行　□合理不可行
处理方向	□同意　□婉言拒绝　□报告旅行社
情景模拟	
认真倾听	
表示理解	
解释说明	
补充未尽事宜	
报告旅行社	

表 3-1-22　领队、全陪导游或游客的行程变动意见的处理

情景描述:来自法国的10人旅游团计划在北京游览7天,行程中安排游客参观故宫、长城、颐和园等著名历史遗迹,体验传统手工艺,并在当地知名餐馆品尝正宗的北京烤鸭和涮羊肉。行程中还规划了与几位非物质文化遗产代表性传承人的交流互动,以及一次在胡同里骑行的体验活动,整体接待规格为四星级酒店住宿及标准餐饮服务。当游客抵达后,领队作为代表向地陪导游提出,希望能安排一次私人定制的书法课程,由知名书法家亲自授课,并希望有机会亲手制作并体验一些更具地方特色的手工艺品,如兔儿爷的制作,以增加旅行的独特性和纪念价值。

判断变动类型	□较小变动　□较大变动　□与接待计划有出入
判断合理性与可行性	□合理且可行　□不合理不可行　□合理不可行
处理方向	□同意　□婉言拒绝　□报告旅行社
情景模拟	
认真倾听	
表示理解	
说明费用和合同	
补充未尽事宜	
报告旅行社	

表 3-1-23　领队、全陪导游或游客的行程变动意见的处理

情景描述:地陪导游小李接到旅游团后,与全陪导游开始核对日程,二人发现第二天的晚餐在地陪导游的计划中是常规晚餐,在全陪导游的出团通知书中是特色风味餐。

判断变动类型	□较小变动　□较大变动　□与接待计划有出入
判断合理性与可行性	□合理且可行　□不合理不可行　□合理不可行
处理方向	□同意　□婉言拒绝　□报告旅行社
情景模拟	
认真倾听	
表示理解	

右上角：续表

解释说明	
补充未尽事宜	
报告旅行社	
补充说明	

（4）学员完善思维导图的四级目录。

（5）学员将任务完成过程中遇到的问题及解决办法、学习体会及收获记录在表3-1-24中。

表 3-1-24　学习记录表

小组名称：	小组成员：

遇到的问题及解决办法：

学习体会及收获：

4. 任务考核

将任务考核评价记录在表3-1-25中。

表 3-1-25　任务考核评价表

任务	评价内容	分值/分	评价分数/分		
			自评	互评	师评
寻找行程单不一致的地方	找到两处不一致的地方	20			
行程变动意见情景模拟	修改意见类型判断正确	5			
	回复意见判断正确	5			
	合理性与可行性判断正确	5			
	解释说明清晰易懂	15			
	细节考虑全面	15			
	与旅行社的沟通规范	10			
	态度谦和	10			
其他	仪容仪表	5			
	团队协作	5			
	工单填写	5			
最终得分					

左侧竖排：任务工单

▶ 新知讲授

一、与全陪导游或领队核对商定日程

（一）选择合适的时间、地点与对象

旅游团抵达后,地陪导游要秉持尽早完成的原则完成核对商定日程的工作。若直接前往酒店,地陪导游可在酒店大堂与全陪导游/领队核对行程安排单。若前往酒店的路程较远、车程较长,或是团队直接开展参观游览活动,地陪导游也可在行车途中进行核对商定日程的工作。若接待的团队是重点团、专业团、交流团,除领队、全陪导游外,还应请团队有关负责人一起参与商定;若旅游团没有领队,可与全团游客一起商定。

（二）详细核对行程安排

双方详细核对行程安排,逐项落实具体内容,包括内容的数量、标准、名称。若在核对日程中发现任何差异,要迅速与旅行社联系,查明原因,分清责任,达成一致意见。

二、将商定结果通知游客

行程核对无误后,地陪导游或全陪导游应立即将结果通知全体游客。

三、慎重对待领队、全陪导游或游客的行程变动意见

（一）提出较小变动意见

在不违反旅游合同,也不影响接待规格的前提下,地陪导游要及时向旅行社有关部门反映游客提出的合理且可行的意见,并应尽力安排。比如游客要求新增游览项目,若涉及增收费用,地陪导游应事先向领队、全陪导游或游客讲明,订立书面合同并按规定收取费用,但新增项目的安排不能影响旅游合同中原有项目的实施。对于确实有困难无法满足的要求,要做好解释和说服工作。

（二）提出的要求与原计划行程安排相比有较大变动,或涉及接待规格

对于这类要求,地陪导游一般应予婉言拒绝,并说明不方便单方面变更合同。如经领队、全陪导游或游客提出的要求确有特殊理由,地陪导游必须请示旅行社有关部门并按其指示办理。

（三）与接待计划有出入

行程安排与接待计划有出入时,地陪导游应及时报告旅行社查明原因,分清责任。若是地接社的责任,地陪导游应实事求是地向领队、全陪导游和全体游客说明情况、致歉并及时做出调整;若是组团社的责任,地陪导游不应指责对方;必要时,可请领队或全陪导游向游客做好解释工作。

新知讲授

▌任务检测

123

▶ 任务工单

微课视频

[QR code]

地陪如何做好
参观游览服务

任务五　参观游览服务

1. 任务描述

针对主题"参观游览服务"，培训师借助线上教学资源实施培训。

学员通过课前观看微课视频，课中实践操作、任务点评，掌握参观游览服务中的各项要点，能带领游客顺利完成旅游活动中最重要的部分。

（1）课前，学员绘制参观游览服务的思维导图（具体到三级目录），并将思维导图上传至在线课程的课前任务区；各小组做好车内小游戏设计的准备工作；各小组沿用在任务一的准备工作里完成的详细接待计划表，重点了解当日行程的第一个景点的信息，组内各学员撰写1000—1200字的景点导游词上传至教学平台，并熟悉文稿，做好讲解准备。

（2）课中，被教师抽选的部分学员进行思维导图解析，梳理参观游览服务的四个方面。

（3）课中，各小组通过设计车内小游戏掌握活跃车内气氛的方法，并在班级检验游戏效果。

（4）课中，被教师抽选的部分学员进行导游词文案及讲解展示，师生共同分析文本撰写和讲解展示的要点和技巧。

（5）课中，学员完善思维导图至四级目录。

（6）课后，学员完善景点导游词，录制讲解视频并上传至在线课程的作业区。

2. 任务准备

（1）个人任务：学员绘制参观游览服务的思维导图。

（2）小组任务：了解车内可组织进行的小游戏。集体根据任务引导认真学习相关课程资源。

任务引导1：游戏的难易程度、适合的游客群体年龄、团队规模、是否需要道具。

任务引导2：游戏规则的描述。

任务引导3：组织中问题的预判和应对措施。

（3）个人任务：学员根据接待计划撰写景点讲解词。根据下列任务引导，认真学习相关课程资源。

任务引导1：景区的最大特点和标志性景点。

任务引导2：讲解词的立意角度。

任务引导3：可运用的讲解方法和技巧。

任务引导4：导游词的讲解风格。

3. 任务实施

（1）被教师抽选到的学员个人汇报已绘制好的思维导图，理清参观游览服务的四个方面。

（2）小组设计车内小游戏并组织实施，填写表3-1-26。

表 3-1-26　车内小游戏设计表

游戏名称	
难易程度	□简单　　　□中等　　　□复杂
适合的游客群体	□儿童　　□青少年　　□中年　　□老年　　□亲子　　□其他
适宜的游客规模	□10人及以下　　　□11—20人　　　□21人及以上
道具准备	
游戏规则	
预判实施中的问题及应对预案	
实际实施中遇到的问题和处理	

（3）课中,被教师抽选的部分学员进行导游词文案及讲解展示,师生结合表 3-1-27 对其文案及讲解进行点评。

表 3-1-27　景点导游词

导游讲解风格	□幽默风趣　　□文采飞扬　　□简单明了　　□其他
主题和立意	
景区概况	
重要景点	
"因人施讲"的体现	
讲解方法的选用	

（4）学员完善思维导图的四级目录。

（5）学员将任务完成过程中遇到的问题及解决办法、学习体会及收获记录在表 3-1-28 中。

表 3-1-28　学习记录表

小组名称:	小组成员:
遇到的问题及解决办法:	
学习体会及收获:	

4. 任务考核

将任务考核评价记录在表 3-1-29、表 3-1-30 中。

表 3-1-29　任务考核评价表

任务	评价内容	分值/分	评价分数/分		
			自评	互评	师评
车内小游戏设计	游戏主题积极健康	10			
	游戏与团队规模和游客特点适配,难易度合理	10			
	游戏规则描述清晰	5			

任务	评价内容	分值/分	评价分数/分		
			自评	互评	师评
车内小游戏设计	富有创意和趣味性	5			
	游戏操作简便易行	5			
车内小游戏组织实施	互动效果好	15			
	组织能力好	15			
	规则说明清晰易懂	5			
	游戏过程中应确保游客安全	10			
其他	仪容仪表	5			
	语言表达	5			
	团队协作	5			
	工单填写	5			

表 3-1-30　个人任务考核评价表

个人任务	评价内容	分值/分	评价分数/分		
			自评	互评	师评
景点讲解	导游词主题鲜明，有新意	20			
	导游词主体内容选取恰当，内容有针对性，体现"因人施讲"	25			
	讲解方法运用恰当	10			
	语句通顺，生动形象，表达流畅，有亲切感	20			
	讲解具有个人风格	15			
其他	仪容仪表	5			
	工单填写	5			
最终得分					

▶ 新知讲授

一、出发前的准备工作

（一）做好游览的各项准备

地陪导游准备好导游旗、电子导游证和必要的票证。与司机联系，督促其检查旅游车的各项准备工作。落实旅游团午、晚餐情况。通过微信群等方式提醒游客次日天气情况，讲明游览的地形特点、行走路线的长短与强度。若天气预报有雨，要提醒游客备好雨具。若车程较长或路况不佳，要提醒游客备好晕车药。

(二)提前到达出发地点

地陪导游至少提前10分钟到达集合地点,在这段时间可与早到的游客问候寒暄,征询住店的情况,征求服务的建议。在时间上留有余地,可应对可能出现的突发情况。

(三)核实实到人数

如果发现有游客未到,地陪导游应向全陪导游、领队或其他游客问明原因,设法及时确认情况;如果有的游客想留在酒店或不随团活动,地陪导游要问清情况并妥善安排,必要时报告有关部门。

(四)准时集合登车

游客到达集合地点,地陪导游站在车门前侧,一面招呼大家上车,一面为老弱者登车搭把手。待游客上车坐好后,地陪导游检查游客的随身物品是否放置妥当,并提醒大家系好安全带,清点人数,与全陪导游确认无误后请司机开车。

二、赴景点途中服务

(一)重申当日活动安排

开车后,地陪导游应向游客重申当日活动安排,包括到达景点所需时间、用餐安排等,还可视情况介绍当天国内外重要新闻或当地重大新闻事件等。

(二)沿途风光导游

在前往景点的途中,地陪导游要介绍沿途的主要风景,包括当地风土人情、历史典故等,并回答游客提出的问题。讲解中要注意所见景物与介绍"同步",并留意游客的反应,以便对其中的景物做更深入的讲解。

(三)介绍旅游景点

抵达景点前,地陪导游应向游客介绍该景点的概况,尤其是形成原因、价值和特色。介绍应简明扼要,目的是激发游客的游兴,同时也为即将开始的参观游览活动做好铺垫。

(四)活跃车内气氛

如果前往下一个景点的路途较长,地陪导游可以根据游客的情况就大家感兴趣的话题进行讨论,也可以组织一些娱乐活动以活跃气氛。

1.旅途中调节气氛应遵循的原则

第一,尊重游客意愿,导游应尽量调动气氛,但不要勉强游客参与。

第二,选择健康、积极向上的活动内容。

第三,活动安排不重复。

第四,活动组织过程中要注意行车安全。

2.旅途中调节气氛的方法

第一，互动游戏类。开展"脑筋急转弯"等益智游戏，答对者送景区明信片；或进行"击鼓传花"，花停者分享旅行趣事或表演小节目，增强参与感。

第二，才艺展示类。邀请游客自愿表演拿手节目，如唱歌、讲笑话等，导游可带头示范，用轻松氛围带动更多人参与，展现不同地域文化特色。

第三，故事分享类。导游分享当地民俗传说、历史典故，也可引导游客讲述自己的旅行经历，促进彼此交流，拉近距离。

第四，音乐放松类。播放与目的地相关的背景音乐，或组织合唱，让游客在旋律中缓解乘车疲劳，营造愉悦氛围。

三、抵达景点后的导游服务

（一）购票入园

到达景点下车后，地陪导游要迅速购票或签单，带领旅游团入园。遇儿童"超高"需另购门票或补差价，地陪导游可协助家长进行操作，但要说明费用由家长支付。对于持老年证等能免费或优惠参观的游客，地陪导游要记录门票减免情况，并告知全陪导游，以便结算团费时退还组团社门票费用。

（二）说明游览注意事项

在景点示意图前，地陪导游应讲明游览线路、游览所需时间以及集合时间和地点等。地陪导游还要向游客讲明游览参观中的注意事项，如禁止吸烟、禁止使用闪光灯拍照、禁止下水嬉戏等。

（三）游览中的导游和讲解

抵达景点后，地陪导游的主要工作就是带领旅游团沿着旅游路线对所见景物进行导游和讲解。导游要根据游览时长合理安排游览线路，控制好游览的节奏，做到讲解和游览相结合，集合与分散相结合，要给游客留出充裕的自由活动时间，另外要特别关照老弱病残的游客。景点的讲解内容一般要包括该景点的历史背景、特色、地位和价值等。讲解时要注意"因人施讲"，充分利用各种导游讲解方法和技巧，使讲解的内容生动、形象、易懂，给游客留下深刻印象。

（四）注意游客安全

在参观游览景点的过程中，地陪导游要随时留意游客的动向，观察周围环境的变化，和全陪导游或领队密切配合并随时清点人数，防止游客走失或意外事故的发生。

四、回程中的导游服务

当日所有景点游览结束后，地陪导游应引导游客上车，并再次清点人数。返程途中，游客一般比较疲惫，原则上不宜做太长时间的讲解。

（一）回顾当天活动

返程中，地陪导游要将当天参观、游览的内容，言简意赅地进行小结，必要时可做补充讲解，并回答游客的有关问题,以加深游客对当日活动的印象。

（二）进行风光导游

一般应尽量避免旅游团原路返回。若是原路返回,地陪导游要对沿途风光做补充讲解;若不从原路返回,则要进行沿途风光导游讲解。若发现游客精神疲惫,地陪导游可简要回顾沿途风光后让游客抓紧休息。

（三）宣布当晚或次日活动安排

返回酒店下车前,地陪导游要告知游客晚餐时间、地点,预报次日活动安排、出发时间和集合地点等,要提醒游客带好随身物品。旅游团的次日叫早服务,地陪导游也要安排妥当,与全陪导游、领队确认当日工作完成后方可离开。

▶ **任务工单**

任务工单

慎思笃行

看似简单的导游助手初体验

任务检测

微课视频

地陪如何做好餐饮、购物、娱乐服务

任务六　餐饮、购物、娱乐服务

1. 任务描述

针对主题"餐饮、购物、娱乐服务",培训师借助线上教学资源实施培训。

学员通过课前观看微课视频,课中实践操作、任务点评,掌握餐饮、购物、娱乐服务的基本要求,提高餐饮、购物、娱乐服务的技能。

（1）课前,各学员绘制餐饮、购物、娱乐服务的思维导图(具体到三级目录),并将思维导图上传至在线课程的课前任务区。

（2）课前,每小组领取任务案例,填表分析处理程序和要点。

（3）课中,各学员通过分析三个典型游客的要求,加深对该服务流程细节的重视和理解。

（4）课中,各小组根据点评调整处理程序和要点,并派小组成员进行餐饮、购物、娱乐服务模拟。

（5）课中,各学员绘制思维导图至四级目录。

（6）课后,各学员本着"当好购物顾问,不当推销员"的原则,设计一段"介绍湖南湘绣的讲解词"上传至在线课程的作业区。

2. 任务准备

各学员绘制餐饮、购物、娱乐服务的思维导图。

3. 任务实施

（1）被教师抽选到的学员个人汇报已绘制好的思维导图,理清餐饮、购物、娱乐服务的要点。

（2）各小组抽选典型游客的对餐饮、购物、娱乐服务的要求,结合团队行程(详见表3-1-1和表3-1-2)分析应如何处理,对应填写至表3-1-31至表3-1-33。

典型游客对餐饮服务的要求:

来自北京的游客开启了第二日的游览,游览完湖南省博物院后,地陪导游小李带领大家前往餐厅用餐,待返回大巴车前往下一景点时,地陪导游听到有游客聊天说中午的餐厅上菜太慢,等最后一道菜上桌时，大部分人已经离席。另外，领队单独找到小李说，游客晚上希望取消团餐，想去百年老店玉楼东品尝发丝牛百叶、麻辣仔鸡等招牌湘菜，并邀请小李和司机师傅一同前往，小李面露难色。

请问在这一过程中，地陪导游小李的餐饮服务有什么做得不恰当的地方，他应该如何做好餐饮方面的服务？请填写表3-1-31。

表3-1-31　典型游客对餐饮服务的要求分析处理表

活动安排类型	□计划内　　□计划外
地陪导游是否需要全程陪同	□是　　□否
地陪导游处理不当的环节	
服务要点	

典型游客对购物服务的要求：

在出发前与旅行社商定行程安排时，许多游客对苗族手工锻制银饰非常感兴趣，因此应游客要求，行程安排中加入了银饰购物店的安排。地陪导游小李认为，既然游客对这一购物项目如此感兴趣，可将购物店放在当天游览的第一站。在前往的大巴上，小李为游客详细地介绍了苗族手工锻制银饰的工艺特色和发展历程，早上八点半就将旅游团带到了购物店，后续游客逛店的过程中，小李还十分主动热情地为游客提供选购参谋。

请问这一过程中，小李的购物服务有什么做得不恰当的地方，他应该如何做好购物服务？请填写表3-1-32。

表3-1-32　典型游客对购物服务的要求分析处理表

活动安排类型	□计划内　　□计划外
地陪导游是否需要全程陪同	□是　　□否
地陪导游处理不当的环节	
服务要点	

典型游客对娱乐服务的要求：

该团在张家界的第一天有一个自费观看魅力湘西演出的文娱活动安排，时间为19:20，活动为自愿报名，最后所有游客都要观看该演出，于是地陪导游小李在全陪导游的协助下收取了门票费用，帮游客统一订票。晚餐时，地陪导游小李将预订好的票发到游客手中，说："剧场就在我们餐厅附近，大家吃完饭步行过去即可。"

请问在这一过程中，小李的娱乐服务有什么做得不恰当的地方，他应该怎样做好晚间游客娱乐活动的导游服务？请填写表3-1-33。

表3-1-33　典型游客对娱乐服务的要求分析处理表

活动安排类型	□计划内　　□计划外
地陪导游是否需要全程陪同	□是　　□否
地陪导游处理不当的环节	
服务要点	

（3）各小组情景对话演练餐饮服务的处理程序，情景模拟演练购物、娱乐服务提醒，并填写

表 3-1-34 至表 3-1-36。

表 3-1-34　餐饮服务情景对话

组名	场景	小组成员	成员角色	学号	备注
	餐饮服务		地陪导游小李		
			全陪导游小刘		
			领队王经理		
			游客 A		
			游客 B		

情景对话大纲	
游客 A	今天中午这餐厅上菜的速度太慢了,菜一上桌就光盘,我家孩子就吃了点汤泡饭。
游客 B	是呀,大家都走了,最后端上来两个菜,都浪费了。
地陪导游小李	
领队王经理	小李,大家都觉得今天中午没太吃好,晚上想取消团餐。听说玉楼东很有名,你能安排晚上去总店就餐吗? 你和司机师傅也一起来吧。
地陪导游小李	
全陪导游小刘	

表 3-1-35　购物服务提醒情景模拟

购物的时间安排	
交代车辆停放位置、车辆信息,集合时间	
商品的特色、价值介绍	
购买中的注意事项(按需购买、保留票据、财务安全)	

表 3-1-36　娱乐服务提醒情景模拟

介绍演出的整体情况、特点	
介绍演出各环节和流程	
交代车辆停放位置、车辆信息,集合时间	
观看中的安全注意事项(人身和财产安全、文明观看)	

(4)各学员完善思维导图的四级目录。

(5)学员将任务完成过程中遇到的问题及解决办法、学习体会及收获记录在表 3-1-37 中。

表 3-1-37　学习记录表

小组名称:	小组成员:
遇到的问题及解决办法:	
学习体会及收获:	

4. 任务考核

将任务考核评价记录在表3-1-38中。

表 3-1-38　任务考核评价表

任务		评价内容	分值/分	评价分数/分		
				自评	互评	师评
案例分析		地陪导游是否需要全程陪同判断正确	10			
		不当环节判断正确	15			
		服务要点全面、准确	15			
各组根据抽送的任务在对应类型打分	餐饮服务情景对话	处理正确	15			
		逻辑清晰	10			
		沟通良好	10			
		能对工作中的失误及时进行补救	10			
	购物服务提醒情景模拟	要素齐全	15			
		商品介绍正确、有吸引力	10			
		表达清晰流畅	10			
		尊重"游客自愿"原则	10			
	娱乐服务提醒情景模拟	要素齐全	15			
		演出介绍正确、有吸引力	10			
		表达清晰流畅	10			
		文明旅游提醒	10			
其他		仪容仪表	5			
		团队协作	5			
		工单填写	5			
最终得分						

▶ 新知讲授

一、餐饮服务

（一）餐前准备

1. 提前落实当天用餐

地陪导游要提前落实本团当天的中餐、晚餐的用餐地点、时间、人数、餐标、形式、口味以及特殊要求等。若团队中有特殊饮食习惯的游客，要事先做好准备，提醒餐厅。

2. 处理好用餐与游览的关系

地陪导游在带团过程中，既要保证游客的游览行程，又要保证游客适时、安全地用餐。当两者发生矛盾时,地陪导游要与游客进行充分协商,若因为保障游览项目导致用餐时间提前或延迟,一定要与游客做好沟通。

(二)餐中服务

1. 引导用餐

待游客抵达餐厅后,地陪导游要引导游客入座,当游客就座后,要督促餐厅服务员迅速上茶水,并介绍餐厅的有关设施(如洗手间位置)、餐厅特色、有无酒水等。告知领队或游客司机和导游用餐的地点以及餐后全团出发时间。同时,地陪导游还要安顿好司机和全陪导游。

2. 巡视餐厅

导游一般都不与游客一同用餐。用餐中,地陪导游要巡视1—2次,监督检查餐厅是否按标准提供服务,及时解答并解决游客在用餐中提出的问题。用餐完毕后,还要给游客留出一定休息时间。

3. 特殊情况的处理

(1)特殊饮食要求。

由于宗教信仰、生活习惯等原因,来自不同国家地区的游客在饮食方面会提出各类特殊要求,如不吃腥荤、不吃辛辣油腻食物、不吃猪肉等。具体处理要求如下。

① 旅游合同中已注明:地接社需早做安排,地陪导游要在接团前检查餐厅的用餐安排情况,不折不扣地兑现。

② 旅游团抵达后方才提出:地陪导游要视情况而定,一般情况下,地陪导游应与餐厅联系,在可能的情况下尽量满足;若确有困难,地陪导游可安排其单独用餐。

(2)旅游团品尝风味餐的处理。

风味餐是当地的特色餐食。美食是当地传统文化的组成部分,宣传和介绍风味餐是弘扬民族饮食文化的活动。因此,地陪导游应对风味餐进行必要的介绍,包括风味餐的历史、特色、人文意义及其吃法等。

品尝风味餐有两种形式:一种是旅游接待计划内安排的,地陪导游应与游客一同参与,用餐时做好餐饮文化讲解服务;另一种是旅游接待计划外的,是游客自费用餐的,地陪导游应予以协助,并提醒游客若预定后又取消,需赔偿餐厅损失;若游客邀请地陪导游参加,地陪导游应注意不要反客为主。

(3)旅游团参加宴请活动的处理。

宴请活动包括宴会、冷餐会和酒会。地陪导游在带领旅游团参加宴请活动时,要重视宴请活动礼仪,与全陪导游、领队、宴请组织方等相关联系人做好协调工作。

(4)旅游团用自助餐的处理。

自助餐是旅游团常见的一种用餐形式,用餐时,地陪导游要强调自助餐的用餐要求,提醒游客注意用餐礼仪,注意节约、卫生,不可打包带走。

(5)旅游旺季用餐服务。

在旅游旺季,接待社安排的餐厅常会人满为患,地陪导游带领团队到达指定餐厅时,若遇到人多需要排队等候,地陪导游一定要做好游客的安抚工作,必要时经旅行社允许后更换餐厅。如遇因餐厅就餐人员过多而导致用餐质量下降或等待时间过长的情况,地陪导游有权联系餐厅负责人要求餐厅通过赠送菜品或饮品等方式进行补偿。

（三）餐后服务

用餐完毕后，地陪导游要与餐厅结账或签单，严格按照实际用餐人数、标准、饮品酒水数量等，如实填写餐饮结算单。另外，地陪导游要提醒游客不要遗落自己的随身物品，并告知下一步活动安排、集合地点和时间。

二、购物服务

（一）购物前的准备

1. 遵照合同安排购物商店

依照合同要求，选择正规旅游定点购物商店。购物商店应是经过国家旅游行政管理部门认定的定点购物商店。

2. 合理计划安排购物时间

首先，要控制购物次数。虽然购物是游客的一项重要活动，也是增加旅游目的地旅游收入的一条重要渠道，但是购物次数过多，会引起游客心理上的抗拒，甚至影响团队的正常行程。一般一天只安排一次购物，购物时间按照合同或计划要求执行。地陪导游特别要注意游览和购物的关系，在行程中的最佳时段安排游览，在游览间歇安排购物，否则可能导致游客产生购物环节喧宾夺主的感觉。

3. 真实客观掌握商品情况

地陪导游要掌握商品的名称、产地、历史、文化内涵、生产过程、工艺特色、选购技巧等，为回答游客的提问或咨询做好知识储备。

4. 分析预判游客购物需求

地陪导游应事先了解游客购物意向和购买能力，恰当地向游客推荐合适的旅游商品。

（二）购物时的服务

1. 游客权益

游客购物时，地陪导游应向全团讲清停留时间和有关注意事项。对于不愿意参加购物活动的游客，要做出妥善安排，如就近参观其他景点或安排到环境较好的地点休息等候等。购物活动中，地陪导游要始终维护游客的合法权益。地陪导游要注意监督购物商店工作人员，避免欺诈行为，并提醒游客不要上当受骗。对于商店不按质论价、销售伪劣商品等行为，地陪导游有责任向商店负责人反映并交涉，事后还可以向旅行社报告，避免以后出现此类问题。

若是在景点游览中遇到小贩强买强卖的情况，地陪导游有责任提醒游客不要上当受骗，不能放任不管。

2. 根据需要推介商品

如果游客在购物过程中，邀请地陪导游帮忙参谋，地陪导游可实事求是地根据专业知识给出建议或意见,但要遵循"游客自愿"的原则,不得欺骗或强迫游客购物,不要在游客犹豫不决时鼓动游客购买,以免引起争执。

三、娱乐活动

(一)计划内文娱活动

(1)地陪导游应陪同前往,并向游客简单介绍文娱活动的基本情况。

(2)到达文娱活动场所后,地陪导游要引导游客入座或游玩,并自始至终和游客在一起,介绍文娱活动设施、位置和注意事项,解答游客的问题。

(3)在游客参加文娱活动的过程中,对于入境游客,地陪导游要做好介绍和必要的翻译工作。

(4)文娱活动结束后,要提醒游客不要遗留物品并组织游客依次离开。

(5)在大型娱乐场所,地陪导游要提醒游客不要走散,随时注意游客的动向与周围的环境,了解出口位置,以便发生意外情况时能及时带领游客撤离。

(二)计划外文娱活动

(1)地陪导游应告知文娱活动时间、地点和票价,可协助他们购票,但一般不陪同前往。

(2)如果游客要观看格调低下的文娱节目,地陪导游应礼貌劝阻。

▶ **任务工单**

任务七　送站服务

1.任务描述

针对主题"送站服务",培训师借助线上教学资源实施培训。

学员通过课前观看微课视频,课中实践操作、任务点评,掌握送站服务的规范和操作程序,保持导游良好形象。

(1)课前,学员绘制送站服务思维导图(具体到三级目录)。

(2)课中,被教师抽选到的部分学员进行思维导图解析,梳理送站服务的三个流程。

(3)课中,根据接待任务填写送站服务准备工作安排表,有把握不准的部分,可以向教师咨询或进行网络查询。

(4)课中,被教师抽选到的部分学员展示欢送词文案,并进行欢迎词讲解展示,师生共同分析文本的撰写和讲解展示的要点和技巧。

(5)课中,学员完善思维导图至四级目录。

(6)课后,学员进一步完善欢送词并录制讲解视频,上传至在线课程的作业区。

2.任务准备

学员绘制送站服务的思维导图。

慎思笃行

普法小课堂:
旅游时被强制
购物怎么办?

任务检测

微课视频

地陪如何做好
送站服务

3. 任务实施

（1）被教师抽选到的学员汇报已绘制好的思维导图，理清送站服务的细节。

（2）结合接待计划填写本团的送站服务准备工作安排表（见表3-1-39）。

表3-1-39　送站服务工作准备安排表

送站准备工作项目	时间	内容
核实交通票据		
商定的出行李时间		—
商定的叫早时间		—
商定的早餐时间		—
商定的出发时间		—
提醒和结算工作		

（3）学员结合接待计划撰写欢送词，并填写至表3-1-40中，被抽选的学员进行展示。

表3-1-40　欢送词

欢送词风格	□幽默风趣　　□文采飞扬　　□简单明了　　□其他_____
回顾语	
感谢语	
征求意见语	
惜别语	
祝福语	

（4）学员完善思维导图至四级目录。

（5）学员将任务完成过程中遇到的问题及解决办法、学习体会及收获记录在表3-1-41中。

表3-1-41　学习记录表

姓名：

遇到的问题及解决办法：

学习体会及收获：

4. 任务考核

将任务考核评价记录在表3-1-42中。

表3-1-42　个人任务考核评价表

个人任务	评价内容	分值/分	评价分数/分		
			自评	互评	师评
送站服务工作准备安排表	时间安排符合工作程序要求且充分考虑团队实际情况	15			
	内容描述全面、正确	15			

续表

个人任务	评价内容	分值/分	评价分数/分		
			自评	互评	师评
欢送词	要素完整	20			
	语句通顺,生动形象	20			
	表达流畅,有亲切感	10			
	讲解具有个人风格	10			
其他	仪容仪表	5			
	工单填写	5			
最终得分					

▶ 新知讲授

一、送行前的工作

(一)核实交通票据

旅游团离开的前一天,地陪导游应认真核实旅游团离开的交通票据,包括团名、团号、人数、全陪导游姓名、目的地、航班(车次、船次)、起飞(开车、起航)时间(时间要做到四核实:计划时间、时刻表时间、票面时间、问询时间)、从哪个机场(车站、码头)离开等项。如果航班(车次、船次)和时间有变更,地陪导游应与计调部门沟通确认是否已通知下一站,以免造成漏接或空接,并提醒全陪导游向下一站交代有关情况。

若是乘飞机离境的旅游团,地陪导游应提醒或协助领队提前72小时确认机票信息,提前准备好海关申报单,以备海关查验。

(二)商定出行李时间

1. 配有行李车和行李员的团队

首先,地陪导游应先了解旅行社行李员与酒店行李员交接行李的时间(或按旅行社规定的时间),然后与酒店礼宾部商定地陪导游、全陪导游、领队与酒店行李员四方交接行李的时间。其次,在上述四方交接行李的时间商定后,地陪导游再与领队、全陪导游一起商定游客出行李的时间,商定后再通知游客。地陪导游要向游客讲清托运行李的具体规定和注意事项,如每人限带的行李重量、体积、件数;不要将身份证件及贵重物品放在托运行李内;托运的行李需要包装完整、锁扣完好,且能承受一定压力;禁止托运的物品要取出。若是游客自行办理托运,地陪导游也应给予协助。

2. 未安排行李车和行李员的团队

如果旅游团未安排行李车,游客行李一般随车运送,地陪导游通知游客出发时间并提醒游客带上行李即可。

（三）商定出发时间

因司机比较了解路况，地陪导游应先与司机商定出发时间，然后征求全陪导游或领队的意见，确定后再通知全体游客集合出发的时间及地点。地陪导游要向游客强调准时出发的重要性，否则极易引起误机（车、船）。

（四）商定叫早和早餐时间

地陪导游应与领队、全陪导游商定叫早和早餐时间，并及时通知酒店有关部门和游客。若团队乘早班飞机或火车离开，需要改变用餐时间、地点和方式（如路餐），地陪导游要及时做好有关安排。

（五）提醒结账

旅游团离店前，地陪导游应提醒、督促游客尽早与酒店结清有关账目，如洗衣费、食品饮料费等。若游客损坏了客房设备，地陪导游应协助酒店妥善处理赔偿事宜。地陪导游还要及时通知酒店前台旅游团离店时间，提醒其与游客结清账目。

（六）及时归还证件

一般情况下，地陪导游不应保管游客证件，如果临时要用应当场收取，用完后应立即归还游客或领队。在离站的前一天，地陪导游要检查自己的物品，看是否保留有游客的证件、票据等，一经发现要立即归还，当面点清。

对从本站离境的旅游团，地陪导游要提醒领队准备好全团护照和申报单，以便交边防站和海关检查。

二、离店服务

（一）集中交运行李

1. 配有行李车和行李员的团队

旅游团的行李集中后，地陪导游要按商定时间与领队、全陪导游和酒店行李员共同确认托运的行李件数，并检查行李箱是否上锁、捆扎是否牢固、是否破损等，然后交给酒店行李员，填写行李交运卡。同时，也需请游客核实自己的行李。

2. 未安排行李车和行李员的团队

地陪导游通知酒店行李员或游客在司机的协助下将行李放进旅游车的行李箱内。

（二）办理退房手续

旅游团离开酒店前，地陪导游可将游客的房卡收齐，交到酒店总服务台（也可由游客自行提交），并及时办理退房手续。手续办理过程中，要认真核对旅游团的用房数，无误后按酒店规定结账签字。同时，还要询问游客是否结清酒店账目，提醒游客带好自己的物品，不要将物品遗留在酒店。

（三）集合登车

离店手续办理妥当后,地陪导游组织游客登车。上车后,地陪导游应协助游客放好随身行李并仔细清点实到人数。游客到齐后,要提醒游客再清点一下证件等随身携带物品,若无遗漏则开车离开酒店。

三、送行服务

（一）致欢送词

旅游车赴机场(车站、码头)途中,地陪导游要致欢送词,用以加深与游客的感情。欢送词的语气应真挚,富有感染力。内容一般包括以下部分。

(1)回顾语:对整个行程的六要素做一个概要性回顾。

(2)感谢语:对游客、领队、全陪导游和司机的合作表示感谢。若旅游活动中有不尽如人意之处,可借机表示真诚的歉意。

(3)征求意见语:诚恳征询意见和建议。

(4)惜别语:表达惜别之情。

(5)祝福语:表达美好祝愿,期待再次重逢。

（二）征求意见

致欢送词后,地陪导游可将旅游服务质量评价意见表(见表3-1-43)分发给游客,请其现场填写,游客填写完毕后如数收回,向其表示感谢并妥善保存。游客还可以通过在线平台评价服务质量。

表 3-1-43　旅游服务质量评价意见表

尊敬的游客:

为了保障您的合法权益,监督我省旅游企业的服务质量,请您如实、完整填写此表,以便我们就旅游服务质量对您进行回访。您的宝贵意见将作为我们认定旅游服务质量、划分游客与旅行社责任,以及考核旅游企业的重要依据。谢谢您对我们工作的大力支持!

◆ 旅行社(组团社):＿＿＿＿＿＿　　◆ (旅行社)地接社:＿＿＿＿＿＿

◆ 全陪导游姓名:＿＿＿＿＿＿　　◆ 地陪导游姓名:＿＿＿＿＿＿

◆ 团　　　　号:＿＿＿＿＿＿　　◆ 人　　　　数:＿＿＿＿＿＿

◆ 游 客 姓 名:＿＿＿＿＿＿　　◆ 联 系 电 话:＿＿＿＿＿＿

项目	很满意	满意	一般	不满意	其他意见与建议
行程安排					
住宿安排					
餐饮安排					
交通安排					
购物安排					

新知讲授

续表

项目	很满意	满 意	一般	不满意	其他意见与建议
娱乐安排					
安全保障					
价格与质量相匹配					
全陪导游业务技能					
全陪导游服务态度					
地陪导游业务技能					
地陪导游服务态度					
导游是否存在下列行为	是		否		
擅自增、减旅游项目					
欺骗、胁迫游客消费					
讲解质量差或不讲解					
明示或暗示索要小费					
未按规定时间到岗					
导游无故不随团活动					
导游未佩戴导游证					

◆ 通信地址：_____ ◆ 填写时间：____年____月____日

（三）提前抵达离站地点

地陪导游带团到达机场（车站、码头）必须留出充裕的时间，按照要求，乘出境航班一般应提前3小时；乘国内航班一般应提前2小时；乘火车、轮船一般应提前1小时。

旅游车到达机场（车站、码头）后，下车时，地陪导游要提醒游客带齐随身行李物品，照顾游客下车，等游客全部下车后，再检查一下车内有无游客遗留的物品。

（四）办理离站手续

1. 配有行李车和行李员的团队

地陪导游应迅速与旅行社行李员取得联系，将送来的交通票据和行李托运单或行李卡逐一点清、核实后，交给全陪导游或领队，并请其当面清点核实。

2. 未安排行李车和行李员的团队

带领游客进入机场（车站、码头）大厅等候，地陪导游如已提前取好票据，清点无误后交给全陪导游（无全陪的团交给领队），请其清点核实。若未提前领取票据，地陪导游应协助游客持有效证件取票并根据需要办理行李托运。

（1）送国内航班（火车、轮船）。

① 地陪导游协助办理离站手续。

② 待旅游团所乘交通工具启动后，地陪导游方可离开送站地点。

（2）送出境航班（火车、轮船）。

① 地陪导游应在核实行李后，将行李交给每位游客，由游客自己办理行李托运手续，必要时

可协助游客办理购物退税手续。

② 地陪导游向领队或游客介绍办理出境手续的程序。

③ 旅游团进入隔离区后,地陪导游方可离开。

(五)与司机结账

送走旅游团后,地陪导游应按旅行社的规定与司机办理结账手续,或在用车单据上签字,并妥善保留好单据。

▶ **任务工单**

任务检测

任务八　后续工作

1.任务描述

针对主题"后续工作",培训师借助线上教学资源实施培训。

学员通过课前预习新知讲授、课中实践操作、任务点评,掌握后续工作的服务规范和操作程序,圆满完成整个导游带团工作。

(1)课前,学员绘制后续工作思维导图(具体到三级目录)。

(2)课中,被教师抽选的部分学员进行思维导图解析,梳理后续工作的三个流程。

(3)课中,领取本团(见表3-1-1和3-1-2)遗留问题,思考该团遗留问题的处理,并将处理要点填写在表格中,把握不准的部分,可以向教师咨询或进行网络查询。

(4)课中,领取地陪导游小李的本次带团工作小结,小组讨论该工作小结写得如何,并发表自己的见解。

(5)课中,学员完善思维导图至四级目录。

(6)课后,回顾整个地陪导游服务程序,将前期各任务思维导图汇总至总思维导图(共四级目录),上传至在线课程的作业区。

2.任务准备

学员绘制后续工作的思维导图。

3.任务实施

(1)被教师抽选到的学员个人汇报已绘制好的思维导图,理清后续工作的三个步骤。

(2)领取本团后续工作任务,并将处理要点填写在表3-1-44中。

根据表3-1-1,该团于8月26日从张家界乘飞机返回北京。抵达北京后,一位游客发现自己的钥匙不见了,印象中他是在去机场的大巴上曾将钥匙拿出来,然后顺手放在座位上。该游客拜托导游帮忙寻找,请问导游应该如何做好后续工作?

表3-1-44　后续工作任务处理表

后续工作类别	□遗留问题　　□接团小结　　□结账和提交物品
处理流程和要点	

（3）领取地陪导游小李的本次带团工作小结，小组讨论该工作小结写得如何，并发表自己的见解，汇总意见填写在表3-1-45中。

表3-1-45　带团工作小结评价表

工作总结优点	工作总结不足	工作总结可补充的内容

带团工作小结

8月21日至26日，我与团友相处了近六天时间，本次导游带团的工作小结如下。

总的来说，本次带团过程比较顺利，与游客相处也比较愉快。我发现该团的游客非常喜欢张家界的自然景观以及长沙的烟火气，对于有民族特点的内容也十分有兴趣，比如苗族手工锻制银饰和魅力湘西的文艺演出，我觉得我以后有必要进一步加强这方面的知识储备。另外，我也妥善处理了游客遗留问题。一名游客的钥匙落在了大巴车上，我及时联系司机拿到了钥匙，并通过快递交还游客。

然而，我在带团过程中也有几个地方处理得不太妥当，虽然采取了补救措施，尽可能将游客的不满降低，但还是要反思，及时总结经验教训，避免类似的问题发生。

第一，在入住安排上，出现了通知次日安排不及时，导致第二天有多名游客迟到的情况。我虽然于前一天晚上在游客群内多次提醒，但效果仍不如游客集中时统一发布好。以后我一定要按服务程序和时间节点完成工作。

第二，在引导游客用餐方面也出现了不快。我的用餐组织工作不到位，以后要吸取教训，坐满一桌开一桌餐，避免出现因游客抵达餐厅时间不一致而延误用餐，或迟到游客吃剩菜的情况。

（4）学员将任务完成过程中遇到的问题及解决办法、学习体会及收获记录在表3-1-46中。

表3-1-46　学习记录表

小组名称：	小组成员：
遇到的问题及解决办法：	
学习体会及收获：	

4. 任务考核

将任务考核评价记录在表3-1-47中。

表 3-1-47　任务考核评价表

个人/小组任务	评价内容	分值/分	评价分数/分		
			自评	互评	师评
填写遗留问题处理表	后续工作类别判断正确	10			
	处理流程清晰,处理方式正确,细节处理得当	30			
填写带团工作小结评价表	优缺点总结得当	25			
	对换餐等带团中的细节问题有补充建议	25			
其他	团队协作	5			
	工单填写	5			
最终得分					

▶ 新知讲授

一、处理遗留问题

地陪导游在带团过程中要尽量及时解决游客的各类诉求,不让问题遗留下来。如果不可避免地出现了一些遗留问题,即使已经送走了旅游团,地陪导游也要尽职尽责完成好遗留问题的处理工作。

二、接团小结

地陪导游要养成每次下团后及时总结当次出团工作的良好习惯,认真填写导游日志,客观地记录接团情况,尤其是突发事件。对于自身原因导致接团中出现的问题,要通过总结,积极思考调整。涉及相关接待单位,如餐厅、酒店、车队等方面的问题,地陪导游也应如实说明情况,向旅行社进行反馈,供旅行社之后计划安排参考。涉及一些游客意见较大或比较严重的问题时,地陪导游要整理成书面材料,内容要翔实,尽量引用原话,并注明游客身份,以便旅行社有关部门和相关单位进行交涉。若发生重大事故,应实事求是写出事故报告,及时向接待社和组团社汇报。

三、结账和提交物品

地陪导游要按照旅行社的具体要求,在规定的时间内,填写清楚有关接待和财务结算的表格(详见3-1-48),连同保留的各种单据、接待计划、活动日程表等,按规定交给有关部门存档,并到财务部门结算账目。若带团过程中出现计划外开支,地陪导游要详细注明增加开支的原因及处理过程。地陪导游应按财务规定,尽快报销差旅费,领取带团补贴。

地陪导游应提交导游日志及旅游服务质量评价表,并尽快归还出团时所借物品,如社旗等。

新知讲授

任务检测

表 3-1-48　费用结算单

湖南×××有限公司费用结算单

接收人		填写人	
电话		电话	

对于您的关照、支持和帮助,在此我们表示衷心的感谢！现将最近贵社委托我社接待团队结算单交予您,烦请仔细核对！

团号		出发地		目的地		人数	
旅游线路				全陪导游			
综合费用	项目	单价	数量	说明		结算金额	
费用明细							
	地陪导游			小　　计			
账户信息	公账：湖南×××有限公司　账号：××××开户行：×××						
合计（大写）	结算金额						
	已付金额						
	余　　额（人民币）						
				日期：	××/××/××		

项目二 全程陪同巧护航
——全陪导游服务程序与服务质量

● **知识目标**

1.了解全陪导游的六大服务程序。

2.掌握全陪导游服务程序中工作的具体细则和服务质量要求。

● **能力目标**

1.能联络并组织协调导游过程中的相关人员。

2.能监督各地接社落实接待计划。

3.能保障游客安全,处理游览中各类突发情况和问题。

● **素养目标**

1.具有标准化服务意识,养成细致的工作习惯。

2.具有爱国爱岗、爱人爱己的职业素养,服务为本、关怀至上的职业精神。

● **任务引入**

湖南华天国际旅行社有限责任公司新导游岗前培训进入第六个主题。导游部王经理说,随着入境旅游人数的日益增加,旅行社相关方面的接待服务业务也在不断增长。因此这一期的培训主题是选取一个澳大利亚海外华人商业代表10人来华考察(见表3-2-1、表3-2-2)的旅游案例,让大家一同思考,如果你要担任该团全陪导游,应如何做好充足的准备工作带好这个团呢?

表3-2-1 旅行社接待计划书

国别	澳大利亚	团队等级	豪华团
在中国旅游时间	9月1日—9月12日	团队类型	商务
境外组团社	团号:2409-ADLY 联系人:洪×× 电话:××××××××	领队姓名:江×× 电话:××××××××	
国内组团社	团号:YJ-SCXC-240901 联系人:钱×× 电话/传真:×××××××× ××××××××	全陪导游:小王 电话:××××××××	
中国境内各地接社	浙江:康辉旅游集团浙江国际旅行社有限公司 联系人:眭×× 联系电话:××××××××		
	云南:云南康辉旅行社有限公司 联系人:垚×× 联系电话:××××××××		
中国境内入住酒店	上海外滩华尔道夫酒店 中山东一路2号		
	杭州西子湖四季酒店 灵隐路5号		
	昆明洲际酒店 怡景路5号		

中国境内入住酒店	大理海纳尔·云墅度假酒店 苍海高尔夫国际社区2—5栋					
	丽江大研安缦酒店 狮山路29号					

旅游团构成	人数：10+1陪（女）					
	男：6人				女：4人	

用车情况	豪华商务车					
住宿标准	五星级或相当于五星标准酒店					
旅游线路	上海—杭州—昆明—大理—丽江					

中国境内行程安排

日期	星期	行程	交通	游览	用餐	酒店
9.1	星期天	悉尼—上海	航班MU562（19:30抵达）	接机，安排晚餐，入住酒店	晚：含	上海外滩华尔道夫酒店
9.2	星期一	上海	—	游览东方明珠、城隍庙、豫园、外滩，夜乘浦江游船	午：含 晚：遇外滩	上海外滩华尔道夫酒店
9.3	星期二	上海—杭州	大巴	上午参观上海博物馆，安排专家讲解；中餐后乘大巴前往杭州	午：上海本帮菜 晚：含	杭州西子湖四季酒店
9.4	星期三	杭州	—	乘专属摇橹船漫游西湖，远观三潭印月、苏堤春晓、平湖秋月、断桥残雪、宝石流霞等西湖美景；下午品尝宋式下午茶，体验趣味投壶	午：含 晚：风雅宋宴	杭州西子湖四季酒店
9.5	星期四	杭州—昆明	航班CA1753（19:15抵达）	上午游览灵隐寺、飞来峰；中餐后前往昆明	午：含 晚：含	昆明洲际酒店
9.6	星期五	昆明	—	游览石林风景区	午：含 晚：含	昆明洲际酒店
9.7	星期六	昆明—大理	大巴	上午游览滇池；中餐后前往大理，抵达后乘坐游船游洱海；餐后自行夜游大理古城	午：含 晚：洱海夜宴	大理海纳尔·云墅度假酒店
9.8	星期日	大理	—	上午游览苍山，体验采茶制茶，品山中清泉泡制的甄选茗茶；下午前往双廊小镇，傍晚在洱海边进晚餐，观苍山落日	午：含 晚：特色晚宴	大理海纳尔·云墅度假酒店
9.9	星期一	大理—丽江	大巴	上午游览崇圣寺三塔、喜洲古镇，体验古镇citywalk；在去往丽江的途中，探访白族阿奶的染坊，体验白族特色扎染，制作属于自己的旅行纪念；傍晚，抵达丽江酒店	午：含 晚：含	丽江大研安缦酒店

续表

9.10	星期二	丽江	—	游览玉龙雪山、观看实景演出《印象丽江》；晚餐后,漫步丽江古城	午：牦牛火锅宴 晚：含	丽江大研安缦酒店
9.11	星期三	丽江	—	游览玉湖村,探访洛克故居；做客纳西人家,学写东巴文,聆听纳西故事,感受雪山圣地的纯净	午：含 晚：含	丽江大研安缦酒店
9.12	星期四	丽江—悉尼	航班 CZ6604（11:00离开）	早餐后乘飞机离开	—	—
备注		1.游客往返机票机场税和小费12澳币/人需单独支付,团费不含。 2.请导游与各地接社联系,确认交接地点及时间。 3.指定接机牌。 4.各地好礼相送：上海文创礼盒、杭州折扇、大理白族扎染。 5.全程酒店内享用自助早餐,正餐含基本酒水,全程酒店不提供一次性洗漱用品。				
国内组团社计调		计调签名：小陈　联系电话：138×××0066				
首站接团情况		接团时间：9月1日 19:30 接团地点：上海浦东国际机场				
用车情况		上海××旅游汽车有限公司		司机	代师傅（136×××6783）	

表3-2-2　游客信息表

序号	性别	姓名	身份证号码	职业	特殊要求
01	男	陈××	××××××××××××××××××	餐饮企业经理	
02	女	陈　×	××××××××××××××××××	教培企业负责人	
03	男	李××	××××××××××××××××××	金融分析师	
04	女	李××	××××××××××××××××××	教培企业负责人	海鲜过敏
05	女	黄　×	××××××××××××××××××	咨询公司高管	
06	男	胡　×	××××××××××××××××××	教培企业负责人	
07	男	钱××	××××××××××××××××××	软件开发工程师	
08	男	孙××	××××××××××××××××××	咨询公司高管	
09	男	吴××	××××××××××××××××××	餐饮企业负责人	
10	女	张××	××××××××××××××××××	咨询公司高管	

本项目的学习清单如表3-2-3所示,请你每完成一项学习任务后在相应的括号中打"√"。

表3-2-3　学习清单

项目	任务内容		备注
学习任务	（　　）	准备工作	
	（　　）	接站服务	
	（　　）	入住酒店服务	

续表

项目	任务内容		备注
学习任务	（　　）	途中服务	
	（　　）	沿途各站服务	
	（　　）	末站服务和后续工作	
学习感想			

▶ 任务工单

任务一　准 备 工 作

1.任务描述

针对主题"准备工作"，培训师借助线上教学资源实施培训。

学员通过课前观看微课视频，课中实践操作、任务点评，掌握带团前准备工作的各项要点，能全面充分地做好带团前准备工作。

（1）课前，各学员绘制准备工作的思维导图（具体到三级目录），并将思维导图上传至在线课程的课前任务区。各小组抽选上海、杭州、昆明、大理和丽江中的任意一地，详细了解当地行程各节点的具体信息。

（2）课中，被教师抽选的部分学员进行思维导图解析，梳理准备工作的五个方面。

（3）课中，学员结合接待计划，对照旅游团信息和游客信息填写表格。

（4）课中，各小组填写并介绍物资准备清单和知识准备清单。

（5）课中，各小组情景模拟全陪导游与首站接站地陪导游的对话。

（6）课中，各学员完善思维导图至四级目录。

（7）课后，各小组完善任意一地的情况介绍，上传至在线课程的作业区。

2.任务准备

（1）个人任务：各学员绘制前期准备的思维导图。

（2）小组任务：各小组抽选行程中的一地（上海、杭州、昆明、大理和丽江），搜集城市概况、景点及物产等基本情况信息，并做5—8分钟的介绍。集体根据任务引导认真学习相关课程资源。

任务引导1：所在省概况。

任务引导2：地域（上海、杭州、昆明、大理和丽江）概况，包括行程中的景点、物产、饮食、气候、民族风情等。

任务引导3：安全提醒、注意事项。

3.任务实施

（1）被教师抽选到的学员汇报已绘制好的思维导图，理清前期准备的五个方面。

（2）结合接待计划书，找出旅游团信息的各个要素并填写在表3-2-4中。

微课视频

全陪的前期准备工作

表 3-2-4　旅游团基本信息表

旅游团名称		旅游团团号		领队姓名及电话	
地陪姓名及电话		旅游团种类		旅游团结算方式	
备注					

（3）结合游客信息表和接待计划书，填写表 3-2-5。

表 3-2-5　游客情况表

总人数		男性人数		女性人数	
省份、城市		12岁以下儿童		70岁以上老人	
职业		受教育程度		宗教信仰	
其他					

（4）根据行程安排填写表 3-2-6。

表 3-2-6　物资准备清单

导游服务用品	证件及票据	
	带团工具和物品	
	钱款	
个人物品	9月所需衣物	
	前往目的地所需的日用品及药品	
	通信工具	
	其他	

（5）各小组结合接待计划和游客信息表做好充分的知识准备，将要点填入表 3-2-7，并派代表进行 5—8 分钟介绍。

表 3-2-7　知识准备

所在省概况	□浙江　　□云南				
城市名称及概况	□上海　　□杭州　　□昆明　　□大理　　□丽江				
景点					
气候					
饮食					
物产					
民族风情					
安全提醒和注意事项					
其他					

（6）模拟与首站地陪导游的情景对话，填写表 3-2-8。

任务工单

表3-2-8 与首站地陪导游的情景对话

组名	场景	小组成员	成员角色	学号	备注
	与首站地陪导游联系		地陪导游小李		
			全陪导游小王		
情景对话大纲					

全陪导游 小王	
地陪导游 小李	好的,认识你很高兴,明天我和司机代师傅7点在机场2号出口迎接大家
全陪导游 小王	
地陪导游 小李	我会身穿红色套装,手持蓝底白字社旗,人群中你可以很容易找到我的
全陪导游 小王	
地陪导游 小李	明天的晚餐已经确认过了,没有问题,你放心
全陪导游 小王	
地陪导游 小李	好的,如果人员有变化及时告诉我,我们保持联系。再见
全陪导游 小王	

（7）各学员完善思维导图的四级目录。

（8）学员将任务完成过程中遇到的问题及解决办法、学习体会及收获记录在表3-2-9中。

表3-2-9 学习记录表

小组名称:	小组成员:
遇到的问题及解决办法:	
学习体会及收获:	

4.任务考核

将任务考核评价记录在表3-2-10中。

表3-2-10 任务考核评价表

任务	评价内容	分值/分	评价分数/分		
			自评	互评	师评
表格填写与说明	旅游团基本信息填写正确	10			
	游客情况填写正确	10			

续表

任务	评价内容	分值/分	评价分数/分		
			自评	互评	师评
表格填写与说明	物资准备填写清晰,与目的地结合紧密,介绍有条理	20			
	知识准备填写正确,与目的地结合紧密,介绍清楚准确	20			
与首站接站地陪导游联系	对话逻辑清晰	10			
	回答内容紧扣问题	5			
	要素齐全,符合旅游团基本信息	5			
其他	仪容仪表	5			
	语言表达	5			
	团队协作	5			
	工单填写	5			
最终得分					

▶ 新知讲授

一、熟悉接待计划

(一)熟悉旅游团的基本情况

全陪导游拿到接待计划书,即宣告接待服务工作正式开始。全陪导游要认真查阅接待计划书和相关资料,掌握所接旅游团的全面情况,研究旅游团的特点等,以便提供有针对性的服务。

1.旅游团概况

包括旅游团团名(或团号)、领队姓名、接待标准、客源地等。

2.游客情况

包括游客姓名、性别、年龄、民族、职业、宗教信仰、生活习惯和特殊要求等。此外,还需关注团内较有影响力的成员及特殊游客(如记者、旅游商、残疾人、儿童、高龄老人等)的具体情况。

3.团队收费情况

游客如果携带儿童,要了解儿童收费的详细情况。

4.团队特殊要求

包括有无特殊饮食要求、特殊活动安排、特殊设施设备使用需要。

5.听该团负责人讲团

包括对接待方面的要求和注意事项的介绍。

(二)掌握行程安排

(1)旅游团所到各地的接待社名称、联系人、联系电话,以及地陪导游的联系方式。

新知讲授

（2）旅游团抵离旅游线路上各站的时间、所乘交通工具，以及交通票据是否需要确认、有无变更等情况。

（3）旅游团在各地下榻酒店的名称、位置、星级和特色等。

（4）行程中各站的主要参观游览项目，根据各团的特点和要求，准备好讲解和咨询时要解答的问题。

（5）全程各站安排的文娱节目、风味餐食、计划外项目及是否收费等。

（6）是否有特殊安排，如座谈、宴请等。

二、知识准备

（一）客源国（地区）知识

了解游客所在国家（地区）的地理、历史、政治经济、礼俗和禁忌等方面的知识。

（二）旅游目的地及沿途各地的情况

旅游目的地及沿途各地的政治、经济、历史、地理、民俗风情等情况，尤其是全陪导游自己不熟悉和未曾去过的景点情况。

（三）其他知识

全陪导游可收集一些当前热门话题、国内外重要新闻等游客可能感兴趣的话题，还可以根据线路的不同，准备专题知识。

三、准备带团物品

（一）导游服务用品

主要包括身份证、导游证、前往个别管制区域要求办理的证明文件、接待计划书、费用结算单、行李卡、团队标志、导游日志、社旗等。

（二）个人生活物品

主要包括换洗衣物、盥洗用品、备用药品、化妆品和通信设备及相应配件（充电器、充电宝）。

四、与首站接待社联系

如果接待的是入境团，全陪导游要在旅游团抵达本地的前一天与首站（入境站）地陪导游取得联系，了解其准备情况，并约好次日会合时间和地点。如果接待的是国内团，全陪导游要在旅游团出发的前一天同司机以及旅游团的领队或游客取得联系，约好次日集合登机（车、船）的时间和地点。

五、做好心理准备

全陪导游的心理准备主要有两个方面:一是长时间出门在外带来的疲劳感,二是面对游客不良行为所产生的厌烦感。

▶ **任务工单**

任务检测

微课视频

全陪如何做好
接站服务

（ 任务二　接站服务 ）

1.任务描述

针对主题"接站服务",培训师借助线上教学资源实施培训。

学员通过课前观看微课视频,课中实践操作、任务点评,掌握旅游团抵达前、抵达后及赴酒店途中服务的操作程序和规范,能及时礼貌地接待游客,并带领游客上车前往酒店。

（1）课前,各学员绘制接站服务思维导图（具体到三级目录）,小组收集首站讲解导游词素材。

（2）课中,被教师抽选到的部分学员进行思维导图解析,梳理接站服务的三个流程。

（3）课中,小组分工共同完善首站讲解导游词,被教师抽选到的部分小组展示该导游词,师生共同分析文本的撰写和讲解展示的要点和技巧。

（4）课中,各学员完善思维导图至四级目录。

（5）课后,各学员进一步完善欢迎词并录制讲解视频,各小组进一步完善首次沿途导游讲解,将PPT和讲解录屏上传至在线课程的作业区。

2.任务准备

（1）个人任务1:各学员绘制接站服务的思维导图。

（2）个人任务2:各学员收集首站讲解的导游词素材。

根据下列任务引导,认真学习相关课程资源。

任务引导1:首站讲解导游词的主要构成要素。

任务引导2:针对入境旅游团,首站讲解导游词需要增加的要素。

任务引导3:针对该接待任务、综合客源国以及行程安排,需要补充的首站讲解内容。

3.任务实施

（1）被抽选学员展示绘制的思维导图,师生共同理清接站服务的三个步骤。

（2）小组根据课前收集的素材,结合接待计划书并参考表3-2-11,撰写首站讲解导游词,中国概况部分选择部分内容填写即可,被抽选小组进行该部分导游词展示及讲解。

表3-2-11　首站讲解导游词

欢迎词	问候语	
	欢迎语	
	介绍语	

续表

欢迎词	恳请语	
	祝愿语	
中国概况 （选填）	历史与文明	
	地理与资源	
	文化与艺术	
	政治与经济	
	语言与文字	
	民族与宗教	
	其他	
行程安排	住宿	
	餐饮	
	游览景点	
	交通安排	
	其他	
消费支付和货币兑换 方式	消费方式	
	货币兑换	
注意事项	游览安全	
	文明旅游	
	民族禁忌	
	宗教规定	
	其他	

（3）各学员完善思维导图至四级目录。

（4）学员将任务完成过程中遇到的问题及解决办法、学习体会及收获记录在表3-2-12中。

表3-2-12　学习记录表

小组名称：	小组成员：

遇到的问题及解决办法：

学习体会及收获：

4. 任务考核

将任务考核评价记录在表3-2-13中。

表 3-2-13 任务考核评价表

任务	评价内容	分值/分	评价分数/分		
			自评	互评	师评
首站讲解	讲解内容要素齐全、信息正确	30			
	能向外宾讲好中国故事,展示良好中国形象	20			
	语句通顺,生动形象	20			
	表达流畅,能展现业务熟练度	15			
其他	仪容仪表	5			
	工单填写	5			
	团队协作	5			
最终得分					

▶ 新知讲授

一、首站接站服务准备工作

(一)入境旅游团

全陪导游在接团前一天与首站接待社联系,了解接待工作详细安排情况,应特别注意组团社和地接社的分工合作。

(二)国内旅游团

出发前一天,全陪导游要核实旅游团所乘交通工具和票据,要与旅游团游客、负责人或司机取得联系,与司机一起提前半小时到达接站地点。

二、迎接旅游团

(一)入境旅游团

全陪导游与首站地陪导游一起提前30分钟到达接站地点,迎候旅游团。全陪导游应协助地陪导游认找旅游团,防止错接,与领队简单接洽,核实该团实到人数;如人数有变,应及时通告组团社,由组团社再通知各个地接社。全陪导游应把地陪导游介绍给领队,协助地陪导游、领队和行李员共同清点游客行李并办好行李交接手续。

(二)国内旅游团

全陪导游提前30分钟到达组团社与游客事先约定的集合地点,手持社旗等候游客的到来。如果还需统一乘车前往机场(车站、码头),则还需确认司机是否提前到达。等待过程中,全陪导游可与团队负责人做好对接,协助确认游客是否到齐。

新知讲授

155

三、首站讲解

（一）致欢迎词

欢迎词包括问候语、欢迎语、介绍语、恳请语、祝愿语。对于入境游客，还要特别注意介绍中国的概况，全陪导游可以从历史与文明、地理与资源、文化与艺术、政治与经济、语言与文字、民族与宗教等多个维度，结合地图App、音视频、VR资源等向入境旅游者讲好中国故事。

（二）介绍行程安排

全陪导游应将整个行程中涉及的下榻酒店、餐饮安排、游览景点、风俗习惯、交通安排等，向游客进行简要介绍，使其有相应的了解和准备。

（三）介绍消费支付和货币兑换方式

对于入境游客，全陪导游要向他们说明在中国旅游期间，可以选择现金、数字人民币、VISA、微信、支付宝等多种支付方式进行支付。如果需要人民币现金，可通过银行卡在贴有对应清算组织标识的ATM机上提取；也可以在标有货币兑换标识的银行网点、外币兑换机构和自助兑换机上直接用外币现金兑换人民币现金，关于可受理的币种等具体情况可现场咨询工作人员。

（四）提醒注意事项

全陪导游应向游客说明旅游行程安全、文明旅游等注意事项。对于入境游客，还应特别告知：中国尊重入境游客的宗教信仰自由，他们进入中国可以携带本人自用、合理数量的宗教印刷品、宗教音像制品和其他宗教用品；携带超出本人自用、合理数量的宗教印刷品、宗教音像制品和其他宗教用品入境，应当向海关申报。境内外国人集体宗教活动应当在依法登记为宗教活动场所的寺院、宫观、清真寺、教堂(以下称寺观教堂)进行。

▶ **任务工单**

任务三　入住酒店服务

1.任务描述

针对主题"入住酒店服务"，培训师借助线上教学资源实施培训。

学员通过课前观看微课视频，课中实践操作、任务点评，掌握入住酒店过程中导游主要提供的两项服务，能顺利安排游客入住并用好第一餐。

（1）课前，学员绘制入住酒店服务的思维导图(具体到三级目录)，并将思维导图上传至在线课程的课前任务区。

（2）课中，被教师抽选到的部分学员进行思维导图解析，梳理入住酒店服务的两个方面。

（3）课中，学员通过分析两个典型案例加深对该服务流程细节的重视和理解。

（4）课中，学员完善思维导图至四级目录。

（5）课后，学员在表3-2-1中9月2日—9月11日中任选一天，根据其游览安排，录制一段宣布次日活动安排的讲解视频，上传至在线课程的作业区。

2. 任务准备

学员绘制入住酒店服务的思维导图。

3. 任务实施

（1）被教师抽选到的学员个人汇报已绘制好的思维导图，理清入住酒店服务的四个方面。

（2）根据游客信息表，制作一个初步的分房表格。

（3）学员分析在入住酒店过程中可能发生的两个典型案例，思考全陪导游在为游客提供入住酒店服务过程中要完善并落实哪些服务环节可以避免出现类似问题。

典型案例1：因天气原因，高速公路堵车严重，原计划晚上八点抵达酒店，最终延误到了凌晨一点，游客情绪非常烦躁，大家都只想赶紧领取房卡回房间休息。恰逢旅游旺季，酒店的双标间不足，原本预订的8个双标间更换为5个双标间和2个三人间，原先做好的分房安排也不得不做出调整。在一片嘈杂声中，游客找全陪导游领取完房卡就回房间休息了，结果有两名刚才去上洗手间的游客（A和B）未领取到房卡，但全陪导游手中的房卡已分配完毕，且由于游客情绪激动，分发房卡时全陪导游没来得及对入住信息进行登记。

试分析该案例，并填写表3-2-14。

表3-2-14　入住酒店典型案例1分析表

一部分游客未领取到房卡，问题出在哪里	
如何掌握分房信息	
如何安顿没分到房卡的这两位游客	
总结该典型案例的经验教训	

针对上述情况，全陪导游应该如何妥善处理？各小组进行情景模拟，填写表3-2-15。

表3-2-15　入住酒店典型案例1情景模拟

组名	场景	小组成员	成员角色	学号	备注
	典型案例1		全陪导游		
			游客A		
			游客B		

情景对话大纲

典型案例2：某旅游团中有三位青年小伙非常要好，一路上形影不离，入住酒店时，这三人提出要睡在一个房间，但因为前期游客并未说明此要求，旅行社都是按照合同中的双人间标准进行预订，恰逢旅游旺季，该酒店三人间均已售出，暂无三人间的空房。这三人中的任何一人都不愿意与团中其他游客入住一室，于是陷入了僵局。

试分析该案例，并填写表3-2-16。

表3-2-16 入住酒店典型案例2分析表

游客不满意的原因是什么	
导致游客意见的关键是什么	
应如何处理该情况	
可采取的补救措施	

针对上述情况，全陪导游应该如何妥善处理？各小组进行情景模拟，并填写表3-2-17。

表3-2-17 入住酒店典型案例2情景模拟

组名	场景	小组成员	成员角色	学号	备注
			全陪导游		
			游客C		
	典型案例2		游客D		
			游客E		
情景对话大纲					

（4）快问快答，学员快速回答以下说法正确与否。

① 全陪导游分发完房卡后即可回自己的司陪房休息，并为第二天的游览做好准备。

② 游客入住后向全陪导游反馈房间问题，全陪导游要立即前往房间亲自处理。

③ 游客向全陪导游反馈房间问题，全陪导游应该让旅游者去找地陪导游而不是自己。

④ 游客向全陪导游反馈房间问题，全陪导游表示，酒店是地接社具体安排的，自己不熟悉也无力处理。

（5）各学员完善思维导图至四级目录。

（6）学员将任务完成过程中遇到的问题及解决办法、学习体会及收获记录在表3-2-18中。

表3-2-18 学习记录表

学员姓名：

遇到的问题及解决办法：

学习体会及收获：

4.任务考核

将任务考核评价记录在表3-2-19中。

表3-2-19 任务考核评价表

任务	评价内容	分值/分	评价分数/分		
			自评	互评	师评
典型案例1分析表格填写及情景模拟	分析有理,描述清晰	18			
	情景模拟合理还原案例场景	10			
	导游处置得当,有效化解问题	15			
典型案例2分析表格填写及情景模拟	分析有理,描述清晰	18			
	情景模拟合理还原案例场景	10			
	导游处置得当,有效化解问题	15			
快问快答	回答正确	4			
其他	工单填写	5			
	团队协作和语言表达	5			
最终得分					

▶ **新知讲授**

新知讲授

一、办理入住手续

若是入境旅游团,全陪导游向总台提供团名、团队名单表、旅游团住房要求等,填写入住登记单或协助海外领队办理入住手续。若是国内旅游团,全陪导游主动与地陪导游一起向总台服务员提供旅游团全体成员的身份证件及住房要求,由全陪导游办理旅游团的入住手续。

二、协助领队分房

若是入境旅游团,拿到房卡后,全陪导游应请海外领队根据准备好的分房名单分配房卡。在掌握全团分房名单后,全陪导游要与海外领队互通各自房号以便联系。若是国内旅游团,如无领队且旅游团是单位组团,则请旅游团的团长分配住房;如无领队,且无团长,则由全陪导游负责分配住房。全陪导游要保存好分房登记表,以备不时之需。分房过程中要提醒游客住店期间注意安全,将贵重物品存放在酒店前台或房内保险柜内。

三、处理入住问题

旅游团入住后,全陪导游可与地陪导游一起在酒店大堂等候20—30分钟或巡视一遍所有游客的房间。若有游客反映房间卫生或设备存在问题,全陪导游应通知酒店有关人员前来处理。无论是全陪导游还是地陪导游都应注意,除非工作需要,一般不要单独进入游客房间,尤其是异性游客房间;能通过电话解决的,尽量通过电话解决。

四、照顾游客住宿

全陪导游应将自己的房号和联系电话告知游客,并保持通信畅通。全陪导游还要熟记酒店前台的电话号码及地陪导游的联系方式,若地陪导游不住酒店,全陪导游要担负起照顾旅游团安全和生活的责任。

▶ 任务工单

任务四　途中服务

1. 任务描述

针对主题"途中服务",培训师借助线上教学资源实施培训。

学员通过课前观看微课视频,课中实践操作、任务点评,掌握沿途服务和抵站服务的要求和程序。

（1）课前,各学员绘制途中服务的思维导图（具体到三级目录）,并将思维导图上传至在线课程的课前任务区。

（2）课中,被教师抽选到的部分学员进行思维导图解析,梳理途中服务的两个方面。

（3）课中,各组抽取离站、沿途、抵站三个途中服务环节中的任意一个,结合接待计划书,分小组进行角色分配,情景模拟服务片段。

（4）课中,情景模拟环节结束后,开展任务点评（学员互评、教师点评）,灵活运用理论知识分析问题,掌握途中服务规范。

（5）课后,各学员完善思维导图至四级目录,上传至在线课程的作业区。

2. 任务准备

（1）个人任务:各学员绘制途中服务的思维导图。

（2）小组任务:各小组抽选离站、沿途、抵站三个途中服务环节中的任意一个。集体根据任务引导认真学习相关课程资源。

任务引导1:各环节全陪导游需要与哪些岗位的服务人员配合开展工作。

任务引导2:各环节服务工作的规范要点。

3. 任务实施

（1）被教师抽选到的学员个人汇报思维导图,理清途中服务的三个方面。

（2）各小组结合案例接待计划书（见表3-2-1）和游客信息表（见表3-2-2）,分小组进行角色分配,开展情景模拟（每组现场展示时间不超过5分钟）,灵活运用理论知识分析问题、解决问题,避免在实践工作环节中出现纰漏,并填写表3-2-20。

表3-2-20 情景模拟安排表

组名	服务环节 （以离站为例）	小组成员	成员角色	学号	备注
			全陪导游		
	离站		游客		

情景模拟对话大纲	

（4）学员将任务完成过程中遇到的问题及解决办法、学习体会及收获记录在表3-2-21中。

表3-2-21 学习记录表

小组名称：	小组成员：
遇到的问题及解决办法：	
学习体会及收获：	

4. 任务考核

将任务考核评价记录在表3-2-22中。

表3-2-22 任务考核评价表

任务	评价内容	分值/分	评价分数/分		
			自评	互评	师评
情景模拟	服务环节流程完整	15			
	场景设定符合接待计划书	10			
	技能操作规范符合岗位标准	20			
	体现良好的职业素养	10			
	情景设计有创意和创新	10			
	恰当运用数智技术	10			
其他	仪容仪表	10			
	团队协作	10			
	工单填写	5			
最终得分					

任务工单

一、离站服务

旅游团离开每一站前，全陪导游都应为本站送站与下站接站的顺利衔接做好以下工作。

（1）提前与地陪导游核实旅游团离开本站的交通票据出票情况以及离开的准确时间；如离开的时间有变化，全陪导游要迅速通知下一站接待社。

（2）离开前，全陪导游要向游客讲清航空（铁路、水路）有关行李托运和手提行李的规定。

（3）协助领队和地陪导游清点行李，与行李员办理交接手续。

（4）离站前，要与地陪导游、旅游车司机话别，对他们的热情工作表示感谢。

（5）到达机场（车站、码头）后，应与地陪导游配合，组织游客办理行李托运、安检、登机（车、船），并妥善保存交通及相关票据。

（6）进入候机厅后，如遇旅游团所乘航班延误或取消，全陪导游应立即向机场有关方面进行确认。当航班延误或取消的消息得到民航部门的证实后，全陪导游应主动与相关航空公司联系，协同航空公司安排好游客的餐饮或住宿问题。

二、沿途服务

（一）与游客多交流

全陪导游应在旅行途中加强与游客之间的信息沟通，了解其最新需求动态，回答各种问题，了解他们对旅游服务质量的评价。如果交通工具是大巴车，全陪导游可组织一些娱乐活动，或组织专题讨论、讲解，以活跃途中气氛。

（二）处理突发问题

遇事多同领队商议，遇到特殊情况，可以协同民航、铁路、航运等部门处理出现的各种问题。如有晕机（车、船）的游客，全陪导游要给予重点照顾。若有游客突患重病，全陪导游应通过所乘交通工具上的广播系统在乘客中寻找医生，对其进行初步急救，并设法通知下一站有关方面（急救站、旅行社）尽早落实车辆，以便到站后争取时间送患者到就近医院救治。

（三）注意游客人身和财物安全

乘坐交通工具过程中，特别是在乘坐火车（轮船）时，全陪导游要提醒游客注意长途旅行过程中的人身和财物安全，尽量避免与陌生人接触，妥善保管好自己的贵重物品和证件。

（四）联络协调上下站

全陪导游要做好各站间的联络工作，架起沟通的桥梁。做好领队与地陪导游、游客与地陪导游之间的联络、协调工作。做好旅游行程各站间，特别是上、下站之间的联络工作。

三、抵站服务

（一）带领旅游团出站

当所乘交通工具即将抵达下一站时,全陪导游要提醒游客整理并带齐个人随身物品,下机(车、船)时注意安全。全陪导游应带领游客领取托运行李,如发现游客行李丢失或损坏,要立即与有关部门联系处理并安抚好游客。出站(港)时,全陪导游要高举导游旗走在旅游团的最前面,以便地陪导游认找旅游团,并尽快同地陪导游取得联系。

（二）与地陪导游沟通旅游团情况

与地陪导游见面后,全陪导游要向地陪导游介绍本团领队和旅游团情况,告知旅游团的饮食要求、游客的兴趣爱好,并总结上一站旅游过程中发现的问题及游客的特别需求等,以便地陪导游能提供更主动、更有效、更有针对性的服务。

（三）清点行李、集合登车

全陪导游应与地陪导游、领队(若有)一起清点游客行李,然后集合游客,在地陪导游带领下前往登车点;协助地陪导游、司机一起帮助游客将行李放入行李舱;协助地陪导游组织游客登车,提醒游客注意安全并负责清点人数。

▶ **任务工单**

任务检测

任务五　沿途各站服务

1.任务描述

针对主题"沿途各站服务",培训师借助线上教学资源实施培训。

学员通过课前观看微课视频,课中实践操作、任务点评,掌握全陪导游沿途各站服务工作的各项要点。

（1）课前,各学员绘制沿途各站服务的思维导图(具体到三级目录),并将思维导图上传至在线课程的课前任务区。

（2）课中,被教师抽选到的部分学员进行思维导图解析,梳理沿途各站服务的四个方面。

（3）课中,学员通过分析一段全陪导游带团工作的描述,加深对该服务流程细节的理解和重视。

（4）课中,各学员完善思维导图至四级目录。

（5）课后,各小组以文字形式创编一个全陪导游沿途各站服务的情景,其中设置不少于两处错误,情景覆盖四个服务环节,并上传至在线课程的作业区。

2.任务准备

（1）个人任务:各学员绘制沿途各站服务的思维导图。

（2）小组任务:各小组仔细分析一段全陪导游带团工作描述,思考其中体现了哪些全陪导游

微课视频

全陪如何做好
沿途各站服务

的工作职责。集体根据任务引导认真学习相关课程资源。

任务引导 1：该带团工作描述中体现的全陪导游的工作职责。

任务引导 2：全陪导游做法错误的地方及改进方向。

任务引导 3：全陪导游正确操作的步骤。

3.任务实施

（1）被教师抽选到的学员个人汇报已绘制好的思维导图,理清沿途各站服务的四个方面。

（2）各小组结合表中全陪导游工作描述填写表 3-2-23,并派代表进行陈述。

表 3-2-23　全陪导游沿途各站服务带团工作描述分析表

所属服务环节分别有①联络工作；②协助做好其他工作；③检查督促各站服务质量；④维护和保障游客安全。判断操作正确与否时,"√"表示正确,"×"表示错误。

全陪导游工作描述	所属服务环节	操作正确与否	若不对,正确做法是什么
全陪导游带领旅游团结束杭州的游览后,带领旅游团前往萧山机场,航班按时抵达,旅游团开始登机,她与昆明地陪导游联系,通知旅游团将按照计划前往昆明,预计19:15可以抵达			
见面后,全陪导游与昆明地陪导游交流了上一站带团过程中游客表现出来的一些兴趣及需求,提醒地陪导游应特别关注的事项			
在景点参观游览时,全陪导游基本保持在队伍最后压队,随时关注游客的动向			
登船夜游洱海时,全陪导游发现地陪导游很长时间不见踪影,电话也打不通,大概一小时后才联系上地陪导游,地陪导游说一直在接一个重要电话,没顾上告知全陪导游,而且考虑到大家都在船上,也不会有其他什么情况。对此答复,全陪导游非常不满意,但是想着事已至此,为了后续工作的开展便不再追究			
品尝完洱海夜宴后,游船靠岸,全陪导游反复提醒大家带好随身物品,不要拥挤,有序下船			
7日,旅游团按照计划游览苍山,某游客提出不与团队同步游览,就在大门处休息,见此情况,全陪导游与地陪导游商量过后决定,全陪导游留下来陪着该游客,地陪导游则带着其他游客照常游览			
中午用餐时,全陪导游与地陪导游一同巡餐,发现餐厅菜品的分量很少,于是便让地陪导游与餐厅联系,督促餐厅上菜要及时,且保障基本的分量和质量			
10日,大巴车抵达玉龙雪山景区停车坪,临下车前,地陪导游对全陪导游说:"今天景区的游客特别多,我先到前面去排队取票,你带着大家走到景区大门,来,导游旗你拿着,沿着这条路走大约200米,然后拐个弯就到了。"全陪导游听闻惊呼:"啊!那不行,我也是第一次来这里,带错了路怎么办?"同时拒绝了地陪导游的工作安排			

（3）师生共同探讨,点评表 3-2-23 的填写情况。

（4）各学员完善思维导图的四级目录。

（5）学员将任务完成过程中遇到的问题及解决办法、学习体会及收获记录在表 3-2-24 中。

表 3-2-24 学习记录表

小组名称:	小组成员:
遇到的问题及解决办法:	
学习体会及收获:	

4. 任务考核

将任务考核评价记录在表 3-2-25 中。

表 3-2-25 任务考核评价表

任务	评价内容	分值/分	评价分数/分		
			自评	互评	师评
填写全陪导游沿途各站服务带团工作描述分析表	找到各描述场景及操作所属的服务环节	24			
	对操作正确与否判断准确,并写明正确做法	56			
其他	仪容仪表	5			
	语言表达	5			
	团队协作	5			
	工单填写	5			
最终得分					

▶ 新知讲授

一、联络工作

全陪导游要做好各站间的联络工作,架起联络沟通的桥梁。

（1）做好领队与地陪导游、游客与地陪导游之间的联络、协调工作。

（2）做好旅游线路上各站之间,特别是上、下站之间的联络工作。当实际行程和计划有出入时,全陪导游要及时通知下一站。

二、协助做好其他工作

（1）由于全陪导游自始至终参与旅游团的全部活动,能够比较深入地了解旅游团的情况,有责任向地陪导游告知旅游团的有关情况(如前几站的活动情况,以及游客的需要、兴趣、个性等),以便能更好地与地陪导游合作,有针对性地做好各站接待工作。

（2）进入酒店后,全陪导游应协助领队办理入住登记手续,并掌握住房分配名单;如果酒店压缩预订房,且订房单位是组团社,全陪导游要负责处理;如果地陪导游不住酒店,全陪导游要担负起照顾旅游团的责任。

（3）在景点游览时，地陪导游带团前行，全陪导游应在后压队，关注滞后的游客，并不时清点人数，以防游客走失。如果有游客走失，一般情况下应由全陪导游和领队分头寻找，而地陪导游则带领其他游客继续游览。如果游览中少数游客有其他诉求，如有游客不愿爬山，或不愿乘坐某些小型交通工具，全陪导游应留下来照顾他们，地陪导游则带领其他多数游客按计划游览。

（4）旅游活动中若有游客生病、受伤，通常情况下由全陪导游及患者亲友将其送往医院，地陪导游则带团继续游览。

（5）与地陪导游相比，全陪导游应自始至终和游客在一起，关系更融洽一些，也更能赢得游客的信任。因此，在很多方面(如购物、增加自费项目等)，游客会更多地向全陪导游咨询，请全陪导游帮助拿主意。这种时候，全陪导游一定要从游客的角度考虑，结合自己掌握的旅游商品知识、带团经验和以往游客的反馈，为游客着想，做好购物顾问。

三、检查督促各站服务质量

接待计划书是游客对旅游产品质量评价的客观依据，因此检查和督促各地是否按照接待计划书保质保量地提供各项服务是全陪导游的一项重要工作。全陪导游可通过计划的实施、计划的调整和督促改进等手段来检查和督促各站接待社的接待服务质量和计划落实情况。对于某些方面存在的缺陷和不足，全陪导游应向其提出改进的意见和建议。

（1）通过自己观察和征询游客意见了解和检查各站在交通、住宿、餐饮和地陪导游服务等方面的服务质量是否符合国家和行业的质量标准。

（2）若发现存在减少游览项目、增加购物次数或降低住宿、餐饮质量标准的情况，要及时向地陪导游提出改进或补偿意见，必要时向组团社报告，并在导游日志中注明。

（3）若地陪导游安排的具体活动内容与上几站有明显重复，应建议地陪导游做必要的调整。

（4）在地陪导游缺位或失职的情况下，应担负起地陪导游的职责。

（5）若对地接社服务工作有意见和建议，要诚恳地向地陪导游提出，必要时向组团社汇报。

四、维护和保障游客安全

旅游过程中，游客的人身和财物安全不仅关系到游客的安危和切身利益，而且关系到旅游目的地和旅游企业的形象以及旅游活动的顺利进行，因此，保护游客的安全是全陪导游的一项重要工作。

（1）入住酒店时，全陪导游要提醒游客将贵重物品存放在前台或房间保险柜中；入睡前，将门窗关好，且不要躺在床上抽烟。

（2）每次上车和集合时，全陪导游要清点人数；下车时，要提醒游客带好随身物品；旅游团抵离各站时，全陪导游负责清点行李。

（3）景点游览中，全陪导游应注意周围环境有何异常，若发现有自然灾害前兆，要马上采取措施；若发现旅游团中有形迹可疑者，要提醒游客照看好自己的随身物品。道路崎岖不平时，全陪导游要提醒游客"观景不走路，走路不观景"，并对老弱者施以援手。天气异常时，全陪导游要提醒游客增加或减少衣服。

▶ 任务工单

任务六 末站服务和后续工作

1.任务描述

针对主题"末站服务和后续工作",培训师借助线上教学资源实施培训。

学员通过课前预习新知讲授、课中实践操作、任务点评,掌握全陪导游服务最后环节的工作要求,并能根据每个团的实际情况做好行程结束后的后续工作。

(1)课前,学员绘制末站服务和后续工作的思维导图(具体到三级目录),并将思维导图上传至在线课程的课前任务区。

(2)课中,被教师抽选到的部分学员进行思维导图解析,梳理末站服务和后续工作的七大方面。

(3)课中,学员通过分析团队遇到的两个突发情况,加深对该服务流程细节的重视和理解。

(4)课中,进行快问快答,检验学员对该服务程序的掌握情况。

(5)课中,学员完善思维导图至四级目录。

(6)课后,观看金牌导游典型案例分享视频。

2.任务准备

各学员绘制末站服务和后续工作的思维导图。根据下列任务引导,认真学习相关课程资源。

任务引导1:全陪导游在末站服务中区别于地陪导游的工作要点。

任务引导2:送站后游客可能出现的遗留问题。

3.任务实施

(1)被教师抽选到的学员个人汇报已绘制好的思维导图,师生共同理清末站服务和后续工作的七个方面。

(2)结合团队(详见表3-2-1和表3-2-2)在末站服务和后续工作过程中遇到的突发情况,分析末站服务和后续工作过程中完善并落实哪些服务环节可以避免出现类似问题。

突发情况1:

旅游团顺利抵达机场,全陪导游协助地陪导游和领队收集游客证件办理值机手续,这时一名游客说:"哦,我昨晚收到行李箱中了,稍等我一下。"于是,该名游客在机场大厅打开旅行箱翻找证件,结果发现,因为箱内存放的熟食鼓包袋子破了,辣椒油浸到了护照上,游客赶紧用纸巾擦拭上面的油渍,全陪导游和地陪导游也过来查看,一起检查护照污损的情况。

试分析该突发情况下的处理措施,并填写表3-2-26。

表3-2-26 突发情况1处理措施表

游客个人证件正确的存放处是哪里	
护照上哪些信息是关键信息,如果发生污损要如何处理	
该类问题应如何预防	

突发情况2:

全陪导游送团后返回家中后,接到领队的信息,领队反馈,旅游团顺利抵达×××机场,某游

微课视频

金牌导游典型
案例分享

客想起,在下大巴时,其在某地购买的一个旅游纪念品好像遗落在座位上了,希望全陪导游能帮忙联系寻找,若找到可通过邮寄的形式寄送,游客愿意承担所产生的一切费用。

试分析该突发情况下的处理措施,并填写表3-2-27。

表3-2-27　突发情况2处理措施表

该突发情况所属类型判断	□末站服务　　　　□后续工作
全陪导游应如何处理	
该类问题应如何预防	

（3）快问快答:学员快速回答以下说法正确与否。

① 旅游当地的行程安排主要由地陪导游负责,全陪导游无需过问。

② 旅游途中,全陪导游在与游客聊天过程中,不宜推荐其他线路或产品,以免给游客留下特别想揽业务、做生意的印象,专心完成这个团队的工作任务即可。

③ 全陪导游向境内旅游团致欢送词应在返回当地后、团队解散前进行,但此时游客已归心似箭,所以省略此环节也是可以的。

④ 都说好记性不如烂笔头,全陪导游要养成写带团总结的习惯,总结工作中的经验与教训,这样有利于提高今后的服务质量和水平。

（4）各学员完善思维导图的四级目录。

（5）学员将任务完成过程中遇到的问题及解决办法、学习体会及收获记录在表3-2-28中。

表3-2-28　学习记录表

学员姓名:

遇到的问题及解决办法:

学习体会及收获:

4. 任务考核

将任务考核评价记录在表3-2-29中。

表3-2-29　任务考核评价表

任务	评价内容	分值/分	评价分数/分		
			自评	互评	师评
突发情况1	个人证件正确存放位置判断正确	5			
	护照关键页和关键信息判断正确	15			
	护照关键内容污损后的处理正确	15			
	该类问题的预防措施正确	15			
突发情况2	突发情况所属服务程序判断准确	5			
	该情况处理程序得当	15			
	该类问题预防措施正确	15			

续表

任务	评价内容	分值/分	评价分数/分		
			自评	互评	师评
快问快答	判断正确与否	10			
其他	工单填写	5			
最终得分					

▶ 新知讲授

一、末站服务

（一）离开末站前的准备工作

全陪导游要配合地陪导游、领队共同做好末站准备工作。主要包括以下内容。

（1）全陪导游要与地陪导游、领队提前落实离站的交通票据,核实离站的准确时间。

（2）提醒游客保管好自己的证件和物品,尤其不要将旅行证件存放在托运的行李中。

（3）与地陪导游结清各类费用,注意保管好相关票据,以备报账之用。

（4）请地陪导游安排好送站车辆和出发时间,确保在规定的时间到达机场(车站、码头)。

（二）做好营销工作

全陪导游应根据旅途中对游客的了解,对其中有意愿再次出游的游客进行必要的营销工作,适当介绍一些他们感兴趣的线路和景点,希望他们下次出游时再次与该组团社联系,自己将继续为之服务。

（三）致欢送词

向入境旅游团队致欢送词可安排在赴车站、机场途中进行;向境内旅游团致欢送词则应在返回当地后团队解散前进行。为避免与地陪导游的欢送词雷同,全陪导游的欢送词应总结团队整个行程,并且从宏观角度把握内容。致欢送词的内容包括:简明扼要地回顾旅程中的主要活动,尤其是旅程中难忘的人和事;感谢游客与领队、地陪导游、司机的支持,尤其是感谢游客和领队的配合;欢迎游客再次光临,期待重逢。内容总体以惜别、感谢、祝愿为主。

（四）送别旅游团

送别入境旅游团,全陪导游还应提醒游客准备好证件、交通票据、出境卡和申报单等,介绍办理出境手续的程序,包括行李托运的要求等,必要时可协助游客办理离境通关手续。当游客进入安检区(隔离区)时,全陪导游应热情道别,并与地陪导游一起目送他们离开。

送别国内旅游团,全陪导游应在返回本地后照顾游客下车,提醒大家带好所有行李物品,然后与游客一一道别,目送游客离开。

二、后续工作

（一）处理遗留问题

送走旅游团后，全陪导游应根据旅行社领导的指示，认真处理好旅游团的遗留问题，办理好游客的委托事项，提供尽可能全面的延伸服务。

（二）做好带团总结

全陪导游带团中可以接触到领队、地陪导游，要善于观察总结同行的服务方法和技巧，每送走一个旅游团，应对自己的工作做全面分析，总结带团过程中的经验和教训，若有重大情况发生或存在影响旅行社以后团队操作的隐患问题，应及时向领导汇报。

（三）结清账目和归还物品

行程结束后，全陪导游应按照相关财务规定与旅行社财务部结清账目，并及时归还所借钱物。

模块四　处变不惊

——特情导游服务

项目一　排患解纷调众口
——游客个别要求的处理

◉ **知识目标**

1. 了解游客个别要求的处理原则与规范。
2. 掌握带团途中游客个别要求的处理流程。

◉ **能力目标**

1. 能灵活妥善处理游客在旅游过程中针对旅游六要素或参团状态方面提出的各类特殊要求。
2. 能不断总结工作经验，有效预防接待纠纷。
3. 能依照法律法规，客观公正且不失人情味地处理游客与导游或接待者的接待纠纷。

◉ **素养目标**

1. 具有个性化服务意识、良好的应变能力和创新思维。
2. 具有前瞻性洞察与总结性思维素养。
3. 具有依法依规处理纠纷的责任感与人性化关怀的同理心。

◉ **任务引入**

湖南华天国际旅行社有限责任公司新导游岗前培训进入第七个主题。导游部王经理说，旅游过程中游客可能提出各种要求，导游要有充分的心理准备来应对，并且要具备解决这些问题的能力，因此这一期培训选取了北京商务旅游团六日五晚"长沙+张家界+凤凰"轻奢游的旅游案例，看看其中的导游是如何让这个状况频出的团顺利完成游览参观的。

本项目的学习清单如表4-1-1所示，请你每完成一项学习任务后在相应的括号中打"√"。

表4-1-1　学习清单

项目		任务内容	备注
学习任务	（　　）	游客在旅游六要素方面个别要求的处理	
	（　　）	游客要求改变参团状态方面个别要求的处理	
	（　　）	接待纠纷的处理	
学习感想			

▶▶ 任务工单

任务一　游客在旅游六要素方面个别要求的处理

1.任务描述

针对主题"游客在旅游六要素方面个别要求的处理",培训师借助线上教学资源实施培训。学员通过课前分析案例(二维码4-1-1),课中讨论交流并进行情景模拟、任务点评,掌握游客个别要求的处理原则和处理方法,能妥善解决游客提出的要求。

(1)课前,学员对案例进行分析,区分案例中游客不同类型的个别要求,将游客个别要求按照难易程度、合理与否进行列表分类,并填写案例分类表。

(2)课中,被教师抽选到的部分学员对表格及案例进行分析,帮助学员们加深印象。

(3)课中,结合案例内容,学员展开丰富想象,分小组进行角色分配,开展情景模拟,调动学习积极性,激发学员对案例的思考。

(4)课中,情景模拟环节结束后,开展任务点评,灵活运用理论知识分析问题,掌握游客个别要求的处理方法。

(5)课后,学员及时复习巩固,分情形绘制游客个别要求的处理流程图,上传至在线课程的作业区。

2.任务准备

(1)个人任务:学员对游客个别要求按照难易程度、合理与否进行列表分类。

(2)小组任务:各小组根据抽选的内容,展开小组讨论,进行角色分配,完成情景模拟。集体根据任务引导认真学习相关课程资源。

任务引导1:游客提出诉求的原因。

任务引导2:处理游客要求时应遵循的原则和正确的处理流程。

任务引导3:针对不同类型的游客个别要求与问题的举一反三。

3.任务实施

(1)被教师抽选到的学员对表4-1-2进行分析(将游客个别要求按照难易程度、合理与否进行分类),理清游客个别要求的四种分类。

表4-1-2　案例分类表

四种分类	案例（标明序号，并用一句话对案例中游客的个别要求进行描述）		
	易	较难	难
合理，且可能			
合理，但难满足			
可能，但不合理			
不合理，且不可能			

(2)各小组结合案例4-1-1内容,分小组进行角色分配,开展情景模拟(每组现场展示时间不超过5分钟),灵活运用理论知识分析问题、解决问题,避免在实践工作环节中出现纰漏,并填写表4-1-3。

案例

4-1-1

任务工单

表4-1-3　情景模拟安排表

组名	案例 （以案例1为例）	小组成员	成员角色	学号	备注
	案例1		地陪导游		
			全陪导游		
			游客		
			餐厅服务员		
			餐厅经理		

情景模拟对话大纲	

（3）被抽选学员对绘制的处理流程图进行分析，加深印象，理清游客个别要求的处理原则与程序。

（4）学员将任务完成过程中遇到的问题及解决办法、学习体会及收获记录在表4-1-4中。

表4-1-4　学习记录表

小组名称：	小组成员：
遇到的问题及解决办法：	
学习体会及收获：	

4. 任务考核

将任务考核评价记录在表4-1-5中。

表4-1-5　任务考核评价表

任务	评价内容	分值/分	评价分数/分		
			自评	互评	师评
游客个别要求 的分类	分类正确，对游客个别要求的描述清晰准确	5			
	综合涉及面范围大小、是否存在费用问题、多人协调等方面判断正确	5			

续表

任务	评价内容	分值/分	评价分数/分		
			自评	互评	师评
游客个别要求的处理情景模拟	分工明确、组织有序,在规定时间内完成任务	15			
	情景模拟内容完整	10			
	情景模拟情节逻辑清晰	15			
	处理流程规范、灵活应变	25			
	微笑服务,用语文明,符合职业规范	10			
其他	仪容仪表	5			
	语言表达	5			
	团队协作	5			
最终得分					

▶ **新知讲授**

游客的个别要求是指参加团体旅游的游客提出的各种计划外的特殊要求。一般情况下,游客的个别要求可以分为四种情况:合理的,经过导游的努力可以满足的要求;合理的,但现实难以满足的要求;不合理的,但经过努力可以满足的要求;不合理的,且不可能满足的要求。

导游在处理游客的个别要求时,一般遵循以下原则:符合法律法规的原则、"合理而可能"的原则、尊重游客的原则、公平对待的原则、维护尊严的原则。

一、游客在用餐方面个别要求的处理

常言道,"民以食为天"。来自不同国家和地区的游客,其餐饮需求各不相同,因用餐问题引发的游客不满或投诉情况时有发生。下面从常见的六种情况来介绍导游面对此类要求的处理方法。

(一)对特殊饮食要求的处理

由于宗教信仰、生活习惯、身体状况等原因,有些游客会提出饮食方面的特殊要求,例如,不吃荤腥,不吃油腻、辛辣食品,甚至不吃盐、糖、味精等。对游客提出的特殊要求,要特别对待。

若游客所提要求在旅游协议书中有明文规定,接待社必须早做安排,地陪导游在接团前应检查落实情况,不折不扣地兑现。若旅游团抵达后临时提出要求,则需视情况而定。一般情况下,地陪导游应立即与餐厅联系,在可能的情况下尽量满足其要求;如情况复杂,确实有困难满足不了其特殊要求,地陪导游应说明情况,协助游客自行解决。例如,向游客推荐其需要的餐厅,但要注意推荐正规餐厅,确保饮食安全,并告知游客餐费自理。

(二)要求换餐

面对部分外国游客因不适应中餐口味而希望更换为西餐,或外地游客渴望尝试当地小吃而要求换成风味餐的情况,处理此类需求时,需综合考虑以下几点。

首先要考虑的是,是否有充足的时间换餐。若旅游团在用餐前三小时提出换餐请求,导游应尽量与餐厅沟通协调,但在此之前需明确告知游客,若换餐成功,差价需由游客自行承担。同时,需向餐厅确认其是否能提供相关餐饮服务。若原计划的餐厅无法提供西餐或风味餐,则需考虑更换至其他具备相应能力的餐厅。若游客在接近用餐时间或已到达餐厅后才提出换餐要求,则需根据具体情况灵活处理。若当前餐厅能提供游客所需的服务,导游应尽力协助解决;若情况复杂且餐厅无法提供相关服务,则通常不应接受此类换餐请求,但应向游客耐心解释,说明原因。若游客仍坚持更换,导游可建议其前往零点餐厅自行点菜或单独用餐,相关费用由游客自理,并明确告知原计划的餐费不予退还。

（三）要求单独用餐

当旅游团内部出现矛盾或其他特殊情况,导致个别游客希望单独用餐时,导游需耐心说明,可以请领队介入进行调解。若游客仍然坚持个人用餐的意愿,导游可以协助其与餐厅沟通安排,但需明确告知游客,单独用餐的费用须由其自行承担,并且原定餐费将不予退还。

对于因外出自由活动、探亲访友或感到疲劳而选择不随团用餐的游客,导游应尊重其选择并同意其要求,但同样需要向游客说明,原定餐费将不予退还。

（四）要求在客房内用餐

若游客身体不适,导游可请酒店将餐食直接送至游客房间,以示关心。而对于身体状况良好却希望在客房内用餐的游客,导游则需根据具体情况来决定是否满足其要求。如果餐厅能够提供客房送餐服务,导游可以应允游客的请求,并向游客说明可能产生的服务费标准。

（五）要求自费品尝风味餐

旅游团要求外出自费品尝风味餐,导游应予以协助,可由旅行社出面,也可由游客自行与有关餐厅联系订餐,并提醒旅游团,订餐确认后如不能如期用餐则需赔偿餐厅的损失。

（六）要求推迟就餐时间

由于游客的生活习惯不同,或出现因在某些旅游点意犹未尽而希望延迟用餐时间的情况,导游可与餐厅进行沟通协调,根据餐厅的实际运营状况做出相应安排。通常,导游需向旅游团解释,餐厅设有固定的用餐时段,若超过规定时间段前去用餐,可能需要支付额外的服务费。若餐厅不支持延迟用餐的服务,那么按时就餐将是更为合适的选择。

二、游客在住宿方面个别要求的处理

在旅途中,酒店是游客临时的家,是他们得以休息调整的重要场所,因此,游客对住房的要求往往较高。身为导游,应不遗余力地帮助游客妥善解决住房方面的各类问题,务必使游客满意,为他们的旅途增添一份舒适与安心。

（一）要求调换酒店

当团体游客前往一地旅游时,其在旅游过程中能够享受何种星级酒店的住房待遇,在旅游协议书中有着明确清晰的描述,甚至在哪座城市下榻于哪家酒店都写得极为清楚明白。正因如此,倘若接待社向旅游团提供的客房低于既定标准,或是使用同星级的酒店来替代协议中明确标明的酒店,游客通常都会提出异议。

如果接待社未能依照协议安排酒店,或者协议中的酒店确实存在卫生、安全等方面的问题,从而导致游客提出调换酒店的要求,地陪导游应当随时与接待社保持紧密联系,接待社理应负责予以调换;倘若确实存在困难,需按照接待社提出的具体办法妥善处理,并向游客清晰地阐述具有说服力的理由,同时提出合理的补偿条件,以保障游客的权益和旅游体验。

（二）要求调换房间

针对游客要求调换房间的要求,可根据游客提出的不同理由,选择不同的处理方法。

1. 房间不干净

如果房间有蟑螂、臭虫,或有异味等,游客提出换房应立即满足,必要时应调换酒店。

2. 房间卫生达不到清洁标准

导游应立即通知酒店对客房进行打扫、消毒,如游客仍不满意,坚持调房,应与酒店有关部门联系予以满足。

3. 房间的朝向、楼层不佳

游客要求调换另一朝向或另一楼层的同一标准的客房时,若不涉及房间价格,且酒店有空房,可与酒店客房部沟通,予以满足,或请领队在团队内部进行调整;无法满足时,应做耐心解释,并向游客致歉。

4. 游客要住高于合同约定标准的房间

如果有空房可予以满足,但游客要交付退房损失费和房费差价。

（三）要求住单间

在团队旅游的行程安排中,通常会为游客安排入住标准间或者三人间。然而,游客或许会由于各自生活习惯的差异,或者是因为同室游客之间产生了矛盾等,提出想要住单间的要求。此时,导游应先请领队尝试进行调解,或者在团队内部进行协调。倘若经调解或内部协调依然无法令游客满意,且酒店恰好有空余的房间,则可以满足游客住单间的需求。

不过,导游必须事先向游客明确说明,单间的房费需要由游客自行承担(一般情况下,是由提出住单间的一方支付房费)。这样既满足了游客的合理需求,又可以确保旅游行程顺利进行。

（四）要求延长住店时间

当由于某种原因(如生病、调整旅行计划等)而中途退团的游客提出延长在本地的住宿时间,导游首先应与原住酒店沟通确认。若酒店有空余房间,则可满足游客的延长住宿需求,但需要向游客说明,延长期间的住宿费用需由游客自行承担。若原住酒店已无空房,导游则应积极帮助游客联系并安排至其他酒店,同样,相关住宿费用也需由游客自行承担。

（五）要求购买房中物品

当游客对客房内的某件装饰品或物品产生购买兴趣时,导游应当主动提供帮助,积极与酒店相关部门进行沟通协调,以确保能够满足游客的购买需求。

三、游客在交通方面个别要求的处理

交通是一条神奇的纽带,紧密地连接旅游行程的各个环节。一般情况下,交通行程都是事先预订好,且不会随意调整更改(也不方便更改)。然而,在实际操作中,仍可能遇到游客提出特定的交通需求或调整请求。

(一)要求更换交通工具类型

更换交通工具类型包括火车改为飞机或普通列车改为动车、高铁等。这种要求除非在自然灾害、误车(机、船)等特殊情况下,一般都不能答应更换。旅途中,票务预订、退换程序非常烦琐,短时间内很难满足游客需求。

(二)要求提高交通工具等级

提高交通工具等级包括提升舱位、座位等级等。当导游遇到这种要求时,应当首先和接待社的计调人员联系,若有游客所要求等级的舱位、座位,可以帮忙予以更换,不过应提醒游客,因更换而产生的差价及相关费用需要游客自行承担。

四、游客在游览方面个别要求的处理

游览是游客出行的核心目的。在整个行程的推进过程中,随着周边环境的不断变化以及游客自身兴致的起伏波动,游客或许会提出一些个别要求。面对这些情况,导游应当依据不同的要求进行有针对性的处理。这就要求导游具备敏锐的观察力和灵活的应变能力,能够准确判断游客要求的合理性与可行性,并采取恰当的措施予以回应。

(一)游客要求更换或取消游览项目

凡是计划内的游览项目,导游一般应该不折不扣地按计划安排游客进行体验。若是全团统一提出更换游览项目,则需请示接待社计调部门,请其与组团社联系,同意后方可更换;若是个别游客提出更换游览项目,导游应向游客耐心解释,不能随意更换项目。

(二)游客要求增加游览项目

在时间允许的情况下,导游应请示接待社并积极协助。与接待社有关部门联系,请其报价,将接待社的对外报价报给游客,若游客认可,地陪导游则陪同前往,并将游客交付的费用上交接待社,将发票交给游客。

五、游客在购物方面个别要求的处理

购物作为旅游活动的重要组成部分,在这一过程中,游客常常会有形形色色的特殊要求。导游应当秉持不怕麻烦的态度、不图私利的原则,竭尽全力满足游客的需求。

(一)要求单独外出购物

当游客提出在自由活动时间单独外出购物时,导游应当给予力所能及的帮助,充分发挥好购物参谋的作用。比如,可以为游客提供合理的建议,告知其去哪家商场能够更好地满足购物需求;可以帮助游客联系出租车,确保其出行便利等。然而,在离开本地的当天,若游客提出购物要求,导游则需要进行劝阻,以防误机(车、船)。

（二）要求退换商品

当游客购物后发现所购物品是残次品，或者存在计价有误的情况，或者对物品不满而要求导游帮助其进行退换时，导游应当积极予以协助。这种协助不仅是口头答应，更要落实到实际行动中。必要时，导游需陪同游客前往相关购物场所，与商家进行沟通和协商。

（三）要求再次前往某商店购物

游客起初因"货比三家"或对商品存疑未买，之后改变主意决定购买，请求导游帮忙，导游应积极协助。针对这种情形，导游应当积极、热情地为游客提供帮助。如果导游有时间的话，可以陪同游客一同前往商店，不过在此过程中所产生的车费需要由游客自行承担。倘若导游因为某些原因无法陪同游客前往，导游可为游客写一张便条，写明商店的具体地址以及游客欲购商品的名称，并且告知游客前往的交通方式。

（四）要求购买古玩或仿古艺术品

游客希望购买古玩或仿古艺术品，导游应当引领其前往正规的古玩商店进行选购，买妥物品后要提醒游客妥善保存好发票，不要将物品上的火漆印（如有的话）去掉，以便后续海关进行查验；倘若游客打算在地摊上挑选古玩，导游需及时予以劝阻，并告知中国的有关规定；若发现个别游客有走私文物的可疑行为，导游必须及时报告有关部门。

（五）要求购买中药材

如果有些游客想买些中药材并携带出境，导游应告知其中国海关的有关规定（数量、品种等）。

六、游客在娱乐方面个别要求的处理

晚间活动中，娱乐项目占据了举足轻重的地位，包括协议内安排的娱乐活动和游客自愿付费观看的娱乐活动。在娱乐活动的选择上，游客们的兴趣各异，强求一致并不妥当。面对游客提出的多样需求，导游应遵循"合理且可行"的原则，依据实际情况灵活应对，妥善处理。

（一）要求调换计划内的娱乐活动

凡在计划内明确标注有娱乐活动的旅游团，导游通常需按照既定计划，准时引领游客前往指定的娱乐场所观看。若游客提出更改节目，导游应当依据实际情况，遵循"合理且可行"的原则，灵活采取以下措施进行处理。

1. 全团游客提出更换

若全团游客提出更换，导游应联系接待社计调，尽量调换，不要未联系好就许诺；若无法调换，导游要耐心解释，说明票已订不能退，请游客谅解。

2. 部分游客提出更换

如果部分游客要求观看其他演出，处理方法同上。若决定分路观看文艺演出，在交通方面导游可做如下处理：如两个演出点在同一线路，导游要与司机商量，尽量为少数游客提供方便，送他们到目的地；若不同路，则应为他们安排车辆，但车费自理。

（二）要求自费观看文娱节目

在时间充裕的情况下,导游应积极协助。以下两种方法导游可酌情选择:一是导游可与接待社有关部门联系,请其报价。将接待社的对外报价(其中包括节目票价、交通费、服务费等)报给游客,并逐一解释清楚。若游客对此无异议并同意自费观看,请接待社预订,导游要陪同前往,将游客支付的费用上交给接待社,同时将收据转交给游客。二是协助解决,提醒游客注意安全。导游可帮助游客联系购买节目门票,并建议游客自行乘坐出租车前往,所有相关费用由游客自行承担。导游务必提醒游客注意个人安全、记好酒店地址。必要时,导游可将自己的联系电话告诉游客。

若游客执意要去大型娱乐场所或情况复杂的场所,导游必须提醒游客注意安全,并根据实际情况考虑是否陪同前往,以确保游客安全。

（三）要求前往不健康的娱乐场所

若游客提出要前往不健康的娱乐场所,导游应坚决拒绝此类请求,并向游客介绍中国的传统价值观念与道德标准。导游需严肃指出,在中国,任何形式的不健康的娱乐活动都是被明令禁止的,若执意参与是违法的行为,相关人员必将依法受到严厉的惩处。

▶ 任务工单

任务二　游客要求改变参团状态方面个别要求的处理

1. 任务描述

针对主题"游客要求改变参团状态方面个别要求的处理",培训师借助线上教学资源实施培训。

学员通过课前分析案例(二维码4-1-2),课中讨论交流和情景模拟、任务点评,掌握游客要求改变参团状态方面个别要求的处理措施和方法,能妥善解决游客的问题。

（1）课前,学员对案例进行分析,区分案例中游客的不同情况,分析原因并初步提出解决方案。

（2）课中,被教师抽选到的部分学员对分析结果进行阐述。

（3）课中,结合案例内容,学员展开丰富想象,分小组进行角色分配,开展情景模拟,调动学习积极性,激发学员对案例的思考。

（4）课中,情景模拟环节结束后,开展任务点评,灵活运用理论知识分析问题,掌握游客要求改变参团状态方面个别要求的处理措施和方法。

（5）课后,学员及时复习巩固,分情况绘制游客要求改变参团状态的处理流程图,上传至在线课程的作业区。

2. 任务准备

（1）个人任务:学员对案例进行分析,思考游客要求改变参团状态的具体情况和处理流程。

（2）小组任务：各小组根据抽选的内容，展开小组讨论，进行角色分配，完成情景模拟（游客要求改变参团状态的处理）。集体根据任务引导认真学习相关课程资源。

任务引导1：游客提出自由活动的原因，以及是否涉及费用变更、是否存在安全隐患。

任务引导2：游客中途离团的原因，以及是否涉及费用变更、是否存在安全隐患。

任务引导3：游客延长游期的原因，以及是否涉及费用变更、是否存在安全隐患。

任务引导4：游客要求改变参团状态的正确处理流程。

任务引导5：在以上几种状况中，针对不同游客（中国游客或外国游客）处理措施的差异。

3.任务实施

（1）被教师抽选到的学员对案例原因进行分析，填写表4-1-6，并提出解决方案，理清游客要求改变参团状态的三个方面。

表4-1-6　案例分析表

序号	原因分析	有无费用变更（如有，请详细说明）	有无安全隐患（如有，请详细说明）	解决方案
状况1				
状况2				
状况3				

（2）各小组结合案例4-1-2的内容，分小组进行角色分配，开展情景模拟（每组现场展示时间不超过5分钟），并填写表4-1-7，灵活运用理论知识分析问题、解决问题，避免在实践工作环节中出现纰漏。

表4-1-7　情景模拟安排表

组名	案例（以状况1为例）	小组成员	成员角色	学号	备注
			地陪导游		
			全陪导游		
	状况1		游客A		
			游客B		
			计调人员		
情景模拟对话大纲					

（3）学员将任务完成过程中遇到的问题及解决办法、学习体会及收获记录在表4-1-8中。

表4-1-8　学习记录表

小组名称：	小组成员：
遇到的问题及解决办法：	
学习体会及收获：	

4. 任务考核

将任务考核评价记录在表4-1-9中。

表4-1-9　任务考核评价表

任务	评价内容	分值/分	评价分数/分		
			自评	互评	师评
不同状况的原因分析	原因分析	5			
	解决方案	5			
游客要求改变参团状态的处理情景模拟	分工明确、组织有序，在规定时间内完成任务	15			
	情景模拟内容完整	10			
	情景模拟情节逻辑清晰	15			
	处理流程规范、灵活应变	25			
	微笑服务，用语文明，符合职业规范	10			
其他	仪容仪表	5			
	语言表达	5			
	团队协作	5			
最终得分					

▶ 新知讲授

一、游客要求自由活动

在旅游线路安排中，通常会预留自由活动时间，同时，在组织的集体活动中，也可能会有游客提出想要单独活动。面对这种情况，导游需依据实际情况灵活应对，妥善处理。

（一）应劝阻游客自由活动的情况

（1）当旅游团计划前往下一目的地游览，或即将离开当前所在地时，导游应劝阻游客自由活动，特别是耗时较长的活动，例如前往闹市区购物，以避免误机（车、船）。

（2）若所处地区的治安状况不佳、环境复杂或混乱，导游应当劝阻游客外出活动，尤其不要单独行动,同时需以实际情况为依据,向游客明确说明存在的安全隐患。

（3）不建议游客单独骑自行车前往不熟悉且交通状况复杂的街道游玩,以确保他们的安全。

（4）游览河流(湖泊)时,若游客提出划船或在非指定游泳区域游泳的要求,导游应拒绝,且不应离开团队去陪少数游客进行这些活动(划船或游泳)。

（5）当游客要求去不对外开放的地区、机构参观游览,导游应拒绝。

（二）允许游客自由活动的情况

1. 要求全天或某一景点不随团活动

由于有些游客可能已多次到访该旅游城市,或已游览过某一景点,因此他们可能不希望重复游览,也不想随团活动,要求不游览某一景点或要求某一天、数天离团自由活动。若其请求不影响整个旅游团的行程安排,导游可考虑满足其需求并提供必要的协助。导游应遵循以下步骤处理。

（1）事先告知游客,如果选择不随团活动,无论时间长短,已支付的费用将不予退还,且额外产生的费用需游客自行承担。

（2）向游客说明用餐的具体时间和地点,确保他们在归队时能够顺利找到用餐处。

（3）提醒游客注意个人安全,妥善保管好个人财物,避免财物遗失或被盗。

（4）建议游客随身携带酒店的卡片(卡片上印有中英文对照的酒店名称、地址及联系电话),以备不时之需。

（5）准备一张中英文对照的便条,上面详细写明游客计划前往的地点名称、地址,如有必要,可以提供简短的对话指南,以备不时之需。必要时,将自己的手机号码告知游客,以便随时联系。

2. 到游览点后要求自由活动

到达某一游览地点时,如果有个别游客希望按照自己的意愿自由游览或摄影,若现场条件允许(即游客数量不多,秩序井然),可以满足他们的要求。导游需提醒这些游客集合的时间和地点,以及旅游车的车牌号。为了确保信息准确无误,必要时,导游还应提供一张写有集合时间、地点、车牌号、酒店名称及联系电话的字条,以备不时之需。

3. 自由活动时间或晚间要求单独行动

导游应当给出以下建议:不要走得太远以免迷路;尽量不要携带贵重物品,可以选择将贵重物品寄存在酒店前台以确保安全;尽量不要前往秩序混乱的场所,以防发生意外;不要深夜单独在外行动,而应尽量早点返回酒店。

4. 少数人要求一起活动

当少数游客选择自由活动时,导游应当陪伴在大多数游客身边,不可置大多数人于不顾,而陪同少数人单独活动。同时,导游要确保整个旅游计划能够得到全面且有效的实施。

二、游客要求中途离团

（一）有正当理由要求中途离团

若游客因患病、受伤、家庭紧急事务、工作急需或其他特殊原因,提出中止旅游活动,并希望提前离开旅游团的请求,经接待社与组团社的沟通与协商后,可视情况予以满足。对于游客未享

新知讲授

受的综合服务费,将依据旅游合同中的相关条款,或部分退还,或不予退还。

（二）无正当理由要求中途离团

如游客没有特殊原因,仅仅因为某个要求未能得到满足而提出提前离团时,导游需要与领队紧密合作,共同开展说服和劝导工作,劝导其继续随团完成旅游计划。如果接待旅行社确实有责任,应当采取措施积极补救。若游客提出的是无理要求,导游需要耐心细致地进行解释,若经过劝说,游客仍然坚持要求退团,那么可以尊重其选择,但同时需要明确告知游客,未享受的综合服务费将按照相关规定不予退还。

（三）外国游客要求中途离团

无论外国游客出于何种原因希望提前离开中国,导游都需要在得到上级领导的指示后,协助游客重新预订航班、机位,并办理分离签证及其他必要的离团手续。上述过程中产生的所有费用需由游客自行承担。

三、游客要求延长旅游

无论何种原因要求中途离团或延长在当地旅游期限的游客,导游应协助其办理相关手续。

（一）因伤病要求延长旅游期限

外国游客因伤病需要延长在中国的居留时间,导游应为其办理有关手续,提供必要服务。(除签证手续外,中国游客要求延长旅游期限的处理步骤与外国游客均一致)

（1）帮助办理住院、出院手续。

（2）协助办理分离签证,必要时需协助办理延长签证手续。

（3）不时前往医院探视,以示关心,并解决病人及家属在生活方面的困难。

（4）帮助办理机票再订座手续以及其他回国手续。

（5）安排车辆送其前往机场,离开中国。

上述服务中所需费用由游客自理;住院期间没有享受的综合服务费按协议书的规定或与相关旅行社协商决定处理,部分退还或不予退还。

（二）因其他原因要求延长旅游期限

外国游客在旅游团的活动结束后,由于某种原因,要求继续在中国旅游,导游应该做好以下工作。(除签证手续外,中国游客要求延长旅游期限的处理步骤与外国游客均一致)

（1）不需要延长签证的,一般可满足其延长旅游期限的要求。

（2）需要延长签证的,原则上应予以婉拒。

（3）若个别游客确有特殊原因需要留下,导游应请示旅行社,然后向其提供必要的帮助:陪同游客持旅行社的证明、护照及集体签证,去当地公安局办理分离签证手续和延长签证手续,协助其安排交通,帮其订妥客房,所需费用由游客自理。

（4）旅游团离境(返程)后,留下的游客若需要旅行社为其提供导游或其他服务,则应另签合同。

（5）离团后产生的一切费用均由游客自理。

任务工单

任务三　接待纠纷的处理

1.任务描述

针对主题"接待纠纷的处理",培训师借助线上教学资源实施培训。

学员通过课前分析案例(二维码4-1-3),课中讨论交流和情景模拟、任务点评,了解引起游客与接待方的矛盾与纠纷的原因,掌握正确的处理步骤,能妥善解决游客的问题。

（1）课前,学员对案例进行分析,分析案例中游客与导游之间产生矛盾冲突的原因,同时根据所学知识,思考同类事件中导游的正确做法,填写相关表格。

（2）课中,被教师抽选到的部分学员对分析结果进行阐述。

（3）课中,结合案例内容,学员展开丰富想象,分小组进行角色分配,开展情景模拟,调动学习积极性,激发学员对案例的思考。

（4）课中,情景模拟环节结束后,开展任务点评,灵活运用理论知识分析问题,掌握引发接待纠纷的原因和处理步骤。

（5）课后,学员及时复习巩固,分情况绘制接待纠纷的处理流程图,上传至在线课程的作业区。

2.任务准备

（1）个人任务:学员对案例进行分析,填写表格。

（2）小组任务:各小组根据抽选的内容,展开小组讨论,进行角色分配,完成情景模拟(接待纠纷的处理)。集体根据任务引导认真学习相关课程资源。

任务引导1:跟团旅游过程中,游客有诸多建议与不满情绪的原因。

任务引导2:当游客与接待方产生矛盾与纠纷时的正确处理步骤。

任务引导3:一名合格的导游有效预防接待纠纷的途径及需要注意的问题。

3.任务实施

（1）被教师抽选到的学员对案例中矛盾冲突的产生原因进行分析,填写表4-1-10并阐述正确的处理做法,理清游客提出意见和建议的原因。

表4-1-10　案例分析表

问题引导	详细分析
导游的做法是否正确	
游客与导游之间产生矛盾冲突的原因	
若遇到同类事件,导游应如何处理	

（2）各小组结合模拟状况表4-1-11中的内容,对导游的应对措施进行初步分析研判,并通过角色分工的方式开展情景模拟(每组现场展示时间不超过5分钟)并填写表4-1-12,灵活运用理论知识分析问题、解决问题,避免在实践工作环节中出现纰漏。

表 4-1-11　模拟状况表

序号	状况描述	导游如何正确处理？
1	用餐过程中，游客 A 发现餐桌上的菜肴中有一条虫子，游客们顿时食欲全无，游客 B 叫来导游与餐厅服务员，要求餐厅和旅行社给出一个明确合理的解释	
2	地陪导游小李代表旅行社接待了一个来自广东的夕阳红旅游团到湖南旅游。旅途第二天，游客王奶奶找到小李，希望接下来几天安排的餐食能够清淡些，不要太辣，小李当时爽快地答应了下来，但并未落实。次日，当王奶奶看到与昨日无异的餐食时十分生气，随即拨通了旅行社的投诉电话，希望自己的提议能够得到重视，确保自己的合理需求在旅途中得到尊重与满足	
3	游客参加某旅行社从济南出发的海南双飞四天特价团。报名时，旅行社承诺该旅游团"游览五指山、万泉河"，结果变成"遥望"和"远眺"这些景点，根本没有在旅游景点细细游玩。游客感觉被骗，随即提出赔偿要求	

表 4-1-12　情景模拟安排表

组名	案例（以状况 1 为例）	小组成员	成员角色	学号	备注
	状况 1		地陪导游		
			游客 A		
			游客 B		
			餐厅服务员		
			餐厅经理		

情景模拟对话大纲	

（3）学员将任务完成过程中遇到的问题及解决办法、学习体会及收获记录在表4-1-13中。

表 4-1-13　学习记录表

小组名称：	小组成员：

遇到的问题及解决办法：

学习体会及收获：

4. 任务考核

将任务考核评价记录在表4-1-14中。

表4-1-14 任务考核评价表

任务	评价内容	分值/分	评价分数/分		
			自评	互评	师评
矛盾冲突的原因分析	原因分析准确	5			
	阐述的处理步骤准确	5			
情景模拟	导游应对措施妥当有效	15			
	分工明确、组织有序,在规定时间内完成任务	10			
	情景模拟内容完整,情节逻辑清晰	25			
	处理流程规范、灵活应变	15			
	微笑服务,用语文明,符合职业规范	10			
其他	仪容仪表	5			
	语言表达	5			
	团队协作	5			
最终得分					

▶ 新知讲授

一、引起接待纠纷的原因

引起接待纠纷的原因尽管从形式上看是多样的,但按照内容和性质不同可以分为以下几类。

(1)因旅游产品和服务质量问题引发的纠纷。

游客对旅游产品和服务不满意,要求加菜、换房、换旅游车、退换旅游商品等,如果协调未果,可能会引发矛盾冲突。

(2)因思想文化差异引发的纠纷。

游客来到文化差异较大的旅游目的地,往往会受到"文化震撼",容易与当地导游在文化方面产生隔阂和冲突。一些导游思想文化素质不高,难以与游客和谐沟通,有的甚至通过讲低级笑话来取悦游客,这样做的结果是招来游客的反感,引发投诉。

(3)因生活方式不同引发的纠纷。

导游在带团过程中,若只是遵循基本服务程序与规范是远远不够的。如北方游客吃不惯香辣味重的川滇菜,穆斯林游客对餐饮有特殊要求,导游服务中如果不多留意,游客很容易因此产生不满情绪。

(4)因身份地位差异引发的纠纷。

一方面,某些游客以"上帝"自居,对于导游缺乏应有的尊重,可能会引发与导游的矛盾。一些导游无原则地迁就游客,也可能会引发冲突。另一方面,某些导游将游客分为三六九等,对来自经济落后地区的游客存在歧视,会令对方非常不满。

（5）因经济利益引发的纠纷。

在"零负团费"旅游中，游客追求低价，旅行社削价竞争，以低于成本价揽客，导游于是被迫减少游览时间、增加自费项目等，令游客很反感；游客普遍担心"被宰"而不敢消费，令导游十分恼怒，二者之间的关系变得十分紧张。

二、接待纠纷的预防与处理

（一）接待纠纷的预防

为防止接待纠纷的产生，导游应做好以下几点。

1. 严格按合同执行旅游行程

旅游合同是导游实施旅游行程的蓝本，是游客与旅行社双方保障自身利益的依据，也是消除纠纷的可靠屏障。

2. 多做提前的沟通工作

虽然导游是整个旅游活动安排的主导者，但旅游服务质量的最终评判者是游客。因此，在安排具体旅游活动之前，导游应多跟游客保持沟通，征求大家的意见，既让游客有参与感，也避免了可能出现的矛盾冲突。

3. 了解游客诉求

对于可能发展成为纠纷的一些矛盾，导游应先尽量了解各自的诉求，以便帮助游客更好地解决问题。必要时，也可以求助于相关部门。

4. 合理引导游客行为

针对一些游客的不文明行为，可以通过单独沟通、小提示告知等方式加以引导，避免直接纠正或批评。如果游客遇事比较激动，则应先引导其冷静，而后再做进一步的沟通。

（二）接待纠纷的处理

当导游与游客或游客与接待者发生接待纠纷时，导游应按以下要求处理。

（1）遵循旅游合同，防止矛盾扩大化，处理问题讲求有理、有利、有节，注意稳定游客情绪，引导游客理性维权。

（2）做好书面记录，保存书证、物证、电子数据等证据。

（3）及时向旅行社报告，反映接待纠纷的详细情况，并按旅行社要求采取必要的措施。

（4）尽量保障后续旅游行程的顺利进行，维护游客和旅行社的合法权益。

新知讲授

▌慎思笃行

普法小课堂——游客与旅行社发生纠纷，可以通过哪些途径解决？

▌任务检测

项目二　防微杜渐保平安
——危机与事故的处理

◉ **知识目标**

1.掌握旅游危机与事故的类型和特点,了解危机与事故的处理原则。

2.熟悉合同变更、行程变更、漏接、误机、丢失走失等常见问题与事故产生的原因及预防与处理,熟悉交通、治安、火灾、溺水等安全事故的预防与处理。

3.熟悉台风、暴雨、地震、洪水、泥石流等重大自然灾害的避险与处理。

4.掌握突发公共卫生事件的处理流程。

◉ **能力目标**

1.拥有能为游客解决突发事件的应急处理能力、沟通协调能力。

2.能准确把握游客心理动态,妥善处理好旅游中的突发危机与事故。

3.在面对复杂多变的旅游危机与事故时,能正确决策并高效执行。

◉ **素养目标**

1.具有安全意识与责任感,养成严谨细致的工作习惯。

2.具有乐于助人、勇于担当的职业素养。

3.具有较强的心理素质,在面对突发情况时能够保持冷静、理智。

◉ **任务引入**

湖南华天国际旅行社有限责任公司新导游岗前培训进入第八个主题。培训师舒某说,导游在实际带团过程中可能会遇到一些突如其来的问题,这些都是对导游应变能力的考验,能否有效预防和及时处理这些危机与事故是评判一位导游业务能力的重要指标。因此这一期培训邀请了一位资深导游小唐来交流他的工作心得。

8月下旬的某天,导游小唐(全陪导游)接到旅行社计调的通知,一个澳大利亚旅游团将于9月来中国旅游,该团在中国旅游的地方很多,第一站是北京,在北京的行程结束后,会前往上海、杭州、成都、西安,全程20多天由小唐负责接待。

尽管小唐已是一名经验丰富的导游,但考虑到该旅行团在国内多地游览,持续时间较长,他仍然小心谨慎。为此,小唐前期做了充足的准备,甚至对旅游途中可能出现的各类危机与事故如合同变更、行程变更、漏接、误机、丢失走失等常见问题与事故,可能出现的交通、治安、火灾、溺水等安全事故,以及极小概率遇到的台风、暴雨、地震、洪水、泥石流等重大自然灾害,都做了充分的设想预案。最终,小唐通过努力,与各地地陪导游等相关工作人员愉快协作,让游客在中国收获了一段完美的旅游体验。

本项目的学习清单如表4-2-1所示,请你每完成一项学习任务后在相应的括号中打"√"。

表 4-2-1　学习清单

项目	任务内容		备注
学习任务	（　　）	常见问题和事故的预防与处理	
	（　　）	旅游安全事故的预防与处理	
	（　　）	重大自然灾害的避险	
	（　　）	突发公共卫生事件的应对	
学习感想			

▶ **任务工单**

4-2-1

任务一　常见问题和事故的预防与处理

1. 任务描述

针对主题"常见问题和事故的预防与处理"，培训师借助线上教学资源实施培训。

学员通过课前分析案例（二维码 4-2-1），课中讨论交流和情景模拟、任务点评，掌握常见问题和事故的预防和处理方法，能妥善且高效地解决问题。

（1）课前，学员对案例进行分析，阐述案例中的旅游问题和事故的发生原因，对症下药提出解决方案，并将表格上传至在线课程的课前任务区。

（2）课中，被教师抽选到的部分学员对表格及案例进行分析，帮助学员加深印象。

（3）课中，结合案例内容，学员展开丰富想象，分小组进行角色分配，开展情景模拟，调动学习积极性，激发学员对案例的思考。

（4）课中，情景模拟环节结束后，开展任务点评，灵活运用理论知识分析问题，掌握常见问题和事故的预防和处理方法。

（5）课后，学员及时复习巩固，分情形绘制旅游事故的处理流程图，上传至在线课程的作业区。

2. 任务准备

（1）个人任务：学员阐述事故发生原因及解决方案，并绘制旅游事故的处理流程图。

（2）小组任务：各小组根据抽选的内容，展开小组讨论，进行角色分配，完成情景模拟（常见问题和事故的处理）。集体根据任务引导认真学习相关课程资源。

任务引导 1：旅游接待过程中，各类问题与事故发生的原因。

任务引导 2：处理旅途中的常见问题与事故应遵循的原则，以及正确的处理流程。

任务引导 3：针对不同类型的问题与事故，妥善解决处理的方式。

3. 任务实施

（1）被教师抽选到的学员结合表 4-2-2 进行分析（分析主客观原因、提出解决方案并阐述如何预防），理清思路。

表4-2-2 案例分析表

案例序号	原因分析				处理与预防	
	主观原因	客观原因	游客主动要求	游客被动接受	解决方案（地/全陪导游角度）	如何预防
1						
2						
3						
4						
5						

（2）各小组结合案例4-2-1内容，分小组进行角色分配，开展情景模拟（每组现场展示时间不超过5分钟），并填写表4-2-3，灵活运用理论知识分析问题、解决问题，避免在实践工作环节中出现纰漏。

表4-2-3 情景模拟安排表

组名	案例（以案例1为例）	小组成员	成员角色	学号	备注
	案例1		游客Michael		
			地陪导游		
			全陪导游		
			旅行社工作人员		
情景模拟对话大纲					

（3）被抽选学员绘制的处理流程图（常见问题和事故的预防与处理）进行分析，加深印象，理清问题与事故的处理程序与预防对策。

（4）学员将任务完成过程中遇到的问题及解决办法、学习体会及收获记录在表4-2-4中。

表4-2-4 学习记录表

小组名称：	小组成员：
遇到的问题及解决办法：	
学习体会及收获：	

4. 任务考核

将任务考核评价记录在表4-2-5中。

表4-2-5 任务考核评价表

任务	评价内容	分值/分	评价分数/分		
			自评	互评	师评
问题与事故的案例分析	原因分析到位,描述清晰正确	5			
	对于主动要求还是被动接受判断准确	5			
	解决方案合理有效,预防措施到位	10			
问题与事故的处理情景模拟	分工明确、组织有序,在规定时间内完成任务	5			
	情景模拟内容完整	20			
	情景模拟情节逻辑清晰	10			
	微笑服务,用语文明,符合职业规范	10			
其他	仪容仪表	5			
	语言表达	10			
	团队协作	10			
	突发状况处理	10			
最终得分					

新知讲授

　　旅游常见问题指的是导游在实施旅游接待计划过程中经常会遇到的各类服务问题。这些问题的发生,既有主观原因,也有客观原因;既涉及人为失误,也关联到物质条件,但无论哪一种问题,若未能得到及时且恰当的处理,都可能会影响游客的心情和整个旅游行程的安排。因此,导游在工作中必须熟练掌握这些问题的预防和处理方法。

一、旅游合同变更或解除的处理

　　在《导游服务规范》中,将遇到变更或解除旅游合同的情况分为三类,并从三个方面说明了有针对性的处理方式。

(一)旅游者提出的变更或解除

　　在旅游过程中,旅游者提出变更合同的要求时,导游应婉拒,特殊情况需请示旅行社核定。旅行社同意变更的,导游应按旅行社要求与旅游者签订书面合同。

(二)旅行社提出的变更或解除

　　在旅游过程中,旅游者出现下列情形之一的,导游应立即向旅行社报告。

　　(1)患有传染病等疾病,可能危害其他旅游者健康和安全的;

　　(2)携带危害公共安全的物品且不同意交有关部门处理的;

（3）从事违法或违反公序良俗的活动的；

（4）从事严重影响其他旅游者权益的活动，且不听劝阻、不能制止的；

（5）法律规定的其他情形。

旅行社依法解除合同的，导游应向旅游者做好解释工作，并协助旅游者返回出发地或旅游者指定的合理地点，同时保留相关证据。

（三）客观原因造成的变更或解除

当遭遇不可抗力因素，或旅游经营者虽已采取合理预防措施但仍无法避免的事件，导致旅游行程受到影响并需要变更合同时，导游应负责向旅游者解释说明情况，及时将旅游者的意见反馈给旅行社，随后按照旅行社的指示安排进行操作。

二、旅游行程变更的预防与处理

合同内事先约定好的旅游行程是旅游活动开展的依据，所有相关的接待安排，都是围绕既定行程展开的。因此，在正常情况下，旅游行程轻易不会变更，以免增加不必要的工作量及经济损失，但在旅游活动过程中，旅游行程变更仍时有发生，其中既有客观因素，如极端天气、自然灾害、交通事故等突发事件影响行程，也有主观因素，如游客主动要求变更行程、因旅行社操作失误未能成功预约参观景点等。因此，导游在带团过程中应采取有效的预防措施，并熟练掌握一些应对行程变更的处理方法。

（一）旅游行程变更的预防

旅游行程变更可分为主动变更和被动变更。一般而言，由游客主动提出的行程变更，游客与旅行社协商一致后即可实施，但对于一些被动的旅游行程变更，如遇交通拥堵需调整行程，则应尽量避免，以降低导游工作的被动性，确保计划内旅游活动的顺利开展。

1. 提前做好行程确认

提前确认行程至关重要，可以减少人为疏忽造成的行程变更。具体可从两个方面进行：一是地陪导游（或地陪导游经由全陪导游）在初次接触游客时，应及时与其核对行程细节，避免有出入；二是地陪导游需根据手中的接待计划书，提前与餐厅、酒店、景点等进行确认，避免预订失误。

2. 提前关注气象变化

恶劣天气会直接影响游客的出行计划。一般在接团之前，导游应预先查询团队旅游期间沿途的大致天气情况。若气象信息显示旅游期间可能出现极端天气，应提前采取措施。可在征得游客同意后，适当调整参观顺序以规避天气带来的影响，但整体行程不做变更。

3. 提前关注交通动态

突发性的交通事故确实很难预防，但对于已知的交通问题，我们应尽量避免。导游可以配合司机，在出发前利用各类地图App查询沿途交通状况。一旦发现某段道路拥堵严重（如显示为红线），应立即重新规划出行路线，绕开拥堵路段，以免影响行程。

（二）旅游行程变更的处理

当旅游行程变更已不可避免时，导游需根据实际情况，协调好游客与旅行社之间的沟通

新知讲授

工作。

1. 游客主动要求变更

当游客因个人原因提出变更行程时，导游需迅速向旅行社反馈，并按照其指示做好变更工作；同时，导游应向游客事先强调，因变更行程所产生的额外费用需由游客自行承担，其中减少的费用将在扣除已产生的实际成本后退还给游客。

2. 客观原因导致变更

若受交通、天气、自然灾害等客观原因的影响，导游需根据实际情况灵活处理，比如调整游览顺序、缩短或延长在某地的游览时间，甚至可能取消部分游览计划。具体处理步骤如下：首先，立即将现场情况汇报给旅行社；其次，将旅行社的处理建议告知游客，征询大家意见，直至双方达成共识；再者，尽力安抚游客情绪，提供更加细致周到的服务；最后，确保各方及时获得变更后的信息，做好信息更新与通知工作。

3. 旅行社原因导致变更

在落实旅游行程的过程中，旅行社偶尔会出现一些由人为因素引发的失误，其中也包括因导游个人疏忽所造成的行程变更。面对这类情况，导游应当迅速采取以下行动：首先，立即向旅行社汇报事件经过，听取旅行社的处理意见；其次，诚恳地向游客表示歉意，并详细介绍后续的补救方案，积极征求游客的意见和建议；最后，适当补偿游客，这既包括精神上的慰藉，如提供更加贴心细致的导游服务，让游客感受到诚意，也包括物质上的补偿，例如增加特色菜品或赠送精美纪念品等，以此表达旅行社的歉意和关怀。

三、漏接的预防与处理

漏接是指游客（团）抵达目的地却无导游迎接的现象。漏接事件一旦发生，无论是什么原因引起的，都会导致游客心生不满情绪，甚至会投诉。导游应该在接到旅游接待任务时，就开始准备预防工作。如果出现了漏接事故，导游应及时处理，尽快消除游客的不满情绪。

（一）漏接的原因

出现漏接的具体原因虽然多种多样，但其一般性原因为两个方面：一是主观原因；二是客观原因。

1. 主观原因

漏接事故有些是导游失误引起的，如导游因看错接站（机）时间而迟到、弄错接站（机）地点等；有些是因旅行社接待计划上书写有误，或旅行社上下站之间沟通不畅，没能将临时变动后的交通方式或抵达时间及时、准确地传达给导游；有些则是因游客自身问题引起的，如自行购票的游客中途更换航班，却未及时告知旅行社或导游变更后的新班次信息等。

2. 客观原因

如导游提前去往接站（机）途中，遭遇突发交通事故而迟到，或者游客乘坐的国际航班提前抵达等原因导致漏接。

（二）漏接的预防

若游客刚到旅游目的地就遭遇漏接，将不利于后续旅游服务工作的开展。导游应当认真做

新知讲授

好预防工作,尤其应设法避免人为因素导致的漏接情况。

1. 熟悉旅游接待计划安排

在领取计划书后,导游需尽快了解游客的抵达航班(或轮船、列车)信息,包括具体的班次、出发与抵达时间、精确的到达地点等。如果是飞机航班,导游还可利用手机软件实时关注航班动态。

2. 核实接机(车、船)的准确信息

导游应该在游客出发当天,在其航班或列车、班轮出发之前,与游客进行进一步的信息核实,包括班(轮)次、抵达的具体机场(车站、码头)、抵达时间、人数等信息,确保没有纰漏。

3. 提前到达迎接地点

导游应提前与司机商定好出发时间,无论是一起出发,还是各自抵达迎接点,一般都应留足路上的交通时间,并提前半小时抵达。

4. 保持通信联系畅通

导游需确保手机处于开机状态,流量与话费足够,至少不影响与游客的基本联系。以防万一,导游还可携带备用手机,避免因手机故障或丢失而导致与旅行社、游客失去联系的情况发生。

(三)漏接的处理

一旦发生漏接事故或预见到漏接即将发生,导游应沉着冷静,设法弥补,并及时报告旅行社,根据旅行社给予的意见,结合实际情况,灵活应对,妥善处理。

1. 尽快与游客会合

在知晓游客已经抵达后的第一时间,就立即联系游客,争取尽快会合。

2. 道歉并说明情况

与游客见面后,导游首先应诚恳地向游客表示歉意,然后实事求是地说明情况,争取获得游客的谅解。

3. 积极采取弥补措施

一方面,导游可以通过提供热情周到的高质量服务,弥补漏接带来的不良影响;另一方面,如果因为漏接导致游客产生额外的费用,导游应视情况主动给予报销;必要时,还可以通过赠送特色菜肴、本地特产等方式,给予游客一定的物质补偿,以表达诚意和歉意。

四、误机(车、船)的预防与处理

误机(车、船)事故指的是游客因故未能按照原定班(轮)次离开本站而引起的滞留事故。此类事故一旦发生,对各方都将产生不良影响,因此,导游不仅要严密防范此类事件的发生,还需熟练掌握相应的处理方法。

(一)误机(车、船)产生的原因

发生误机(车、船)事故的原因,一般有主观原因和客观原因两种。

1. 主观原因

导游在接待过程中,因为行程安排不当,而导致游客不能按时到达机场(车站、码头);或是导

新知讲授

游在核对交通票据时粗心大意,记错了时间或地点,导致误机(车、船)等人为因素造成的事故,都属于主观原因造成的,是预防工作的重中之重。

2.客观原因

如在途中遭遇交通事故、恶劣天气、自然灾害等不可抗力或难以预测因素而引起的误机(车、船),都属于客观原因引起的。

(二)误机(车、船)的预防

旅游活动的各个环节紧密相连,一旦某个环节出问题,则会引发后续环节的连锁反应,可谓牵一发而动全身。为杜绝此类事件的发生,导游必须做好预防工作。

1.认真核验乘坐信息

导游不但要仔细确认班(轮)次,还要清楚乘坐的日期、具体时间以及地点。特别是在旅游目的地拥有多个交通枢纽(如多个机场、火车站或码头)的情况下,则应该进一步核实确认具体位置。

2.合理安排当天行程

导游应统筹安排旅游行程,避免在离开当天安排游客到地域复杂、位置偏远的景点参观游览,同时,也应避免在送机(车、船)前安排自由活动项目,以减少潜在的延误风险。

3.按规定时间抵达

导游应该提前与司机沟通,充分了解交通状况,并预留充足的行车时间,以免遭遇突发情况而不能按时抵达。

(三)误机(车、船)的处理

根据情形的不同,误机(车、船)事故的处理可分为两类:一类是潜在事故(即可能发生的事故)的应急处理,另一类则是已发生事故的及时处理。

1.潜在事故的应急处理

当游客在赶往机场(车站、码头)途中遭遇突发状况,如高速公路严重拥堵、旅游车抛锚等情况时,导游应时刻关注进度。若预计可能造成延误,需提前采取应急措施。

(1)及时向旅行社汇报。当发现存在延误的可能时,导游应及时向旅行社相关负责人说明情况,并保持联系。

(2)关注交通工具动态。通过旅行社与机场、车站、码头等取得联系,详细说明游客人数、可能迟到发原因、预计抵达时间,询问能否等候。同时,导游也可利用相关软件,密切关注航班、列车等交通工具的运行状态,及时掌握延误信息。

(3)灵活采取应对措施。根据承运方的反馈,并结合现场交通情况,与旅行社商量出应对措施,如高铁是否改签、航班是否更改等。

(4)做好游客安抚工作。在处理问题的过程中,导游需保持镇定,随时将事情的进展情况和对应的补救措施告知游客,安抚好游客情绪,并说明需要游客配合的具体事项,确保团队稳定。

2.已发生事故的及时处理

经过多方努力,若还是发生了误机(车、船)事故,就需积极开展后续补救工作。

(1)稳定游客情绪。此类事情的发生打乱了游客的原定计划,难免影响其心情。此时,导游应积极采取行动,通过提供更优质的服务等手段,有效缓解游客的烦躁情绪。

（2）做好协调工作。导游既要执行旅行社的处理意见并及时传达给游客,也要耐心倾听游客的意见与反馈,并及时反馈给旅行社。通过沟通协调,找到大家都认可的新方案。

（3）做好对下一站的通知。如果下一站是继续游览,则应及时通知下一站,对游览行程与有关安排做出相应的调整,确保游客的体验不受影响;如果下一站是返程回家,导游应提醒游客及时联系家人,告知事情原委,并让家人放心。

五、证件或物品丢失的预防与处理

在旅游活动过程中,证件或物品丢失事件时有发生,这既可能是游客个人的疏忽大意所致,也可能是相关部门工作人员的失误所引起的。这类事件不仅会给游客带来经济损失,还会造成其在旅游生活上的诸多不便。因此,导游不仅要做好预防工作,还需熟练掌握此类事件的处理方法,以便在问题发生时能够迅速、妥善地解决。

（一）证件或物品丢失的预防

预防是避免物品丢失的首要步骤,在服务过程中,导游可以采取以下预防措施。

1. 多做提醒工作

在旅游参观的每一个环节,导游都应做好提醒工作,不断提醒游客检查自己的随身物品。如离店时,提醒游客带好随身物品;下车时,提醒带好随身贵重物品;在人多拥挤的场合,再次提醒游客保管好随身钱包或手机等物品。

2. 做好证件与行李的清点交接

为游客提供行李服务时,应当清点行李的件数。在旅游活动过程中,如果需要用到游客的证件,要经由全陪导游或领队统一收取,在使用完毕后立即归还,并当面做好交接时的清点工作。

3. 提醒司机及时锁好车门车窗

旅游客车就是游客临时的"家",一些随身物件不经常使用时,游客都喜欢直接放在车上。因此,当司机需要离开而车上无人时,导游应提醒司机及时锁好车门和车窗,防止物品被盗。

（二）证件或物品丢失的处理

当游客丢失证件或物品时,导游应稳定游客情绪,详细了解丢失情况,并积极协助寻找,同时报告旅行社,按照以下程序处理。

1. 游客在境内丢失证件或物品

（1）由旅行社开具丢失证明,导游应协助游客向公安机关报失。

（2）对于丢失证件的,开具身份证明。

（3）对于丢失物品的,开具物品遗失证明,以便后续向保险公司申请办理理赔事宜。

2. 游客在境外丢失证件或物品

（1）对于丢失证件的,领队应协助游客向当地警方报失,在取得丢失证明后向中国驻当地使领馆或政府派出机构等有关证件办理部门申请新证件,办理相关离境手续。

（2）对于丢失物品的,由当地旅行社开具证明,协助游客向当地警方报失,开具物品遗失证明,以备离境时海关查验或向保险公司申请办理理赔事宜。

六、行李丢失或损坏的预防与处理

在旅游过程中，会出现游客行李丢失或损坏的情况。有些是发生在游客乘坐飞机时，行李在托运过程中被损坏或丢失；有些是在游客入住或离开酒店时，没有做好行李交接工作而导致丢失；有些是路途颠簸造成行李舱内的行李损坏。无论是行李丢失还是损坏，都会影响游客的旅游体验，导游应当协助游客做好预防工作，在问题发生时，及时妥善地解决问题。

（一）行李丢失或损坏的预防

1.导游应做到

（1）多做提醒工作。频繁而及时的提醒是防止游客因疏忽大意而遗失行李的有效手段。特别是在酒店办理入住、带行李用餐或离店上车时，游客常会因为行程匆忙而忘记带上随身行李。因此，在一些上下车、出入酒店等环节，都要随时做好提醒工作。

（2）做上醒目的记号。出门旅游时，相似的行李箱屡见不鲜，稍不留意就可能发生误拿。因此，可建议游客在行李箱上粘贴醒目的标签或行李牌，上面标注姓名、联系方式等信息，这样既能快速辨认自己的行李，又能有效预防被别人错拿。

（3）做好行李的清点。如果游客行李较多，需要导游协助搬运时，务必要做好行李件数的清点，尤其在交接过程中，不能马虎。

（4）提醒司机锁好旅游客车的行李舱和门窗。当车上无人时，导游应提醒司机及时锁上车窗门；同时也要跟司机确认，是否已经将放置游客行李的行李舱锁好，确保行李安全。

2.提醒游客注意

（1）做好缓震防护。在行李箱内应尽量避免放置易碎物品，如果一定要放，可用毛巾等柔软材料将其包裹，再放到盒子内。同时，在盒子的四周多放一些衣物，提供额外的缓冲保护，减少因震动或碰撞造成的损害。

（2）装物不宜过满、过重。不要将行李箱装得过满过重，以免在搬运时一旦发生磕碰，没有缓冲空间，物件就更容易被磕坏。

（3）锁好行李箱。平时要锁好行李箱，以免拉链松开导致行李被压坏；如果是托运，对于适合捆绑的行李，可以考虑进行打包处理，以增强其结构稳定性，减少破损的可能性。

（4）贴上易碎品标签。若行李箱内装有易碎物品，建议在行李箱上的显眼位置粘贴易碎标识，以提醒行李搬运人员注意轻拿轻放，从而降低物品受损的风险。

（二）行李丢失或损坏的处理

当游客行李丢失或损坏时，导游的首要任务是安抚其情绪，了解丢失或损坏的具体情况，同时报告旅行社，并按以下要求处理。

1.游客在境内丢失行李或行李损坏

（1）查明丢失行李或行李损坏的运输区间，协助游客办理报失或报损登记手续。

（2）将游客后续旅游行程安排告知承运人，同时在旅游过程中，应与承运人保持联系与沟通，督促承运人及时查找丢失行李。若行李在非运输期间丢失，则按照丢失物品流程处理。

（3）在查找丢失行李期间，协助游客购置生活必需品，并提醒其妥善保存购物凭证（如发票),以便后续索赔使用。

(4)若责任方明确,导游应协助游客向责任方提出索赔,并办理相关事宜;若责任难以确定,导游需协助游客开具有关证明文件,以便向保险公司申请理赔,并根据情况向相关部门报告。

2. 游客在境外机场丢失行李或行李损坏

(1)领队应及时协助游客通过机场的行李查询台或承运人的行李服务柜台查询和申报。

(2)根据行李找回的情况或损坏程度,协助游客办理相关的索赔或理赔事宜。

七、走失的预防与处理

在游览过程中,游客走失的情况时有发生,有可能是游客没有听清楚导游的提醒,也可能是导游没能向游客讲清楚游览线路、车号、停车场位置、集合点等信息。无论何种原因,一旦发生走失事件,不但耽误旅游行程,还会对游客的情绪产生负面影响。因此,导游应当提前做好预防措施。

(一)走失的预防

1. 做好提醒工作

在旅游活动开展初期,导游应抓住时机,向游客强调并提醒其记住一些关键信息,包括导游的联系电话、旅行社名称、旅游车标志及车牌号等;整团一起游览时,随时提醒游客不要走散;在自由活动时,确保老人和孩子身边有照顾的人,并清晰告知集合的具体时间和地点;提醒游客在找不到导游时,不要乱跑,应及时联系导游或自己的亲友。

2. 提前告知旅游安排

在前一天晚上或当天出发时,导游应向游客介绍接下来的行程安排,尤其要重点强调一些容易发生走失事故的场合;到达景点后,应利用景区导览图再向全体成员介绍一遍景点旅游线路、集合时间与地点、导游联系电话等信息。

3. 多关注游客动向

导游之间应当密切配合,在地陪导游带队讲解期间,全陪导游或领队应当做好断后工作;时刻留意游客的动向,一旦发现有游客只顾拍照时,应及时提醒其跟上队伍,尤其要重点关注一些老人、孩子以及态度散漫的游客;导游应养成经常清点人数的习惯,一旦发现有人不在场,应及时与其联系或组织人员一起寻找。

4. 提供精彩讲解

在游览过程中,导游要以精彩的讲解吸引住游客。通过高超的讲解技巧和趣味横生的讲解内容,牢牢吸引游客,这能够有效防止走失事件的发生。

(二)走失的处理

导游在发现游客走失后,应按以下要求处理。

1. 游客在境内走失

(1)首先,向其他游客了解情况,并由全陪导游安排游客的随行亲朋或团队代表与其共同寻找游客,同时与景区管理方、住宿经营者等可能掌握线索的相关接待者联系,地陪导游带团继续游览。

（2）及时向旅行社报告,反映游客走失的详细情况,请求指示与援助,并通知走失游客家属。

（3）走失24小时仍未找到的,应立即向当地公安机关报案,寻求专业帮助。

（4）若失踪游客为老年人、未成年人、残疾人等特殊人群,需立即报警。

2.游客在境外走失

（1）迅速了解失踪前后的具体情况,立即寻找,并通过相关移动应用软件进行活动区域定位。

（2）及时向旅行社报告,描述游客走失详细情况,寻求帮助与指导。

（3）与酒店联系,确保失踪游客若自行返回时,酒店能及时通知领队。

（4）必要时,领队可要求地陪导游向当地警方报案。

（5）必要时,向中国驻当地使领馆或政府派出机构报告,在其指导下全力做好游客走失的应对处置工作。

八、晕机(车、船)的预防与处理

晕动症是指在乘坐飞机(车或船)等交通工具时,由于行驶过程中产生的摇晃、颠簸及旋转引发的一系列生理反应。这是一种常见病症,其症状因人而异。轻微症状表现为脸色苍白、出冷汗、胃部不适及头晕等;较为严重时则可能会出现恶心、呕吐,甚至还会出现心律不齐、虚脱、休克等严重状况。游客在乘坐飞机、旅游客车和客轮时,晕动症的发生较为频繁。因此,导游需密切留意游客在旅途中的身体状况,一旦发现晕动症的迹象,应及时做出相应的处理。

(一) 晕机(车、船)的预防

虽然晕动症无法根治,但可以采取一定的预防措施以减轻其症状。具体而言,导游可以提醒游客采取以下措施。

1.避免过度疲劳

疲劳是引起晕动症的原因之一,导游在安排行程时,应确保活动强度适中,避免游客过度疲劳,还应当提醒游客充分休息,以保持良好的精神状态。

2.注意饮食禁忌

提醒晕动症游客不喝酒、不吃高蛋白和高脂肪食品,建议其选择清淡餐食,并控制食量,避免过饱。

3.坐到更平稳的位置

引导晕动症游客坐到更平稳的位置。旅游巴士前排座位较平稳;游船中间靠后的舱位较平稳;飞机则是机舱的前部较平稳。

4.乘坐期间宜闭目养神

提醒游客不要在乘坐期间长时间阅读或使用手机,尽量避免注视快速移动的近景,避免产生眩晕。

5.提前服用抗晕药物

一般建议晕动症游客在乘坐交通工具前的30分钟,服用提前准备好的抗晕药物,以减轻症状。

（二）晕机（车、船）的处理

在旅途中如遇到游客出现晕动症，导游应随时关注其身体状况，必要时采取一些措施以帮助游客减轻症状。

1. 提醒游客转移注意力

导游可建议游客通过与人聊天、听喜爱的音乐等方法，有效转移注意力。

2. 帮助游客调整位置

如果游客所坐位置颠簸较为剧烈，应及时协助其调换至相对平稳的位置，并设法通风透气，使游客能呼吸到新鲜空气。

3. 使用常见外用药提神

可以将少许风油精、清凉油涂抹于游客的太阳穴等位置，以提神醒脑。

4. 准备好应急袋

导游应预备易于获取的食品袋或塑料袋作为应急袋，并备好纸巾或毛巾，以备游客需要时清理呕吐物。

5. 寻求工作人员帮助

当游客症状严重时，如果乘坐的是旅游客车，可以请司机根据情况尽快安全停车，让游客下车缓解症状；如乘坐的是飞机或轮船，可及时寻求乘务人员的帮助。

九、中暑的预防与处理

中暑是由于长时间暴露于烈日下或高温环境中，导致人体内热量无法及时散发，从而引起机体体温调节功能发生障碍而产生的一种急性疾病。轻症中暑表现为头晕目眩、耳鸣、口渴、多汗以及身体乏力等症状；当体温升高至38 ℃以上时，还会出现面色苍白、恶心反胃、呕吐以及呼吸浅快等早期循环衰竭征象；重症中暑患者的情况则更为危急，可能陷入昏迷，并伴有四肢不自主地抽搐。在极端情况下，严重时会产生多器官功能衰竭。

（一）中暑的预防

为预防中暑事件的发生，导游可以做好以下几个方面的准备工作。

1. 合理安排行程

在夏日旅游时，行程应以轻松为主，避免过度劳累；尽量避免长时间在烈日下活动，如果条件允许，可选择早晨或傍晚时段游览户外景点，中午前后安排室内游览活动或休息。

2. 做好防护工作

在外出游览之前，务必提醒游客做好必要的防暑准备，建议穿着浅色、宽松且透气性好的棉麻衣物，少穿化纤类衣物；涂抹好防晒霜；携带遮阳伞、遮阳帽、太阳镜及防晒衣等防护用品，全方位保护皮肤免受紫外线伤害。

3. 喝水补充电解质

建议游客最好随身带上保温杯，在旅途中及时补充水分，以维持体内水分平衡。可以在茶水里增加菊花等成分,更有助于清热解毒。

4. 备好防暑药品

在夏日室外旅游时,提醒游客准备好藿香正气液、人丹、十滴水、风油精等防暑常用药品,帮助缓解中暑带来的不适反应。

（二）中暑的处理

一旦发现游客出现中暑症状,导游可马上采取以下措施。

1. 转到阴凉环境

尽快将游客转移至阴凉通风处,若当事人意识清醒,可以让其采用坐姿休息,并在头与肩部给予支撑;若当事人已经失去意识,则需寻找干燥平坦的地面让其平躺,帮其解开衣领、放松裤带,确保呼吸顺畅。

2. 进行物理降温

对于轻微中暑的游客,可以帮其扇风散热;若游客面色潮红,出现发烧症状,可以用凉水擦拭身体,帮其物理降温。

3. 采取药物治疗

若中暑症状一时得不到缓解,可以征询游客本人或随行亲友意见,是否同意使用自带的防暑药物,如藿香正气水、十滴水等,并在给药后持续观察游客状况。

4. 及时送医治疗

若游客病症较重,经过上述处理以后,不适症状仍没能得到改善,应及时将其送往医院接受专业治疗。

十、毒虫蜇伤的预防与处理

毒虫通常是指身体能分泌并释放出毒液的节肢动物,如昆虫、蜈蚣、蜘蛛、蝎子等。由于旅游活动大多在户外进行,尤其是在春夏秋三季,游客稍有不慎就可能遭到毒虫叮咬。当游客不小心被毒虫蜇伤时,轻者出现红斑、丘疹且会伴有不同程度的瘙痒、烧灼及疼痛感;严重者则可能导致皮肤受损或坏死,关节疼痛,有的甚至还会引发全身中毒,导致死亡。为保护好游客的人身安全,在旅游活动过程中,导游除了提醒游客做好预防工作,还应掌握一些被毒虫蜇伤后的基本处理技巧。

（一）毒虫蜇伤的预防

为防止毒虫伤人事件的发生,导游可提醒游客从以下几点入手,做一些必要的预防。

1. 做好穿着防护

一般建议大家尽量穿着长袖长裤,必要时扣紧袖口、领口等部位,裤脚扎紧,戴上帽子;但需避免穿着深色或花色衣物,以免吸引昆虫注意。

2. 配备驱虫用品

建议游客随身携带防蚊液、驱虫剂、中药香囊等装备,根据情况酌情使用。特别是在皮肤裸露部位,应提前涂抹防蚊液;应避免使用香水等芳香剂,以免让昆虫误以为是找到了含花蜜的花朵。

3.避免进入毒虫聚集的环境

毒虫通常喜欢阴暗、闷热、潮湿的环境,因此草木茂盛的区域常成为各种毒虫的聚集地,应尽量避免进入。同时,避免在易滋生虫害的大树下长时间停留,也要避免在草地和水边坐卧,以减少与毒虫接触的风险。

(二)毒虫蜇伤的一般处理

在游客被毒虫蜇伤后,导游应冷静应对,并按以下要求进行处理。

1.提醒游客尽快离开事发点

发现游客被毒虫蜇伤后,应第一时间提醒其快速离开事发现场,防止再次遭受叮咬。

2.记下事发地环境及毒虫样貌

尽量记住咬伤事件发生的具体地点、周围环境,如果可能,最好能提醒游客记住毒虫的外观特征,以便后续告知医生。

3.判断伤情状况

导游应立即观察游客被咬处的伤口情况,判断伤势的严重程度。轻微咬伤可能仅表现为局部红肿,而严重蜇伤则可能伴随剧烈疼痛、头晕、呼吸困难等症状。

4.清理并冲洗伤口

如果是被蜜蜂类昆虫刺伤,首先检查伤口处是否残留毒刺,若有,需小心拔除,随后用矿泉水等洁净的水冲洗伤口。条件允许时,可用肥皂水冲洗伤口,减少伤口上的毒素扩散。

5.就近寻找医疗帮助

如果景区配备有医疗服务,应立即前往寻求帮助,对伤口进行简单处理。对于局部红肿、丘疹,可用风油精、清凉油等外涂;如伤口红肿严重,可采用局部冰敷的方法来缓解疼痛和肿胀。在此过程中,提醒游客不可挤压或揉搓伤口,以免加重症状。

6.尽快送医救治

如果无法就近得到对应治疗,且游客被蜇伤后出现伤势加重迹象,如出现头晕、呼吸困难等症状时,应尽快将其送往最近的医院,或立即拨打急救电话,以免耽误治疗的最佳时间。

十一、游客伤病、病危或死亡的处理

在旅游过程中,由于旅途疲惫、气候变化以及水土不服等因素,游客可能会出现抵抗力下降的情况,进而引发身体不适。尤其是老年人,他们更容易出现失眠、晕车、高原反应、中暑、腹泻等问题,严重时可能引发昏厥、心脏病发作等危急状况,以及由此引起的摔伤等事故。因此,导游在旅游活动中应密切关注游客的身体状况,及时给予提醒和建议,尽量做好预防工作。一旦发生相关事故,导游应掌握规范的处理方法。

(一)游客伤病的预防

做好游客伤病的预防工作,可以从以下几个方面入手。

1. 密切留意游客的健康状况

在开展旅游活动的过程中，随时观察游客的健康状况。一旦发现游客身体状态欠佳，应建议其及时休息或前往医院诊疗，做到早发现、早处理，及时消除隐患。

2. 安排游览活动应劳逸结合

根据游客整体的身体、精神状态，科学规划游览路线和活动节奏，避免行程过于紧凑，确保游客有足够的休息时间，避免过度劳累。游览节奏应劳逸结合、张弛有度，夜晚的娱乐活动不宜时间过长、过晚。

3. 安全警示应及时明确

在旅游过程中，对于存在安全隐患的环境或行为，导游应对游客做出及时、明确的安全警示，如提醒游客不在悬崖边做危险拍照动作、不在陡坡上嬉闹等。涉及登高涉险的项目，应建议游客根据自身条件量力而行，尤其建议老幼群体避免参与危险项目，以免发生意外。

4. 提醒游客注意饮食卫生

常言道"病从口入"，导游应提醒游客注意旅游期间的饮食卫生。不要暴饮暴食，提倡多喝干净的开水或矿泉水，食用洗净或去皮的水果，不吃路边摊的东西等。

5. 做好天气变化的提醒工作

鉴于不同地区的气候条件差异，导游应及时提醒游客游览期间的天气变化情况，并做好应对措施，如夏季防暑降温、冬季保暖防寒、晴天做好防晒、雨天携带雨具等。

（二）游客伤病、病危或死亡的处理

1. 游客伤病的处理

当游客意外受伤或患病时，导游应及时了解情况，不应擅自给患者用药。如有必要，应陪同患者前往医院就诊，并按照规定流程及时上报相关情况。此外，导游还应协助游客向保险公司办理理赔事宜。

2. 游客病危的处理

（1）在游客病危时，导游应立即拨打急救电话求救，或协同患者亲友送病人去医疗急救机构或医院抢救，或请医生前来抢救，并及时报告旅行社。

（2）若患者为国内外急救组织的投保者，应协助游客及时与该组织的代理机构联系，并同步向旅行社报告相关情况。

（3）在抢救过程中，导游应按以下要求处理。

① 详细记录患者患病前后症状及接受治疗的情况，尽量保留相关诊断治疗证明副本，患者有亲友同团的，应要求亲友在场；

② 随时向旅行社反映情况并及时通知或提请旅行社通知患者亲属；

③ 如患者系外籍人士，协助患者通知其所在国驻华使领馆；

④ 妥善安排好其他游客的活动，地陪导游带团继续游览。

（4）若游客病危发生在境外的，领队应及时向中国驻当地使领馆或政府派出机构报告，并在其指导下，全力做好游客抢救工作。

3. 游客死亡的处理

（1）导游应立即向旅行社报告，随后由地接社按照国家有关规定做好善后工作，同时应稳定其他游客情绪,并继续做好其他游客的接待工作。

（2）游客非正常死亡的,导游应注意保护现场,并立即向当地公安机关报案。

（3）若游客死亡发生在境外,领队应及时向当地警方报案,同时向中国驻当地使领馆或政府派出机构报告,并按旅行社的安排处理相关事宜。

（4）导游应积极协助游客家属向保险公司办理理赔事宜。

十二、游客不当行为的预防与处理

游客不当行为指的是游客违反法律或社会公德,但尚不足以追究法律责任的行为。鉴于不同国家或民族间法律法规、风俗习惯及宗教信仰的差异,游客在旅行过程中应展现出充分的尊重与理解。同时,无论是导游接待境内团或入境团,还是领队在带领出境团队时,都应对游客可能出现的不当行为做好预防措施,并掌握基本的处理方法。

（一）游客不当行为的预防

为防止游客不当行为的产生,导游可以提醒游客注意以下几点。

1. 强化文明旅游意识

游客应养成文明旅游的意识,遵守文明旅游的基本原则,以礼待人,友善沟通,充分认识到自己的言行举止对当地社会环境可能造成的影响。

2. 遵守当地法律法规

游客应遵守旅游目的地法律法规,不擅自闯入禁止进入的区域,同时避免发表任何不当或敏感的言论。

3. 尊重当地文化习俗

每个国家与民族都有自身特殊的历史与文化背景,游客应尊重并接纳当地的习俗礼仪,不妄自非议。

（二）游客不当行为的处理

当游客出现不当行为时,导游应当及时干预以维护旅游秩序,具体处理方法如下。

1. 立即制止不当行为

当发现有游客做出不当行为,导游需立即制止,直面问题,不回避、不推诿。

2. 指出其问题所在

导游应严肃且冷静地指出游客行为的不当之处,区分问题性质,并提醒其若持续此行为可能引发的严重后果。

3. 及时报告相关部门

若游客不听导游劝阻和提醒,依然我行我素,导游应及时将其不当行为报告给旅行社,并在旅行社的协助之下,进一步向相关管理部门报告,积极配合管理部门的调查工作。

新知讲授

▎慎思笃行

导游应急处理
中的责任担当
与智慧

▎任务检测

▶ 任务工单

任务二　旅游安全事故的预防与处理

1.任务描述

针对主题"旅游安全事故的预防与处理",培训师借助线上教学资源实施培训。

学员通过课前分析案例(二维码4-2-2),课中讨论交流、情景模拟以及任务点评,掌握旅游安全事故的预防和处理方法,能妥善且高效地解决问题。

(1)课前,学员对案例进行分析,阐述案例中的旅游安全事故的发生原因,并提出解决与预防方案,并将表格上传至在线课程的课前任务区。

(2)课中,被教师抽选到的部分学员对表格及案例进行分析,帮助学员加深印象。

(3)课中,结合案例内容,学员展开丰富想象,分小组进行角色分配,开展情景模拟,调动学习积极性,激发学员们对案例的思考。

(4)课中,情景模拟环节结束后,开展任务点评,灵活运用理论知识分析问题,掌握旅游安全事故的预防和处理方法。

(5)课后,学员及时复习巩固,分类绘制旅游安全事故的处理流程图,上传至在线课程的作业区。

2.任务准备

(1)个人任务:学员阐述旅游安全事故的发生原因及解决方案,并绘制旅游安全事故的处理流程图。

(2)小组任务:各小组根据抽选的内容,展开小组讨论,进行角色分配,完成情景模拟(旅游安全事故的处理)。集体根据任务引导认真学习相关课程资源。

任务引导1:在旅途中,各类旅游安全事故的发生原因。

任务引导2:处理旅途中的安全事故应遵循的原则,以及正确的处理步骤。

任务引导3:不同类型的安全事故的解决处理方法。

3.任务实施

(1)被教师抽选到的学员结合表4-2-6进行分析,理清思路。

表4-2-6　案例分析表

案例序号	原因分析		对导游的行为做出评价	处理与预防	
	主观原因	客观原因		正确处理步骤	如何预防
1					
2					
3					
4					
5					

(2)各小组结合案例4-2-2内容,分小组进行角色分配,开展情景模拟(每组现场展示时间不

超过5分钟)并填写表4-2-7,灵活运用理论知识分析问题、解决问题,避免在实践工作环节中出现纰漏。

表4-2-7　情景模拟安排表

组名	案例 (以案例1为例)	小组成员	成员角色	学号	备注
	案例1		全陪导游		
			地陪导游		
			大巴车司机		
			游客		
			旅行社工作人员		

情景模拟对话大纲

(3)被抽选学员对绘制的处理流程图(旅游安全事故的预防与处理)进行分析,加深印象,理清安全事故处理步骤与预防对策。

(4)学员将任务完成过程中遇到的问题及解决办法、学习体会及收获记录在表4-2-8中。

表4-2-8　学习记录表

小组名称:	小组成员:
遇到的问题及解决办法:	
学习体会及收获:	

4. 任务考核

将任务考核评价记录在表4-2-9中。

表4-2-9　任务考核评价表

任务	评价内容	分值/分	评价分数/分		
			自评	互评	师评
安全事故 的案例分析	原因分析到位,描述清晰正确	5			
	对导游的评价客观准确,不受主观情感或偏见的影响	5			
	解决方案合理有效,预防措施到位	10			

任务工单

续表

任务	评价内容	分值/分	评价分数/分		
			自评	互评	师评
安全事故的处理情景模拟	分工明确、组织有序,在规定时间内完成任务	10			
	模拟内容完整	15			
	模拟情节逻辑清晰	10			
	微笑服务,用语文明,符合职业规范	10			
	保护游客安全	5			
其他	仪容仪表	5			
	语言表达	10			
	团队协作	5			
	突发状况处理	10			
最终得分					

▶ 新知讲授

凡涉及游客人身、财产安全的事故均为旅游安全事故。根据性质、危害程度、可控性,以及造成或可能造成的影响,旅游安全(突发)事故可分为四级:特别重大、重大、较大和一般。

没有安全就没有旅游。在旅游过程中,保障游客的人身安全、财产安全,是导游服务的头等大事,导游对此不能有任何麻痹思想。安全事故一旦发生,后果往往不堪设想,不仅危及游客的生命、财产安全,同时也威胁着导游自身的安全。因此,导游在旅途中要时刻保持高度警惕,努力避免安全事故的发生;与此同时,导游在工作中应熟悉各类安全事故的预防与处理方法。

一、旅游交通事故

旅游交通事故是指游客乘坐公路、铁路、航空、水路等交通方式出行时发生的人身伤亡或财产损失事件。交通事故的成因既包含主观人为因素,也涉及客观因素,如自然灾害和道路损毁等,但人为因素是主要原因。在旅游交通事故中,较为常见的是旅游客车交通事故。本处所指的旅游交通事故,主要是指旅游客车交通事故。

(一)旅游交通事故的预防

《旅行社安全规范》(LB/T028—2013)中,针对旅游交通安全的预防,主要从旅行社旅游包车安全和导游操作两个环节提出了具体要求。部分要求如下。

1. 旅行社旅游包车安全要求

(1)使用的旅游营运车辆应符合GB/T 26359的要求,且车辆符合旅游包车营运资质、安全检验合格,满足旅游行程运输要求。

(2)应督促旅游汽车承运人严格贯彻落实车辆出车检查制度,实施旅游车辆班组每日检查、部门每周检查及公司每月检查的流程。检查时应采用安全检查表并签字确认。对于检查中发现的问题,应立即采取措施解决;无法立即解决的,应及时报告;严重或累次违反采购协议的安全条款约定的,应及时停用。

(3)选聘的旅游汽车驾驶员应当持有相应资质证书,并严格遵守行车安全规定,不超载超速、不疲劳驾驶、不酒后驾车,不服用影响驾驶安全的违禁药物。对于连续驾驶超过4小时或连续行程超过400千米的旅游线路,旅行社应合理安排驾驶员中途休息,或增配一名驾驶员,确保行车安全。

(4)使用的旅游汽车应设置导游/领队专座,以保障导游/领队的人身安全。

(5)使用的旅游汽车应配备"游客安全乘车温馨提示"宣传卡片,并且为每一个座位配置一份游客乘车安全须知。

2. 导游安全操作要求

(1)乘坐飞机、列车、班轮和城际客运班车等公共客运交通工具时,导游应提醒游客遵守公共交通承运人的安全要求。

(2)车辆行驶前,通过现场演示或播放安全片等方式告知车内安全设施位置及使用方法、常见突发事件应对常识,要求游客系好安全带,并提醒其他安全乘车注意事项。

(3)监督司机遵循相关交通法规,如遇司机拒不听从劝告的,应立即报告旅行社并采取紧急措施。

(4)在高速公路行驶时,导游不应站立讲解。

（二）旅游交通事故的处理

当旅游客车不幸发生交通事故时,导游可按照以下方法进行处理。

1. 立即组织抢救

交通事故发生后,作为导游,首先不能乱了方寸,应立即展开抢救工作,优先救助伤员。对于受伤比较严重的,应该立即拨打120求助,并在120的指导下,展开力所能及的科学急救。

2. 保护现场并立即报案

交通事故发生后,不要在忙乱中破坏现场,应指定专人保护现场。同时,立即拨打或安排人员拨打交通事故报警电话122,等交警抵达后,协助进行现场处置。

3. 迅速上报旅行社

导游应迅速将事故情况上报给旅行社,听取旅行社的建议与安排,妥善处理现场问题。

4. 做好安抚工作

对全体游客做好安抚工作,并根据事故整体情况和游客意愿,调整好后续行程安排。

5. 做好善后处理工作

导游应积极配合交通、治安部门调查事故原因;协助旅行社有关人员处理善后事宜,如事故原因调查、帮助游客向有关保险公司索赔等。

二、旅游治安事故

旅游治安事故是指在旅游活动过程中遭遇歹徒行凶、盗窃、抢劫等违反治安管理法律法规事件时,造成游客人身受到伤害或财物受到损失的事故。不同地域环境、不同出行时间,游客要面对不同的社会治安环境,因此,导游需要认真做好治安事故的预防工作,并熟练掌握处理此类事故的流程与规则。

（一）治安事故的预防

为做好治安事故的预防工作,导游应注意以下几点。

1. 做好游客安全教育

在旅游过程中,导游应随时提醒游客做好个人安全防护工作,如妥善保管好随身携带的贵重物品,避免在人群密集环境下暴露贵重财物,夜晚避免单独外出,以及谨慎对待陌生人的求助请求等。

2. 提醒司机做好安全配合

旅游期间的安全保障离不开司机的密切配合。导游应提醒司机遵守相关规定,做好配合工作,如提醒司机在接待游客期间不带无关人员到车上,包括亲友;遇到不明身份的人中途拦车时,应保持警惕,不轻易停车,即便被迫停车也不能轻易开启车门;当旅游车内无人时,应关好车窗、锁好车门。

3. 多与游客在一起

通常来说,导游对当地情况较为熟悉,安全意识也较强,既是职责要求,也是经验使然。因此,在旅游活动进行期间,导游应尽量与游客同行,既能及时关注并提醒游客注意人身与财产安全,也有助于高效、顺利地完成旅游接待任务。

（二）治安事故的处理

若游客在旅游过程中遭遇治安事故,导游可按照以下方式进行处理。

1. 立即采取保护游客措施

当治安事故发生后,导游需立即采取措施,妥善保护游客的人身与财产安全。

2. 马上报警求助

在保护游客安全的同时,导游应立即寻找机会拨打110报警;民警到达后,积极协助警方进行调查工作,并取得报案回执。

3. 安抚游客情绪

导游应负责安抚游客的情绪,并协助游客向警方查询案件信息及进展情况。

4. 做好善后工作

导游需及时将事故情况上报告给旅行社,并积极协助做好善后处理工作。

三、旅游火灾事故

火灾事故在旅游过程中一般不多见,但一旦发生,破坏性极强,损失巨大。旅游火灾事故是指在旅游过程中遭遇火灾而造成游客人身伤亡或财产损失的事故。游客下榻的酒店、用餐的餐厅、游览的景点与娱乐购物商店等场所,是游客容易遭遇火灾的地方,导游带领游客进入这些场所时应具备一定的防火灾意识,做好预防工作,了解火灾发生后的处理方法。

（一）火灾事故的预防

对于火灾事故的预防,导游可以从以下几个方面入手。

1. 提升游客防火意识

火的产生需要具备三个条件,即可燃物、空气和火源,三者缺一不可。导游应提醒游客不要在密闭空间内抽烟、更不能乱扔烟头;严禁携带易燃、易爆物品;不让儿童游客在房间内玩火等。

2. 提示游客熟悉安全出口

每当进入室内空间,导游应当及时熟悉并掌握安全出口的位置及疏散路线。特别是在入住酒店时,由于停留时间较长且多为夜晚休息时段,导游更应强调熟悉酒店安全通道位置的重要性,并提醒每位游客在进入客房后,务必仔细查看各自楼层的安全通道位置及疏散路线。

3. 增强电器设备使用安全意识

如今的日常生活用品都离不开电,导游需提醒游客在客房使用电器产品时,保持高度的安全意识,比如避免使用老旧的充电线进行充电,不要在同一插座上过多插接充电器,避免在入睡后长时间让电器处于充电状态等。一旦遇到电器或电线起火的情况,应迅速切断电源,再灭火。

(二)火灾事故的处理

当遭遇火灾时,导游可按以下方式进行处理。

1. 立即报警

发现火情后,导游应立即拨打119报警,同时将情况简明扼要地报告旅行社。

2. 组织游客撤离

导游应迅速组织游客通过安全出口疏散撤离。

3. 引导游客自救

如发现火灾时,已无法逃离火灾现场,导游要引导游客设法自救。如提醒大家切勿因留恋财物而延误逃生时机,应迅速逃生撤离;若楼道内出现浓烟,应尽快找到毛巾打湿并捂住口鼻,身体尽量贴近地面行走以减少吸入有毒烟雾;若身上着火,切记不可奔跑,应就地打滚或用厚重衣物压灭火苗;若大火已经封闭了逃生通道,导游应指导游客立即退回室内,用湿被褥等物品堵住门缝以防止火势蔓延,并向窗外发出求救信号,保持冷静等待救援。

4. 组织救援受伤者

若火势较大,导致有人受伤,应立即组织救援。

5. 安抚游客情绪

导游应妥善安抚游客的情绪,并积极协助旅行社处理因火灾引发的一系列后续问题。

6. 做好善后工作

协助有关方面处理善后事宜,设法使旅游活动尽早恢复。

四、旅游溺水事故

旅游溺水事故是指游客在水中将大量水吸入肺里,进而引起人体缺氧窒息的事故。这类事故通常发生在游客意外落水且不懂水性,或是熟悉水性但遭遇突发状况(如手足抽筋、突发疾病等)时。溺水者的症状表现为面色青紫且肿胀、眼球结膜充血、口鼻内充满泡沫等;情况严重者,则可能会出现四肢冰凉、失去意识、心跳与呼吸停止。鉴于溺水事故的突发性和高危险性,导游需根据旅游行程的具体安排,提前做好预防工作,并熟练掌握必要的急救技能与应对措施。

（一）溺水事故的预防

为防止发生溺水事故，导游应提醒游客注意以下几点。

1. 做好防溺水措施

无论是游泳活动，还是参与各类水上游乐项目，都应做好防溺水措施，如在游泳时，应随身携带救生圈以确保安全；而在参与水上项目时，则需正确穿戴救生衣等防护装备。

2. 做好热身运动

在下水之前，应先进行充分的热身运动，随后缓慢进入水中，使身体能够逐渐适应水温的变化，从而有效预防抽筋。

3. 做到"五不玩水"

不在身体不舒服时玩水；不在饥饿或过饱时玩水；不独自一人玩水；不前往水域情况不明或明确禁止游泳的地方玩水；不应逞强进行跳水或潜水等危险行为。

4. 做到及时上岸

一旦在玩水过程中感觉身体突然不舒服，如眩晕、恶心、心慌、气短等，就应立即上岸休息或结束玩水。

（二）溺水事故的处理

结合中国医学救援协会发布的溺水施救方法，当游客溺水时，导游应立即采取引导溺水者自救、从岸上救助溺水者和对溺水者进行岸上救护这三个步骤，对溺水者进行紧急施救处理。

1. 引导溺水者自救

一旦发现游客溺水，应第一时间引导其进行自救，为下一步救助争取宝贵时间。

（1）保持镇定，节省体力。溺水者需保持镇定，避免过度挣扎，以免体力迅速耗尽，特别是在野外水域要防止被水草缠绕，更不要将手臂上举扑腾，这样人会下沉得更快。

（2）放松身体，保持仰位。落水后，应尽快踢掉鞋子，然后放松身体，尽量保持仰卧位，让头部后仰，使口鼻露出水面；呼吸时尽量用嘴吸气、用鼻呼气，以防呛水；吸气要深，呼气要浅，有助于身体浮在水面。

（3）若遇呛水，咳嗽调整。若不慎在吸气时将水吸入气管内，就会呛水。此时应保持冷静，克制住想咳嗽的感觉，屏气直到把嘴鼻露出水面，然后通过咳嗽调整呼吸，待气管内的水分排出后，呼吸就能恢复正常。

（4）若遇抽筋，张手扳腿。若遇手指抽筋，可将手握拳，再用力张开，反复操作直至抽筋缓解；若遇腿部抽筋，深吸一口气仰浮水上，用抽筋肢体对侧的手握住抽筋脚趾，再用力向身体方向拉，同时用同侧的手掌压住抽筋肢体的膝盖，帮助抽筋腿伸直，直至症状缓解。

2. 从岸上救助溺水者

在引导游客开展自救的同时，导游需迅速评估现场状况及自身能力，决定下一步的救援行动。具体可采取以下施救措施。

（1）大声呼救。一边观察溺水者和周边环境的情况，一边大声呼救，以吸引更多人的注意并争取他们的协助。

（2）工具施救。不会游泳的施救者,切忌直接下水拉拽溺水者,以防被溺水者拉入水中。此时,应寻找并利用现场的竹竿、绳索、救生圈等可用物品开展施救。

（3）下水施救。若没有可借助的施救工具,且导游或其他施救者懂水性、能游泳,可考虑下水救援。施救者应先快速脱掉外衣裤,以防被溺水者扯住衣物而无法脱身;接近溺水者后,施救者应设法从溺水者背后抱住或拉住其腋窝,采用侧泳或仰泳的方式,安全地将溺水者带至岸边。

3. 溺水者岸上救护

成功将溺水游客救上岸后,需根据其身体状况采取相应措施。若溺水者身体无大碍,应先安抚其情绪,随后安排适当休息;若溺水者已陷入昏迷,则需立即实施急救。

（1）立即拨打120。若施救人员没有经过专业的急救培训,但情况紧急,立即拨打120是明智之举。这不仅能确保救护车尽快抵达,还能在120接线员的指导下,采取科学的救护措施,避免溺水者遭受二次伤害。

（2）清除溺水者口鼻处异物。将失去知觉的溺水者仰卧置于地上,将头部转向一侧,以便水可以从口中流出。同时,迅速清理溺水者口鼻内的堵塞物,使其保持呼吸道畅通。

（3）快速判断是否还有呼吸。可将手掌平放在溺水者胸腹部上方作为参照,侧脸俯身观察胸腹部是否有起伏,以此判断溺水者是否仍在呼吸。这一观察过程应持续约5至10秒。

（4）采用心肺复苏术救护。若发现溺水者已经没有呼吸心跳,就应立即采用心肺复苏术进行施救。若现场人员无人能做,导游可继续拨打120,请接线员指导心肺复苏术的具体操作方法,为溺水者争取宝贵的抢救时间。

五、食物中毒的预防与处理

旅游是了解地域饮食文化、体验当地美食的绝佳机会,但在陌生的旅游环境中,游客也可能会因为食材不卫生或变质、肠胃难以适应异地食物口味等原因,出现食物中毒。食物中毒的特点在于潜伏期短、发病迅速,常见症状包括恶心、呕吐、腹泻、腹痛等,且经常为集体发病。对于症状严重者,若抢救不及时,甚至可能危及生命。因此,导游在服务过程中应该做好预防,并熟练掌握一些基本的应急处理技能。

（一）食物中毒的预防

为防止发生食物中毒事故,导游可以从以下几点入手。

1. 优先选择卫生可靠的餐厅用餐

导游一般应安排游客到卫生有保障的餐厅用餐,尽量避免到无证经营的餐饮场所用餐。

2. 做好安全饮食提示

导游需向游客强调安全饮食的重要性。要提醒游客避免在街边小摊购买和食用食物;在购买和食用包装食品时,应查看生产日期和保质期,确保食品新鲜未过期;同时,告诫游客不要食用隔夜食物、生冷食物以及未经确认安全的野生果实等,以防食物中毒。

3. 及时处理饮食变质问题

在用餐过程中,一旦发现菜肴、饮料存在卫生问题,如过期、变质、有异味等,导游应立即要求餐厅撤下这些食品,并采取相应的补救措施。此外,在接下来的一段时间内,导游还需密切关注游客用餐后的身体状况,确保一旦发生异常能够及时发现并处理。

（二）食物中毒的处理

一旦发现游客出现上吐下泻、腹痛等食物中毒症状，导游首先应立即让游客停止食用可疑食物，并迅速拨打120急救电话。在急救车到来之前，可采取以下自救措施。

（1）催吐。

对于中毒时间不长且尚未出现明显呕吐的游客，可以让他们饮用5000—8000毫升的温水，饮用后立即实行扣喉的催吐方法。催吐过程中，应特别注意避免引起逆行性呛咳和误吸；要尽量多催吐几次，使胃肠道内的呕吐物排出时尽量呈无色无味澄清状，以减少毒素的吸收。经过大量温水催吐后，呕吐物已变为较澄清液体时，可适量饮用牛奶以保护胃黏膜。如果在呕吐物中发现血性液体，这可能意味着消化道或咽部出血，应暂时停止催吐。

（2）导泻。

发生中毒后，如果游客的进食时间已超过2小时，但精神状态尚可，此时可以选择导泻的方法，即服用泻药，促使受污染的食物尽快排出体外。需要注意的是，泻药的种类和用量要根据患者的年龄不同而有所区别。

（3）保留食物样本。

由于确定中毒物质对于治疗来说至关重要，因此在发生食物中毒后，应尽可能保留导致中毒的食物样本，以便提供给医院进行检测；如果身边没有食物样本，也可保留患者的呕吐物和排泄物，以方便医生确诊和救治。

（4）事故报告与责任追究。

处理事故的同时，也应及时将情况报告旅行社，并追究餐厅的责任。

▶ **任务工单**

任务三 重大自然灾害的避险

1. 任务描述

针对主题"重大自然灾害的避险"，培训师借助线上教学资源实施培训。

学员通过课前分析案例（二维码4-2-3），课中讨论交流、情景模拟，以及任务点评，掌握自然灾害的预防和处理方法，能妥善且高效地解决问题。

（1）课前，学员对案例进行分析，对导游的做法做出评价，并针对不同的自然灾害提出预防与处理对策，并将填写好的表格上传至在线课程的课前任务区。

（2）课中，被教师抽选到的部分学员对表格及案例进行分析，帮助学员加深印象。

（3）课中，结合案例内容，学员展开丰富想象，分小组进行角色分配，开展情景模拟，调动学习积极性，培养学员临危不惧、冷静安抚游客、带领游客自救的职业意识。

（4）课中，情景模拟环节结束后，开展任务点评，灵活运用理论知识分析问题，掌握重大自然灾害的预防和处理方法。

（5）课后，学员及时复习巩固，绘制应对重大自然灾害的流程图，上传至在线课程的作业区。

任务工单

慎思笃行

普法小课堂——旅行途中受伤了怎么办？

任务检测

案例

4-2-3

2. 任务准备

（1）个人任务：学员对导游行为进行评价，并阐述自然灾害的预防与处理对策，并绘制应对重大自然灾害的流程图。

（2）小组任务：各小组根据抽选的内容，展开小组讨论，进行角色分配，完成情景模拟（重大自然灾害的处理）。集体根据任务引导认真学习相关课程资源。

任务引导1：自然灾害是否可以避免。

任务引导2：旅途中，遭遇自然灾害应遵循的原则、正确的处理流程，以及有效预防措施。

任务引导3：针对不同类型自然灾害的处理对策差异。

3. 任务实施

（1）被教师抽选到的学员结合表4-2-10进行分析（评价导游行为、提出正确处理步骤，并阐述如何预防），理清思路。

表4-2-10　案例分析表

案例序号	对导游行为做出评价		处理与预防	
	表扬	批评	正确处理步骤	如何预防
1				
2				
3				
4				

（2）各小组结合案例4-2-3内容，分小组进行角色分配，开展情景模拟（每组现场展示时间不超过5分钟）并填写表4-2-11，灵活运用理论知识分析问题、解决问题，避免在实践工作环节中出现纰漏。

表4-2-11　情景模拟安排表

组名	案例（以案例1为例）	小组成员	成员角色	学号	备注
			地陪导游		
			游客		
案例1			旅行社工作人员		
			酒店工作人员		
情景模拟对话大纲					

任务工单

（3）被抽选学员对绘制的处理流程图（重大自然灾害的预防与处理）进行分析，加深印象，理清处理程序与预防对策。

（4）学员将任务完成过程中遇到的问题及解决办法、学习体会及收获记录在表4-2-12中。

表4-2-12　学习记录表

小组名称：		小组成员：
遇到的问题及解决办法：		
学习体会及收获：		

4. 任务考核

将任务考核评价记录在表4-2-13中。

表4-2-13　任务考核评价表

任务	评价内容	分值/分	评价分数/分		
			自评	互评	师评
重大自然灾害的案例分析	对导游的评价客观准确	10			
	解决方案合理有效，预防措施到位	10			
重大自然灾害的处理情景模拟	分工明确、组织有序，在规定时间内完成任务	10			
	情景模拟内容完整	10			
	情景模拟情节逻辑清晰	15			
	用语文明，符合职业规范	10			
	保护游客安全	5			
其他	仪容仪表	5			
	语言表达	10			
	团队协作	5			
	突发状况处理	10			
最终得分					

> **新知讲授**

自然灾害是指给人类生存带来危害或损害人类生活环境的自然现象，包括干旱、高温、洪涝、台风、地震、海啸、滑坡、泥石流等。自然灾害因其不可预测性而显得尤为可怕，一旦发生，往往伴随着极高的危险性。旅行途中若不幸遭遇自然灾害，导游应具备全局观念，确保自己处乱不惊，并引领全团游客冷静应对。

一、自然灾害的预防

在旅游期间,导游应当根据气象状况,预先采取必要的防范措施。

1. 密切留意天气动态

及时关注旅游期间的天气预报信息,尤其要关注权威部门发布的天气预警信息,以便提前掌握天气变化趋势及可能遭遇的自然灾害风险。

2. 及时向旅行社报告

如果出现反常气象,应立即向旅行社报告,并做好应对预案,同时要保持沟通顺畅。

3. 灵活调整旅游行程

如果能确定气象变化或已发生的自然灾害会对原定行程构成威胁,导游应在征得游客同意和旅行社认可之后,灵活调整行程安排,确保游客安全。

二、自然灾害的一般处理

遭遇自然灾害时,导游应沉着应对。

1. 当游客在境内遭遇自然灾害

(1) 及时报警并向旅行社报告,同时向游客预警,引导游客采取相应的安全防范措施,并立即组织游客撤离至安全地带。

(2) 游客遭受人身损害的,导游需依据现场实际情况,引导游客开展自救和互救,防范二次伤害,等待救援。

(3) 及时稳定游客情绪,及时将事件发生的时间、地点、原因、经过等情况报告旅行社和相关部门,取得指导和帮助。

2. 当游客在境外遭遇自然灾害

(1) 若游客在境外遭遇自然灾害并出现伤亡,导游还应及时向中国驻当地使领馆或政府派出机构报告。

(2) 在中国驻当地使领馆或政府派出机构指导下,全力做好事故应急处理和善后工作。

三、自然灾害的具体处理

影响旅游活动的自然灾害形态多样,主要有台风、暴雨、雷电、海啸、地震、洪水、泥石流与山体滑坡等。一旦遭遇这些灾害,不仅会严重影响旅游活动的正常进行,更可能直接威胁游客的人身安全。因此,本部分内容以《导游服务规范》(GB/T 15971—2023)中关于遭遇自然灾害的处理要求为基础,结合中华人民共和国应急管理部官网、中国气象科普网、中国应急信息网等权威信息平台发布的有关自然灾害预防及处理的具体操作指南,进行了系统梳理与整合。作为游客安全的守护者,导游应掌握这些应对不同自然灾害的处理方法。

(一)台风

台风属于热带气旋的一种,它经常伴随着猛烈的狂风、暴雨以及风暴潮,给沿海区域造成严重灾害。世界气象组织认为,热带气旋中心持续风速在12级以上的即为台风。在我国,根据台风灾害的严重性和紧急程度,将台风预警信号从低到高依次用蓝色、黄色、橙色、红色来表示。若游客在旅行期间遭遇台风,导游可以采取以下防护措施。

（1）密切留意台风的动态,避免在台风天气期间外出活动。导游应随时关注台风动向,了解最新的气象信息,以便做出合理的行程安排,并提前做好应对台风的准备。

（2）若在室外游览期间遭遇台风,应根据不同情形采取不同应对措施。如果正在景点(区)徒步游览,此时千万不要在临时建筑物、广告牌、铁塔、大树等附近躲避风雨,也不要靠近或触摸倒在路上的电线,应尽快寻找房屋等安全的室内空间躲避;如果是在行车途中,应关好车窗,提醒司机降低车速,防止经过风口、桥梁、弯道时发生侧翻,尽快将车辆驶至安全地点停靠。

（3）若人在室内或已安全返回室内时,应及时关好门窗,并用胶布在窗户玻璃上贴成"米"字形,以防玻璃破碎。同时,不要在窗户附近逗留,以免玻璃意外破碎造成伤害。

（4）判断台风是否已过境。当台风骤然停止时,并不意味着台风已经远离,有可能是进入了台风眼。通常二三十分钟之后,狂风暴雨还会再次来袭,此时绝不能放松警惕。只有当风雨逐渐减弱,转为间歇性降雨,直到慢慢地风变小、云升高、雨渐停,才标志着台风已经离开。

（二）暴雨

暴雨是指短时间内产生较强降雨的天气现象,按照《降水量等级》(GB/T 28592—2012)的规定,24小时降水量50.0毫米—99.9毫米的强降雨即为暴雨;24小时降水量100.0毫米—249.9毫米的为大暴雨;24小时降水量250毫米及以上为特大暴雨。暴雨预警信号分为四个等级,由轻到重依次为:蓝色预警:预计未来24小时降水量≥50毫米;黄色预警:预计未来24小时降水量≥100毫米,或6小时降水量≥50毫米;橙色预警:预计未来24小时降水量≥250毫米,或3小时降水量≥100毫米;红色预警:预计未来24小时降水量≥500毫米,或3小时降水量≥250毫米。

暴雨是我国主要气象灾害之一,通常会出现在夏季。因此,在夏季旅游时,导游需格外关注暴雨的出现,提前做好必要的应急准备。若在行程中遭遇暴雨天气,可以采取以下措施。

（1）多关注天气预报,暴雨期间尽量避免安排外出活动。导游应当通过各大平台渠道,提前知晓天气变化和降雨情况,及时掌握暴雨的最新消息,以便尽早做好防雨准备。

（2）在旅游途中,一旦接收到暴雨预警,应立即停止户外游览活动。尤其是在山区沟谷、滩涂、河道、泄洪道等危险区域游览、野营或露宿时,必须立即撤离现场,主动避险。

（3）尽量避免在雨中赶路,如果必须冒雨前行,需提高警惕,注意沿途可能存在的安全隐患。遇到路面积水时,若情况不明,切勿轻易涉足;若该路段为必经之路,需事先探路,避开积水路段,避免跌入窨井、地坑等危险地带,并尽量远离电线杆等含金属的物体;应远离临时建筑、老旧墙体、高层建筑、路边大树等可能因风雨而倒塌的物体。此外,当上游来水突然变浑浊、水位迅速上升时,需注意防范山洪或泥石流。

（4）导游应提醒司机注意行车安全。具体来说,应提醒司机注意控制车速,适当增大与前车的距离;遇到积水较深的路面时,应尽量绕行以避免潜在的危险;如果车辆在低洼地带熄火,车上人员应立即下车,靠边等待救援,切勿滞留在车内。

（三）雷电

雷电是发生在大气层中的声、光、电并发的一种物理现象,通常是指带电的云层在大地之间的放电现象。雷电一般产生于对流发展旺盛的积雨云中,因此常伴有强烈的阵风和暴雨,有时还伴有冰雹和龙卷风,具有大电流、高电压、强电磁辐射等特征。按其发生的位置可分为云内闪电、云际闪电、云地闪电、云空闪电,其中云地闪电又称为地闪,对人类活动和生命安全有较大威胁。雷电产生的高温、剧烈的冲击波、剧变的静电场以及强烈的电磁辐射等破坏力极大,常常造成人畜伤亡、建筑物损毁、火灾,以及电力、通信和计算机系统的中断或瘫痪,给国民经济和人民生命财产带来巨大的损失。

雷电的产生有一定的偶然性。如果在旅游期间遭遇雷电现象,导游可以引导游客采取以下安全防护措施。

（1）做好室内防护。雷电天气发生时,若身处室内,应及时关好门窗,尽量远离金属门窗、幕墙以及有电源插座的地方。避免站在阳台上,不要接触金属管线,不要开电视或操作电脑,同时避免使用太阳能热水器等设备。

（2）若在野外活动时遭遇雷电,应迅速返回旅游客车内避险。客车内部具备良好的防雷屏蔽效果,但应建议司机关闭车上的无线通信设备,并提醒大家尽量不使用手机,以免吸引雷电;务必确保车辆门窗紧闭,使内部保持封闭状态,防止受到雷电袭击。

（3）若在野外突遇雷电且无法立即返回旅游客车内时,应迅速寻找配备防雷装置的避难场所。不宜选择孤立的小屋、大树下、电线杆附近以及高地作为避雷地点。若正在参加水上游览活动,应立即上岸,即使身处大型船只上,也应立刻进入船舱内部。当头顶有炸雷时,若无合适的避雷场所,应寻找低洼地带蹲下,尽量降低重心并减少与地面的接触面积,双脚并拢,双手捂住耳朵,以防听力受损;若有多人同行,彼此间应保持数米的距离,以防集体遭受雷击。

（4）掌握遭受雷击后的急救知识至关重要。若伤者的衣物着火,可往其身上泼水或用厚外衣、毯子等覆盖在身上,以扑灭火焰;若伤者失去意识但仍有呼吸,应使其舒适平躺,安静休息后,再送往医院救治。若伤者已经停止呼吸,应立即组织人员进行心肺复苏,直到救护人员赶到。

（四）海啸

海啸是地震、火山喷发、山体滑坡等引起的海水突然移动。就像将石子丢入水中会产生一圈圈涟漪一样,受到陆地扰动的海水会向四面八方大规模扩散,一旦抵达海岸,就会掀起滔天巨浪,席卷岸边的一切,摧毁建筑物,在陆地上引发洪涝灾害。中华人民共和国应急管理部在其官网发布的信息中指出,海啸的波速高达700—800千米/小时,在几小时内就能横过大洋,波长可达数百千米。海啸的波浪在大海里波高不足1米,但抵达海岸浅水地带后,因波长减短而波高急剧增高,最终可达数十米,形成含有巨大能量的"水墙"。

海啸主要受海底地形、海岸线几何形态及波浪特性的控制,摧毁堤岸,淹没陆地,展现出极强的破坏力。海啸抵达海岸时,会表现为两种形式:一种是滨海、岛屿或海湾的海水异常退潮,随后海水突然席卷而来,冲向陆地;另一种是海水陡涨,突然形成几十米高的水墙,伴随着巨大的轰隆声向滨海陆地涌来,随后海水又骤然退去。

如果在海岛线路游览时遇到海啸,导游应当采取以下紧急应对措施。

（1）关注地震信息。地震作为海啸发生前最显著的预兆,导游需时刻留意新闻报道中关于地震的消息以及当地发布的海啸预警。一旦察觉到地震迹象,应立即提醒游客不要去海边活动,并做好防范海啸的准备。此外需谨记,海啸有时会在地震发生数小时后,才抵达距离震源上千公里的海岸。

（2）留意潮汐变化。如果发现潮汐出现不寻常的涨落,海水水位明显下降或有巨浪逼近,同时伴有大量气泡冒出,导游应立即组织游客向地势较高的陆地撤离。此外,海啸来临前,海水异常退去时,常会将大量鱼虾等海洋生物留在浅滩,场面看似壮观,但此时切勿因好奇而去捡拾或围观,应迅速离开海岸。

（3）海上航行的船只应避免驶回港湾。海啸在海港中造成的落差和湍流非常危险,船主应在海啸到达前,将船只驶向开阔的海域,因为相较于海岸,深海区在此时更为安全。

（4）掌握海上自救互救的技巧至关重要。如果海啸时不幸落水,应保持冷静,在水中不要举手,更不要挣扎,尽量减少动作,尽量让自己漂浮在水面上,随着波浪漂流;如果身边有大型的漂浮物,应尽力抓住以保持浮力;不要急于脱下衣物,通常海水温度会偏低;尽量不要游泳,以防体内的热量散发过快。此外,尽量避免喝海水,因为海水不仅无法解渴,反而可能引发幻觉,导致精神异常甚至死亡。尽量靠拢其他落水者,这样既可以相互帮助,也能因人多目标大,更容易被救援人员发现。一旦溺水者被救上岸,最好能在温水中恢复体温;若条件不允许,应尽量裹上毛毯、大衣、被子等保温。

（五）地震

地震,亦称地动或地震动,是一种自然现象,源于地壳迅速释放能量时产生的震动及伴随的地震波。地球板块间的相互碰撞与挤压,导致板块边缘及内部发生位移和破裂,是引发地震的主要原因。地震具有突发性、瞬时性、破坏性大、影响面积广及连锁性强等特点,其诱发的次生灾害给人类生活带来了巨大的影响和财产损失。大地出现震动是地震最直观、最普遍的现象,一旦在游览期间遭遇地震,导游就应积极采取科学方法进行避险。结合《中小学校地震避险指南》(GB/T 33735—2017)、《社区地震应急指南》(GB/T 31079—2014)和《人员密集场所地震避险》(GB/T 30353—2013)等国家标准中的相关防震措施,如果在旅游过程中遇到地震,可以采取以下应对策略。

（1）根据具体情况选择室内避震方法。

对于身处单层房屋或楼房一、二层且身体状况允许撤离的人员,地震时应迅速撤离到室外安全地带;而对于身处楼房二层以上或因身体状况无法撤离的人员,则应在地震发生时就近避难,震动结束后组织疏散。

（2）选择正确的避难方式并保持正确的避难姿势。

就近躲避时,应紧贴坚固的讲台、桌椅、书桌等家具旁或下方,以及小空间内、立柱旁、内承重墙的墙根等位置。同时,应避开吊灯、电扇等悬挂物,远离玻璃门窗、橱窗,以及高大不稳或摆放易碎品的货架,以及可能发生物体倒塌或坠落的区域。就近躲避时应蹲下并蜷缩身体,降低重心,将额头置于膝盖之间,双手护住头部;如果旁边有排椅、床等家具,可以趴下并紧贴家具,或侧卧躺下。条件允许时,可用软性物品保护头部,并用湿毛巾等捂住口鼻以防吸入灰尘。

（3）熟悉户外避险的要点。

当游客在户外遭遇地震,若此时旅游客车正在行驶中,导游应提醒司机尽快降低车速,寻找开阔地带安全停车;若是在徒步时,则应就地寻找开阔地带避险,采取蹲下或坐下的姿势以防摔倒;要避开玻璃墙、广告牌、变压器等危险物,避开高架桥、高烟囱、水塔等高大建筑物,同时避免靠近河岸、陡峭山崖、山脚等易发生坍塌、滑坡和泥石流等次生灾害的地点。

（4）掌握科学自救的要点。

如果被压埋,只要手部或身体某部位还能活动,就应逐步清除身上的压物,努力挣脱困境。若无法立即脱险,则应挪开头部和胸部的杂物,腾出一定空间,保证呼吸;条件允许时,可用湿毛巾、衣物等捂住口鼻和头部,避免灰尘呛闷导致窒息。同时,利用砖块、木板等物品支撑残垣断壁,以扩大并稳定生存空间;在被压埋期间,保持心理镇定至关重要,要有坚定的自救信念和毅力,避免睡觉、急躁、大声哭喊或盲目行动,尽量保存体力。此外,要时刻留意外界动静,抓住时机通过喊话、敲击物体或使用通信工具等方式进行自救。

(六)洪水

洪水是指由暴雨、急骤融冰化雪、风暴潮等自然因素引起的江河湖海水量迅速增加或水位迅猛上涨的水流现象。洪水超过一定限度对人类生活和生产活动造成危害时,即为洪灾。

洪灾是全球较为严重的自然灾害之一,尤其在夏季频发。中国属于世界上发生洪灾较为频繁的国家,导游在夏季带领游客游览山地、河湖等自然景观时,若恰逢雨季,需密切关注天气预报,留意洪灾发生的可能性。

一旦遭遇洪水,导游应保持冷静并采取以下应对措施。

(1)首要任务是迅速转移至地势较高的安全地带等待救援。洪水来袭时,应迅速组织游客转移到附近的高地,如山坡、高地或坚固的高层建筑等场所暂避。

(2)尽快联系救援部门寻求帮助。若发现自己无法自行脱困,应立即与救援部门取得联系,报告所在位置和险情,耐心等待救援人员的到来。

(3)远离危险区域以确保安全。避免靠近电线杆、高压线铁塔等电力设施,远离电线掉落的水域以防触电;不要攀爬泥墙或危墙,以防墙体倒塌;同时,避免随意涉水,以免陷入危险。

(4)借助漂浮物进行自救。若被洪水围困(或人已被卷入洪水中)且没有救援时,应保持冷静,寻找并抓住身边的固定物和漂浮物,如门板、木板、泡沫塑料等,以寻找逃生机会。在没有漂浮物的情况下,切勿尝试游泳转移,以免被洪水冲走。

(七)泥石流与山体滑坡

泥石流是指由于降水(暴雨、冰川、积雪融冰)而在沟谷或山坡上形成的一种挟带大量泥沙、石块等固体物质的特殊洪流。它的形成通常需要三个基本条件:短时间内聚集大量流水、存在大量泥土及石块等松散固体物质,以及山间或山前是陡峭的谷地地形。

山体滑坡是指山体斜坡上的一部分岩土受重力作用影响,沿着软弱的结构面向下滑动的现象。形成山体滑坡的三个条件为存在地下水活动产生的滑坡动力、有较松散的岩土、有一定坡度的斜坡。

山体滑坡和泥石流同属于突发性地质灾害,前者特点是顺坡"滑动",后者特点是沿沟"流动",都是在重力作用下,物质由高处向低处运动。在旅游期间若遭遇此类地质灾害,导游应带领游客采取以下预防和自救措施。

(1)雨天应尽早离开山谷。在山间游玩时,若遇大雨天气,应提高警惕,尽早带领游客离开山谷区域,或转移到安全的高地。

(2)根据前兆来判断是否可能有泥石流或山体滑坡发生。如果看到河(沟)床中正常流水断流或水流突然增大并伴有较多的柴草树木,听到沟谷内传来类似火车轰鸣声或闷雷声,说明沟谷上游可能已经发生山洪泥石流;如果山坡前缘出现横向及纵向裂缝,前缘土体出现隆起现象,四周岩土体出现松动,岩土体因摩擦错动出现声响,并从裂缝中冒出气或水,或者动物表现出惊恐等异常行为,则说明即将发生山体滑坡。

(3)选择正确的逃生方向。一旦发现泥石流或山体滑坡的迹象,切勿与其同向奔跑,而应迅速向两侧逃生,即逃跑线路与泥石流或山体滑坡呈垂直方向,不要停留在凹坡处,以最快速度逃离。

（4）寻找平整高地等待救援。在逃生过程中,若是遭遇泥石流,可以就近选择林木密集地带逃生,但不要攀爬到树上躲避;若是遭遇山体滑坡,应避开滚石和有大量堆积物的山坡下方,当无法继续逃离时,应迅速抱住身边的树木等固定物体。无论是遭遇泥石流还是山体滑坡,都应尽可能选择平整的高地集合团队,然后发送求救信号等待救援。

▶ 任务工单

任务四　突发公共卫生事件的应对

1.任务描述

针对主题"突发公共卫生事件的应对",培训师借助线上教学资源实施培训。

学员通过课前分析案例(二维码4-2-4),课中讨论交流、情景模拟,以及任务点评,掌握突发公共卫生事件的应对措施与方法,能妥善且高效地解决问题。

（1）课前,学员对案例进行分析,简要阐述案例中地陪导游、全陪导游、领队的处理步骤,找出处理中存在的不足并提出应对措施,填写至表格中。

（2）课中,被教师抽选到的部分学员对表格及案例进行分析,帮助学员加深印象。

（3）课中,结合案例内容,学员展开丰富想象,分小组进行角色分配,开展情景模拟,调动学习积极性,激发学员们对案例的思考。

（4）课中,情景模拟环节结束后,开展任务点评,灵活运用理论知识分析问题,掌握突发公共卫生事件的应对和处理方法。

（5）课后,学员及时复习巩固,分类别绘制突发公共卫生事件的处理流程图,上传至在线课程的作业区。

2.任务准备

（1）个人任务:学员阐述案例中突发公共卫生事件的处理步骤,并绘制突发公共卫生事件的应对处理流程图。

（2）小组任务:各小组根据抽选的内容,展开小组讨论,进行角色分配,完成情景模拟(突发公共卫生事件的应对)。集体根据任务引导认真学习相关课程资源。

任务引导1:处理旅途中的突发公共卫生事件应遵循的原则,以及正确的处理步骤。

任务引导2:针对不同类型的突发公共卫生事件,如何举一反三并妥善解决处理。

3.任务实施

（1）被教师抽选到的学员结合表4-2-14进行分析,理清思路。

表4-2-14　案例分析表

案例序号	简要阐述导游处理流程			对导游的行为做出评价	完善处理步骤
	地陪导游	全陪导游	领队		
1					

（2）各小组结合案例4-2-4内容，分小组进行角色分配，开展情景模拟（每组现场展示时间不超过5分钟）并填写表4-2-15，灵活运用理论知识分析问题、解决问题，避免在实践工作环节中出现纰漏。

表4-2-15 情景模拟安排表

组名	案例	小组成员	成员角色	学号	备注
	突发公共卫生事件的应对		地陪导游		
			领队		
			全陪导游		
			游客		
			酒店工作人员		
			旅行社工作人员		

情景模拟对话大纲	

（3）被抽选学员对绘制的处理流程图（突发公共卫生事件的应对）进行分析，加深印象，理清突发公共卫生事件的处理步骤。

（4）学员将任务完成过程中遇到的问题及解决办法、学习体会及收获记录在表4-2-16中。

表4-2-16 学习记录表

小组名称：	小组成员：

遇到的问题及解决办法：

学习体会及收获：

4. 任务考核

将任务考核评价记录在表4-2-17中。

表 4-2-17　任务考核评价表

任务	评价内容	分值/分	评价分数/分		
			自评	互评	师评
突发公共卫生事件的案例分析	阐述导游处理流程,描述清晰完整	5			
	对导游的评价客观准确,不受主观情感或偏见的影响	5			
	提出的措施合理有效,完善到位	10			
突发公共卫生事件的处理情景模拟	分工明确、组织有序,在规定时间内完成任务	10			
	模拟内容完整	15			
	模拟情节逻辑清晰	10			
	微笑服务,用语文明,符合职业规范	10			
	保护游客安全	5			
其他	仪容仪表	5			
	语言表达	10			
	团队协作	5			
	突发状况处理	10			
最终得分					

▶ 新知讲授

在 2000 年至 2020 年这二十年间,国内外发生了一系列突发公共卫生事件,严重影响了世界政治稳定和经济发展。这一系列事件的发生带来了远超过一般突发事件的破坏力,让我们深刻意识到突发公共卫生事件对社会的全面影响及其应对的重要性。同时,我国旅游景区及各类旅游从业人员的突发事件危机管理水平较低,仍处于初级阶段。

为提高突发事件的危机管理能力,迫切需要引入新思想、新技术对现有的旅游景区突发事件危机管理加以完善,同时,导游在工作中也应熟悉突发公共卫生事件的预防与处理方法。

一、突发公共卫生事件的概念与特点

（一）概念

突发公共卫生事件是指突然发生、造成或者可能造成社会公众健康严重损害的重大传染病疫情、群体性不明原因疾病、重大食物和职业中毒以及其他严重影响公众健康的事件。

《国家突发公共事件总体应急预案》中,根据突发公共卫生事件性质、危害程度、涉及范围,将突发公共卫生事件划分为特别重大(Ⅰ级)、重大(Ⅱ级)、较大(Ⅲ级)和一般(Ⅳ级)四级。

（二）特点

（1）发生频率逐步上升。

随着经济发展带来的物质满足,突发公共卫生事件出现的频率增加。

（2）较大危害性。

突发公共卫生事件会破坏正常的社会秩序。对于景区,其危害性表现在以下方面,一是旅游形象受损,突发公共卫生事件的发生直接影响游客对目的地安全的认知。特别是在网络环境下,信息的快速传播、广泛传播、影响范围的扩大,加速了游客对旅游地的认知。这一认知将从个体迅速地转变为群体认知,特别是对旅游环境安全性敏感的群体,一旦旅游环境中出现不安全因素,旅游形象将立即受损。二是旅游景区的生存危机。旅游企业众多,突发公共卫生事件会使其相关行业的经营活动全部或部分停止,导致其现金流受损,甚至断裂。同时,突发公共卫生事件的不确定性,使景区无法预测恢复的时间,进而导致经营成本不断增加,从而使景区陷入生存危机。

（3）易触发连锁反应。

突发公共卫生事件常在某一小范围区域内出现,但在其突发性、多变性、偶然性的特质下,极易快速扩大到较大范围内,其复杂性随着范围的扩大而增加。

（4）及时处置性。

突发公共卫生事件容易触发连锁反应,需要相关处置部门及时处置,避免突发公共卫生事件造成大范围影响而无法干预。

二、突发公共卫生事件的应对

特别重大(Ⅰ级)突发公共卫生事件主要包括:第一,肺鼠疫、肺炭疽疫情在大、中城市发生并有扩散趋势,或肺鼠疫、肺炭疽疫情波及2个以上的省份,并有进一步扩散趋势。第二,发生传染性非典型肺炎、人感染高致病性禽流感病例,并有扩散趋势。第三,涉及多个省份的群体性不明原因疾病,并有扩散趋势。第四,发生新传染病或有我国尚未发现的传染病发生或传入,并有扩散趋势,或发现我国已消灭的传染病重新开始流行。第五,发生烈性病菌株、毒株、致病因子等丢失事件。第六,周边以及与中国通航的国家和地区发生特大传染病疫情,并出现输入性病例,严重危及我国公共卫生安全的事件。第七,国务院卫生行政部门认定的其他特别重大突发公共卫生事件。

《突发公共卫生事件应急条例》规定,突发公共卫生事件发生后,国务院设立全国突发事件应急处理指挥部,由国务院有关部门和军队有关部门组成,国务院主管领导人担任总指挥,负责对全国突发事件应急处理的统一领导、统一指挥。国务院卫生行政主管部门和其他有关部门,在各自的职责范围内做好突发事件应急处理的有关工作。省、自治区、直辖市人民政府成立地方突发事件应急处理指挥部,省、自治区、直辖市人民政府主要负责人担任总指挥,负责领导、指挥本行政区域内突发事件的应急处理工作。

近年来,突发公共卫生事件对文化旅游产业影响极大。文旅产业具有产业链长、服务面广、综合带动性强等特点,是受突发公共卫生事件影响最大、影响面最广的行业之一。因此,文旅行业在应对突发公共卫生事件时,各部门需紧密协作,采取一系列具体措施以确保游客和从业人员的安全。同时,对于身处一线的导游而言,他们在带团过程中若是遇上突发重大公共卫生事件,更需要展现出高度的灵活应变能力和专业素养。

（一）文旅行业的应对措施

1. 文旅部门：实施跨省熔断，并加强监管

文旅部门在应对突发公共卫生事件时,首要任务是启动跨省熔断机制。这包括对出现中高

风险地区的县(市、区、旗)和直辖市的区(县),立即暂停旅行社及在线旅游企业经营进出该地的跨省团队旅游及"机票＋酒店"业务。待无中高风险地区后,再恢复相关业务。同时,文旅部门需密切关注疫情动态,及时调整旅游政策,确保旅游市场的平稳运行。

此外,文旅部门还需加强对旅行社及在线旅游企业的监管,确保其严格执行疫情防控措施。这包括检查旅行社是否按照要求落实游客信息采集、健康档案、检测登记等制度,是否对游客进行体温检测,是否对体温异常的游客进行劝阻和就医指导等。对于违反疫情防控规定的旅行社,文旅部门将依法依规进行处罚。

2. 旅游企业：加强内部管理与公关策略

旅游企业在应对突发公共卫生事件时,需加强内部管理,确保员工和游客的安全。这包括制定和完善应急预案,明确应急处置流程、责任分工和联系方式等。同时,旅游企业还需加强员工培训,提高员工的疫情防控意识和应急处置能力。

在公关策略方面,旅游企业需积极与消费者、供应商、媒体、政府以及内部员工等多方面进行沟通,建立情感联系和信任。在突发性公共卫生事件尚未控制阶段,旅游企业需为消费者提供退改签服务、安抚游客情绪等。此外,旅游企业还需加强与供应商的沟通,确保旅游产品的安全和质量。

3. 旅游服务供应商：确保服务安全与提升服务质量

旅游服务供应商在应对突发公共卫生事件时,需确保服务安全,为游客提供安全的旅游环境。这包括加强场所管理,对办公场所、服务网点等进行卫生清洁、消杀和通风等工作。同时,旅游服务供应商还需配备数量充足的防护用品,如口罩、体温检测设备、洗手液等,为游客提供必要的防护保障。

在提升服务质量方面,旅游服务供应商需注重游客体验,提供个性化的服务。在行程中,旅游服务供应商需持续关注旅游目的地疫情防控等级信息,注重防疫措施的反馈与完善,不断弥补服务漏洞,优化服务流程。此外,旅游服务供应商还需加强宣传引导,倡导文明旅游,提醒游客保持卫生习惯,推广"无接触"服务等健康旅游新方式。

（二）导游的应对措施

1. 带团过程中导游的应对措施

（1）保持高度敏感。

在导游带团过程中,如出现突发重大公共卫生事件,尤其是类似2020年的新型冠状病毒感染疫情时,导游首先必须有极高的敏感度,能迅速注意到相关信息并积极采取应对的举措。

（2）积极主动地配合。

当导游了解到相关信息后,应在核实信息的真实性后(一般以《人民日报》、央视新闻等官媒报道为准),迅速告知游客,并积极与游客沟通,做好宣传工作,提醒游客注意健康防护,请游客依法协助、配合、服从政府部门组织开展的防控工作。在出入机场(车站、码头)或景区时积极配合相关工作人员,依法接受相关机构有关传染病的调查、样本采集、检测、隔离治疗等预防控制措施,并如实提供有关情况。导游应从自身做起,自觉佩戴口罩、勤洗手,同时帮助游客增强防护意识、掌握防护知识,引导游客自觉佩戴口罩、遵守公共秩序、积极配合防控工作,推进文明旅游。除此之外,导游在景区讲解时应尽量使用耳机式讲解器,以免游客聚集在一起;观景时彼此保持1米的距离。在旅游车、火车上,如有足够的空间,导游应尽量安排游客分散就座,减少近距离接

新知讲授

触。尽量带游客在人流量较少的地方活动。

（3）耐心细致的关心。

在发生重大公共卫生事件时，导游需要更加密切地关注游客的身体状况，发现疑似病症，如发热、乏力、干咳、腹泻等，及时就近联系医院，按指导送医；按要求对疑似病人及时采取临时隔离措施，就地停止旅游活动，一旦疑似病人确诊，全团游客包括导游均需要接受隔离观察。

（4）尽力完成带团工作。

如果带团游览活动不在疫区中心地区，导游应尽可能在团队做好防护的前提下带团完成旅游活动。如果带团游览活动在疫区中心地区，导游需根据疫情实际情况与旅行社领导随时保持沟通，并直接征询游客意见，尽快带游客离开中心疫区。导游带游客回到客源地后，应告知游客回家后需要切实按照要求向所在单位或者居(村)民委员会报告健康状况，配合相关部门接受对自我健康状况的随访或者电话询问。导游带团过程中如突发疫情，无论身处何地，都应马上完善旅游团队人员和行程资料信息，以便后续旅行社能做好旅游团队跟踪监测工作。

2. 非带团过程中导游的应对措施

如果导游此时没有带团，在获知疫情的消息后，应根据之前自己所带团队的行程做出研判，善意提醒之前所带团队的游客或散客关注疫情，做到佩戴口罩、勤洗手、不聚集。如果游客有疫区旅游经历，则需提醒游客尽量进行居家隔离与医学观察。在全国范围内旅游团队业务完全停止的时候，导游亦不能完全松懈下来，可趁此机会加强与老客户的沟通和联系，此时的关心相当于雪中送炭。可通过旅游企业的平台宣传旅游产品和所在地的特产，这也是一种加深游客对企业和导游印象的方法，这些方法均可增强与老客户之间的黏性。可以积极投身公益，筹措医疗防疫物资，成为抗疫一线的志愿者；可借此机会，努力修炼内功，加强自身的学习，积极为复工复产做准备；可以参与在线景点云游直播，积极用自己的力量为城市代言，为旅游业的复苏而努力。

新知讲授

任务检测

微课视频

精英面对面：
应变力——导游的重要装备

模块五　融合创新

——增值导游服务

项目一　云游逸趣领风尚
——线上"云"导游服务

◉ **知识目标**

1. 了解导游直播和短视频制作的特点与类型。

2. 掌握导游直播和短视频制作的流程与具体技巧。

◉ **能力目标**

1. 能做好导游直播前准备、直播中讲解互动、直播后复盘。

2. 能撰写并优化旅游短视频标题、创作文案。

◉ **素养目标**

1. 具有诚实守信的职业道德和爱岗敬业的职业精神。

2. 具有追求卓越的创新意识和持续学习的意识。

3. 具备新媒体思维与良好的用户思维。

◉ **任务引入**

　　湖南华天国际旅行社有限责任公司新导游岗前培训进入第九个主题。导游部王经理说，数字经济时代，导游也要主动拥抱变革，放下讲解器，别上麦克风，在直播间里、在短视频中展现自己，这也将成为导游工作的新常态。恰逢崀山景区为了提升品牌知名度，吸引更多游客，特别是年轻群体，决定开展"云端探秘"优秀作品征集活动，王经理希望各位新导游勇于尝试，积极参加这个作品征集活动，用创意和热情探索导游新领域。新人们应该从哪些方面努力呢？

　　本项目的学习清单如表5-1-1所示，请你每完成一项学习任务后在相应的括号中打"√"。

表5-1-1　学习清单

项目	任务内容		备注
学习任务	（　　）	导游直播	
	（　　）	导游短视频制作	
学习感想			

▶ **任务工单**

$\fbox{任 务 一　导 游 直 播}$

1. 任务描述

　　针对主题"导游直播"，培训师借助线上教学资源实施培训。

学员通过课前观看微课视频,课中实践操作、任务点评,掌握导游直播工作的各项要点,能全面充分地利用直播话术、互动技巧等做好导游直播工作,并注意避免使用禁忌词汇。

（1）课前,对各直播平台进行调研,了解用户基础与活跃度、平台定位与内容契合度、技术支持与功能完善度、商业化潜力与变现能力,以表格的形式呈现。

（2）课前,以小组为单位初步撰写崀山景区虚拟直播的直播脚本。

（3）课中,根据教师讲解,进一步完善直播脚本。

（4）课中,撰写一段不少于10分钟的崀山景区直播讲解词与互动话术等。

（5）课中,以小组为单位进行模拟直播。

（6）课后,各小组完善崀山直播脚本,上传至在线课程的作业区,并尝试进行平台直播。

2. 任务准备

（1）个人任务:各学员准备一个直播平台账号。

（2）小组任务:查询崀山景区的知识及相关信息,为撰写直播脚本和模拟直播做准备。集体根据任务引导认真学习相关课程资源。

任务引导1:崀山景区的地理位置、历史背景、总体规模等。

任务引导2:崀山景区的核心景点,包括自然景观与人文景观等。

任务引导3:有无特色活动。

任务引导4:游览路线、最佳观赏时间、门票价格等实用信息。

3. 任务实施

（1）根据对各直播平台的调研结果,请在课前针对崀山景区的直播任务选择一个直播平台,填写表5-1-2。

表5-1-2　崀山景区直播平台选择

你选择的直播平台是:

请阐述你选择这个直播平台的理由:

（2）查询崀山景区的基本概况与主要景点信息,请选择崀山景区的核心景点准备直播,填写表5-1-3。

表5-1-3　崀山景区核心景点选择

你选择的核心景点:

请分别阐述理由:

（3）结合查询的崀山景区知识及直播脚本要求,以小组为单位撰写崀山景区直播脚本,填写至表5-1-4。

表5-1-4　崀山景区直播脚本

直播主题	
直播时间	

续表

主播	
直播前设备与环境检查工作	

1.
2.
3.

直播环节	直播内容	直播时长
开场白		
景点介绍		
互动环节		
结尾总结		

（4）撰写岚山景区直播讲解词和直播话术，填写至表5-1-5、表5-1-6中。

表5-1-5　岚山景区直播讲解词

表5-1-6　岚山景区直播话术

话术类型	具体话术
欢迎话术	
自我介绍话术	
景点讲解话术	

任务工单

话术类型	具体话术
互动话术	
结尾话术	

（5）各小组根据选择的核心景点、准备的直播脚本、崀山景区讲解词、直播话术等进行模拟直播。

（6）学员将任务完成过程中遇到的问题及解决办法、学习体会及收获记录在表5-1-7中。

表 5-1-7　学习记录表

小组名称：	小组成员：
遇到的问题及解决办法：	
学习体会及收获：	

4. 任务考核

将任务考核评价记录在表5-1-8中。

表 5-1-8　任务考核评价表

任务	评价内容	分值/分	评价分数/分		
			自评	互评	师评
直播脚本撰写	直播主题的明确性	5			
	直播内容的丰富度	5			
	直播逻辑的连贯性	5			
	时间规划合理性	5			
	脚本创意性	5			
直播讲解词	讲解词的准确性与全面性	5			
	讲解词的深度与独特性	5			
	讲解词的趣味性与生动性	5			
	讲解词的互动性与吸引力	5			

任务工单

续表

任务	评价内容	分值/分	评价分数/分		
			自评	互评	师评
直播话术	语言清晰度与流畅性	5			
	语言吸引力与互动性	5			
	语言专业性与准确性	5			
	语言创意与独特性	5			
景区直播模拟	内容准备与专业性	5			
	语言表达与互动能力	5			
	仪容仪表与现场表现	5			
	创意与特色	5			
其他	仪容仪表	5			
	语言表达	5			
	工单填写	5			
最终得分					

新知讲授

一、导游直播的特点与类型

导游直播是一种通过网络直播技术，由导游实时向观众展示旅游景点、提供导游解说服务的新型旅游模式。这种模式打破了传统旅游的地理限制，让游客足不出户就能享受到旅游的乐趣，同时也为旅游业带来了新的商业模式和收入来源。导游直播作为一种新兴的旅游推广方式，近年来在旅游行业中逐渐兴起并受到广泛关注。

（一）导游直播的特点

1. 实时互动性

导游直播通过实时视频流的方式与观众进行互动，观众可以随时提问、发表评论，主播也能即时回应，这种即时反馈机制极大地提升了观众的参与感和满意度。

2. 沉浸式体验

通过高清摄像头和专业的直播设备，导游直播能够真实还原景点的现场氛围，让观众仿佛身临其境感受旅游的魅力。

3. 个性化推荐

主播可以根据观众的兴趣爱好和需求进行个性化的旅游推荐，提供更加贴心、精准的旅游服务。

4.传播范围广

借助互联网平台的强大传播力,导游直播能够迅速覆盖更广泛的受众群体,有效扩大旅游产品的知名度和影响力。

(二)导游直播的类型

1.按直播目的分类

按直播目的,导游直播分为内容传播型直播和产品销售型直播。

内容传播型直播主要侧重于旅游内容的传播,通过直播向观众介绍旅游目的地的自然风光、历史文化、民俗风情等,提升观众对旅游目的地的认知和兴趣。例如,故宫博物院的"云游故宫"直播让观众足不出户就可以全方位感受故宫的春日之美。

产品销售型直播以带货为目的,通过直播向观众展示并销售旅游产品,如酒店套餐、景点门票、旅游线路等。这类直播结合了旅游推广和电商销售,旨在实现旅游产品的线上转化。例如,"携程BOSS直播"以各家酒店为直播场景,带领观众远程体验酒店活动,刺激购买,从而达成销售酒店产品的目标。

2.按直播内容分类

按直播内容分类,导游直播分为景点介绍直播、文化体验直播和互动答疑直播。

景点介绍直播专注于对特定景点的详细介绍和游览展示,包括景点的历史背景、自然风光、建筑特色等。

文化体验直播侧重于展示当地的文化活动和民俗风情,如传统节日庆典、手工艺制作过程、地方美食品尝等,让观众深入了解旅游目的地的文化内涵。

互动答疑直播主要通过直播与观众进行实时互动,回答观众关于旅游的问题,提供旅行建议和规划帮助。这类直播注重与观众的沟通和交流,提升观众的参与感和满意度。

3.按直播形式分类

按直播形式,导游直播分为实地直播和虚拟直播。

实地直播需要导游亲自前往旅游目的地,通过直播镜头向观众实时展示景点风光和现场情况。这种形式更加直观和真实,能够给观众带来身临其境的感觉。

虚拟直播利用虚拟现实(VR)或增强现实(AR)技术,模拟旅游目的地的场景和环境,进行虚拟游览和体验。这种形式虽然不如实地直播真实,但具有更高的灵活性和创意性。

二、导游直播前的准备工作

导游在直播前需要做好一系列准备工作,以确保直播的顺利进行和高质量呈现。这些准备工作可以概括为以下几个方面。

(一)策划与准备

1.确定直播目的和受众

首先,导游需要明确直播的目的,是推广旅游景点、分享旅行经验,还是进行旅游产品的销售等。不同的目的会影响直播主题和内容的选择。其次,还需要了解目标受众及其需求和兴趣。如果目标受众是家庭游客,那么直播内容可以更多地围绕亲子活动和家庭出游的便利性;如果目

新知讲授

标受众是文化爱好者,那么可以深入挖掘景点的历史文化内涵。

2.选择直播平台和工具

根据直播的需求和目标受众,选择合适的直播平台(如抖音、快手、视频号等)。通常应基于用户基础与活跃度、平台定位与内容契合度、技术支持与功能完善度、商业化潜力与变现能力等因素选择直播平台。例如,抖音、快手等平台用户数量众多、用户活跃度高,而且旅游内容丰富多样,用户群体对旅游类直播有较高的接受度和兴趣,导游可以通过分享旅游景点的美景、文化、特色活动等内容,满足用户的观看需求,并引导他们前往实地旅游。

另外,还要选择必要的直播工具,如高清摄像机、麦克风、三脚架、补光灯等。

3.制定直播预案

制定直播预案包括直播的时间安排、流程设计、互动环节设置等,以确保直播过程的有序进行。在时间安排方面,根据目标受众的活跃时间,选择观看人数最多的时间段进行直播。例如,晚上和周末通常是用户观看直播的高峰期。另外要合理规划直播时长,避免时间过长使观众疲劳,一般建议控制在1—2小时。

在流程设计方面,一般会有开场引入、内容展示、互动环节、结尾总结四个环节。开场引入环节简短介绍直播主题、嘉宾(如有)和直播亮点,吸引观众兴趣;内容展示环节按照预定流程展示景点或旅游线路产品的特色,可以结合视频、图片、讲解等多种形式;互动环节穿插问答、抽奖、投票等互动环节,增加观众参与度和黏性;结尾总结环节回顾直播亮点,感谢观众参与,并预告下次直播信息。

（二）设备与环境检查

1.检查直播设备

确保摄像头、麦克风等直播设备能够正常工作,画面清晰、声音响亮。同时,测试网络连接,保证带宽充足,避免直播过程中出现卡顿或延迟。

2.布置直播环境

选择一个安静、整洁、光线充足的直播环境,确保背景不杂乱,能够突出旅游景点的特色。如果可能的话,可以提前到直播地点进行踩点,选择合适的直播场景。

（三）内容与知识准备

1.深入了解知识

作为导游,需要对直播涉及的旅游景点或旅游产品有深入的了解,包括历史文化背景、自然风光特色、民俗风情等,这样才能在直播中提供准确、生动的解说。

2.准备直播脚本

导游直播脚本是专为导游在网络直播环境中进行旅游解说与文化传播而设计的一种结构化的文本方案,旨在通过预设的流程和内容框架,指导导游在直播过程中有序、高效地传递信息,同时增强观众的参与感和提升体验质量。导游直播脚本一般包括整体的直播流程、环节设置、互动安排等内容。以下分别是内容传播型直播脚本(见表5-1-9)、产品销售型直播脚本(见表5-1-10)包含的要素以及示例。

表5-1-9　内容传播型直播脚本包含内容

环节	包含的要素	示例
开场白	A.欢迎与问候； B.自我介绍与直播主题； C.互动与邀请； D.情感共鸣与期待	大家好,欢迎来到我们的直播间！我是你们的导游主播×××,非常高兴能在这里与大家相聚。 今天,我将带领大家走进这座六百年历史的皇家宫殿——故宫,一起探寻那些隐藏在深宫大院里的秘密故事。 在接下来的时间里,我将为大家详细讲解故宫的历史、建筑和文化,同时,我也非常欢迎大家在评论区留言提问,我们一起交流、一起探索。 故宫不仅仅是一座宫殿,它是中华文明的瑰宝。希望通过我的讲解,能让大家更加深入地了解这座宫殿,感受到它所蕴含的文化魅力。同时,我也非常期待在接下来的直播中,与大家共同分享更多有趣、有料的故事
景点介绍	A.景点概况(地理位置、历史背景、总体规模等)； B.核心景点(自然景观和人文景观)； C.特色活动(民俗表演、手工艺制作等)； D.游览建议(游览路线、最佳观赏时间、门票价格等实用信息)	兵马俑,即秦始皇兵马俑,位于陕西省西安市临潼区秦始皇陵以东1.5千米处的兵马俑坑内。这是中国古代辉煌文明的一张金字名片,也是世界考古史上伟大的发现之一。自1974年3月兵马俑被发现以来,这里就成了全球游客争相前来探访的热门景点。 接下来,让我们聚焦于兵马俑的独特之处。当你走进兵马俑的展览大厅,你会被眼前的景象所震撼:数千个栩栩如生的兵马俑排列整齐,气势磅礴。这些兵马俑不仅数量众多,而且每个俑的面容、表情、发型、服饰都各不相同,展现了古代中国军队的强大和丰富多样性。 除了兵马俑本身,这里还蕴藏着丰富的历史文化内涵。兵马俑是秦始皇陵的陪葬坑,它们的存在揭示了秦朝时期的军事制度、雕塑艺术以及社会生活的诸多方面。通过观看兵马俑,我们可以更直观地了解到古代中国的军事文化和秦始皇统一六国的雄伟壮志。 此外,在兵马俑景区,你还可以体验到一些特色的文化活动。比如,你可以观看关于兵马俑的纪录片,深入了解其背后的历史故事;你还可以参与制作兵马俑模型的互动活动,亲身感受古代工艺的魅力。 最后,我想给大家一些游览建议。兵马俑景区通常比较拥挤,所以建议大家提前购买门票并规划好行程。最佳观赏时间是春秋两季,此时天气宜人,更适合长时间游览。同时,景区内还设有餐饮和休息设施,确保你在参观过程中能够舒适地享受这段旅程
互动环节	A.弹幕屏幕互动； B.问答环节； C.抽奖活动； D.实时投票； E.实时分享	"猜猜这习俗真相！√对×错。把答案扣在弹幕上！" "大家认为乌镇最美的季节是什么时候？为什么？" 抽奖奖品一般有景区门票、特色文创产品、体验项目券。 进行最美红色观赏点投票、最佳红叶摄影技巧投票。 @好友抢免预约码！分享立得
结尾总结	A.回顾直播内容； B.感谢观众参与； C.预告未来互动； D.邀请持续关注； E.祝福与告别	好了,亲爱的观众们,今天的古城探索直播就到这里啦！我们一起穿越了时光,感受了这座古城的独特魅力和深厚的历史文化底蕴。从古老的城墙到热闹的市集,每一砖一瓦都诉说着故事。 非常感谢大家今天的陪伴和支持,你们的点赞、评论和分享让我倍感温暖,也是我继续前行的动力。特别要感谢那些积极参与互动、分享自己古城故事的朋友们,你们的参与让这次直播更加生动有趣。 别忘了关注我们的直播间哦,这样你们就不会错过未来任何一次精彩的探索之旅。下次,我将带大家走进一片神秘的自然风光,去感受大自然的神奇,敬请期待！ 最后,祝大家生活愉快、身体健康、万事如意！我们下次直播再见,继续探索这个美丽的世界！

新知讲授

表 5-1-10　产品销售型直播脚本包含内容

环节	包含的要素	示例
开场白 （5分钟）	A.欢迎与问候 B.直播主题 C.引导关注	大家好，欢迎新进直播间的宝子，我们这边是风之谷的官方直播间，不用到达呼伦贝尔，就能感受宫崎骏般的童话世界。 今天我们的直播主题是"户外乐园"，将为大家带来一系列风之谷的旅游套餐。 "宝宝"们有任何疑问都可以在公屏留言哦，右下角的点赞也可以点一点！我们今天的直播间会有点赞抽奖的活动哦！
介绍福利	A.福利介绍与预告； B.营造紧迫感	开播就有福利！今天所有下单的朋友都将享受专属折扣，还有机会赢取神秘旅游大奖，千万不要错过哦！ 今天给宝子们带来的是我们风之谷的冰点福利价，虽然我们直播间已经比景区的正价门票低了好多，但是这还不够。一是我们左上角还给大家发放了大额的优惠券（满200元减10元），二是还会给大家持续发放9.9元的儿童畅玩门票（在窗口购买原价门票都是要79元的），三是如果您任意购买两张成人门票，我们将给大家赠送原价599元至799元的露营套餐。 提醒大家，今天的优惠名额有限，先到先得，所以看到心仪的产品就要赶紧下手哦，不要犹豫！
介绍产品	A.产品概述； B.行程亮点； C.服务包含； D.价格优势	大家好，接下来我要为大家介绍的是我们的"梦幻海岛五日游"产品，这是一款跟团游产品，目的地是美丽的海岛。 这款旅游产品最大的亮点就是包含了海岛上的所有热门景点，比如白沙滩、珊瑚礁浮潜、海岛日落观赏等。 我们的旅游产品包含了往返海岛的机票、四星级酒店的住宿、每日三餐以及所有景点的门票，让大家无忧无虑地享受旅行。 现在购买这款旅游产品，还可以享受我们直播间的专属折扣，价格比平时优惠很多，真的是非常划算
介绍链接	A.明确购买链接位置； B.链接的具体内容； C.简述购买流程	1号链接直播间的冰点价格都是要卖到69.9元的，今天我们直接9.9元给大家，福袋打包带回家。 2号链接是我们的成人畅玩票，今天我们直播间给到大家的活动力度，真的非常大，您任意购买两张成人门票，我们给您赠送一晚，价值599元到799元的露营套餐，您花两百多元就能畅玩两天一晚。 如果说想要去丛林过山车的"宝子"们注意了，平时咱们丛林过山车，单卖门票都是要卖到100元的，但是今天咱们3号链接99元的一个儿童门票直接给大家打包带回家，您可以无限次畅玩
福利逼单	A.突出剩余库存紧张； B.突出限时优惠即将结束； C.展示额外福利或赠品； D.强调产品价值和独特性	朋友们，注意啦！我们这款热门旅游套餐的库存已经不多了，现在只剩下最后几单，手慢无哦！ 再次提醒大家，今天的直播专属优惠只剩下最后几分钟了，一旦下播，这些优惠将不再享有。想要以超值价格享受旅行的朋友们，真的要抓紧时间了！ 为了感谢大家的支持，现在下单的朋友还将获得我们精心准备的旅行小礼包一份，里面包含了实用的旅行用品，让你的旅途更加轻松愉快！ 再次强调一下，我们这款旅游套餐包含了众多独家体验和豪华服务，是你在其他地方难以找到的。选择它，就是选择了一次难忘的旅行体验。 非常感谢大家的观看和支持！今天的直播就到这里了，希望我们的旅游产品能为您的旅行增添更多乐趣。记得关注我们的直播间，未来还有更多精彩内容和优惠等着大家！

3. 撰写景区讲解词

为了确保直播过程的流畅性和准确性,即便有了详细的直播脚本,仍然建议准备一份单独的景区讲解词,帮助主播更好地熟悉景区内容,确保在直播时能准确、生动地介绍景区。

(1)景区直播讲解词的特点。

① 准确性。讲解词必须基于确凿的资料和科学依据,确保历史、文化、自然景观等内容的准确无误。例如,在介绍某个历史遗址时,时间、地点、人物、历史事件等要素都要准确清晰。

② 简洁明了。讲解词要在有限的时间内传递丰富的信息,因此必须简洁明了,避免冗长啰嗦。通过精心筛选和提炼关键要点,用最精练的语言表达出来。

③ 生动形象。讲解词应运用形象化的语言,使抽象的概念变得具体可感,枯燥的内容变得有趣生动。例如,可以使用比喻、拟人等修辞手法,让听众产生身临其境的感觉。

④ 口语化。讲解词是说给人听的,因此语言要通俗易懂,自然流畅。可以适当加入一些语气词和口头禅,以增强语言的亲和力和感染力。但口语化并不意味着随意粗俗,仍需遵循语言规范和文明礼貌的原则。

⑤ 引导性。讲解词不仅要传递信息,还要引导听众的思维和注意力。通过设置悬念、提出问题、逐步揭示答案等方式,引导听众不断思考和探索。

(2)撰写景区直播讲解词的技巧。

① 突出重点。讲解词应突出景区的重点和特色,让听众能够更好地了解景区的独特之处。可以从景区的历史、文化、自然景观等方面入手,介绍景区的独特之处。

② 情感共鸣。善于挖掘景点的情感内涵,与观众产生情感共鸣。例如,在介绍某个具有历史意义的建筑时,可以讲述其背后的故事和人物命运,让观众在获取知识的同时感受到情感的触动。

(四)预热与宣传

1. 发布直播预告

通过社交媒体、官方网站等渠道发布直播预告,吸引观众的关注。预告中可以包括直播的时间、地点、主题等信息,以及一些吸引人的亮点或优惠活动。

2. 进行直播预热

在直播前的一段时间内,可以通过发布短视频、图文等形式进行预热宣传,增加观众的期待感和参与度。

(五)身体与精神准备

1. 保持良好的身体状态

充足的睡眠和合理的饮食有助于保持良好的身体状态和精神面貌。在直播前避免过度劳累和情绪波动,确保能够以最佳状态面对观众。

2. 调整心态与情绪

保持积极、乐观的心态和情绪对于直播的成功至关重要。导游需要在直播中展现出自信、热情的一面,与观众建立良好的互动关系。

新知讲授

三、导游直播中的讲解互动

（一）导游直播技巧

1. 语言表达的技巧

（1）生动性。使用形象、生动的语言来描述景点，可以使观众仿佛身临其境。例如，用比喻或拟人的修辞手法来描绘景点的特色，如"这座山峰就像一位威武的将军，屹立在群山之间"。还可以适当运用幽默风趣的语言，穿插典故、故事，使讲解更加活泼有趣。

（2）准确性。在介绍景点时，要确保信息的准确性，包括景点的历史、文化、地理等方面的信息。准确的信息可以提高观众对景点的兴趣。

（3）情感投入。在介绍景点时，主播可以分享自己对景点的感受和见解，用情感感染观众。这种真实的情感流露可以使观众更加投入地观看直播。

2. 互动方式的技巧

（1）引导观众参与。主播可以积极引导观众参与互动，如提问、投票、分享个人体验等。这不仅可以增加直播的趣味性，还可以提高观众的参与感和留存率。

（2）及时回应。当观众在直播中提问或发表评论时，主播要及时回应，给予解答和建议。这种即时的互动可以使观众感到被关注和重视，从而增加他们对直播的满意度和忠诚度。

3. 节奏把控的技巧

（1）合理安排内容。在直播前，主播应该对介绍的内容进行合理的安排和规划，确保内容的连贯性和逻辑性。这可以帮助观众更好地理解和记忆景点的信息。

（2）保持适当节奏。在直播过程中，主播要保持适当的节奏，避免冗长或枯燥的叙述。可以通过变换语速、增加悬念等方式来保持观众的注意力和兴趣。

4. 多媒体辅助的技巧

（1）利用图片和视频。在直播中，主播可以利用图片和视频等多媒体手段来辅助介绍景点。这些视觉元素可以使观众更加直观地了解景点的特色和美景。

（2）实时展示实景。如果条件允许，主播可以在直播中实时展示景点的实景，让观众感受到更加真实和生动的旅游体验。这种实时的互动和展示可以增强观众对景点的兴趣和向往。

（二）导游直播话术

直播话术主要指的是主播在直播过程中与观众沟通交流的言辞技巧，包括欢迎语话术、自我介绍、行程介绍话术、景点讲解话术、互动话术、销售话术、结尾话术等（详见表5-1-11）。这些话术旨在吸引观众的注意力、提升互动性，并促进观众对直播内容的参与和认同。

表5-1-11 导游直播话术解析示范表

话术类型	目的	具体话术
欢迎话术	营造友好氛围,拉近与观众的距离	"欢迎×××进入直播间,感谢大家的支持!" "欢迎×××,看来你也是个爱旅行的人啊,今天咱们一起探索未知的美景吧!" "欢迎新朋友们,这里是你们的旅行小助手,让我们一起开启今天的奇妙旅程!"
自我介绍话术	建立信任,让观众了解主播背景	"大家好,我是你们今天的导游××,有多年的旅游从业经验,接下来的时间里,我会带大家领略××的独特魅力。"
行程介绍话术	详细介绍旅游产品的行程安排,激发观众兴趣	概括介绍:"我们的行程精心规划,从历史文化名城到自然风光胜地,每一处都是精心挑选的精华所在。" 具体说明:"第一天,我们将前往××古城,感受千年的历史沉淀;第二天,则前往××山,体验登顶的壮丽与刺激。"
景点讲解话术	对景点进行深入讲解,增强观众的体验感	历史背景:"大家看这座古塔,它建于××年,是当地重要的文化遗产,见证了这片土地的兴衰变迁。" 传说故事:"关于这座山,有一个美丽的传说。相传很久以前,有一位仙女因眷恋人间美景,便化作山峰永远留在了这里。" 审美体验:"站在这里,你可以看到远处的云海翻腾,近处的绿树成荫,仿佛置身于一幅流动的山水画中。"
互动话术	增强观众参与感,提高直播活跃度	提问互动:"大家有没有来过这个地方?感觉怎么样?可以在评论区分享你的感受哦!" 点赞互动:"如果你们喜欢这个景点,就请给我点个赞吧!让我知道你们的热情在哪里!" 游戏互动:"我们来玩个小游戏吧!猜猜这个景点的下一个特色是什么?猜对有奖哦!"
销售话术	促进产品销售,提高转化率	产品介绍:"这款旅游套餐包含了×天的行程安排,涵盖了所有精华景点和特色体验,性价比超高!" 限时优惠:"现在下单还有限时优惠哦!错过今天可能就要等很久了!" 购买引导:"点击屏幕下方的购买链接就可以立即下单了!让我们一起开启这场说走就走的旅行吧!"
结尾话术	总结直播内容,感谢观众支持,期待下次再见	"感谢大家今天的陪伴和支持!我们的直播就到这里了。希望大家在未来的日子里都能拥有美好的旅行体验!我们下次直播再见!"

(三)导游直播禁忌词汇

导游在直播的过程中,应严格遵守相关法律法规和平台规定,注重提升自身的专业素养和道德水平,以客观、真实、尊重的态度对待每一位观众和每一个介绍对象,通过高质量的直播内容吸引观众、传递正能量、促进文化交流与发展,避免使用一些禁忌词汇。

1.政治敏感词汇

导游在介绍当地历史文化时,应避免将历史事件或文化现象与政治敏感词汇直接关联,如"独立""自由""民主"等词汇,这些词汇在直播中可能被视为具有政治倾向,容易引发争议和不必要的误解。

2. 色情低俗词汇

导游在介绍当地风土人情时,应避免使用任何与色情低俗相关的词汇或暗示性语言,如"裸露""性感"等,这些词汇容易引起不适,不符合直播平台的定位,也不适合在公开场合使用。

3. 侮辱性词汇

导游在直播过程中,即使遇到不理解或行为不当的观众,也应保持冷静和专业,避免使用侮辱性词汇回应。如"傻瓜""垃圾"等词汇,这些词汇具有侮辱性,容易引起不必要的冲突,破坏直播氛围。

4. 涉及违法违规内容的词汇

导游在介绍当地娱乐项目或文化现象时,应避免提及任何与赌博、毒品、暴力等违法违规活动相关的信息,如"赌博""毒品""暴力"等,这些词汇涉及违法违规行为,直播平台严禁传播。

5. 侵犯他人权益的词汇

导游在直播中应尊重每个人的隐私和权利,避免在未经允许的情况下提及他人的个人信息或进行不实评价,以免侵犯他人的合法权益。

6. 极限用语和绝对化用语

导游在介绍当地景点或特色商品时,应避免使用"最美景点""最佳特产"等绝对化用语,而应客观描述和推荐。"最佳""顶级"等词汇过于绝对化,容易引发争议和误导观众。

7. 虚假欺诈用语

导游在介绍当地特色商品时,应确保信息的真实性和准确性,避免使用虚假欺诈性用语误导观众。如"特效""万能""祖传"等词汇,这些词汇往往伴随着虚假宣传的嫌疑。

8. 迷信色彩用语

导游在介绍当地文化现象或民俗活动时,应避免过度渲染其迷信色彩,而应客观介绍其历史和文化背景。如"招财进宝""招桃花""护身"等词汇,这些词汇带有迷信色彩,不符合科学精神。

四、导游直播后的复盘工作

导游直播后的复盘工作是一个重要的环节,它有助于提升直播质量、优化内容策略并增强观众体验。以下是导游直播后复盘工作的主要内容。

（一）明确复盘目标

在进行复盘之前,首先需要明确复盘的目标。这有助于聚焦关键问题,提高复盘效率。例如,复盘目标可能包括提升直播互动率、优化讲解内容、提高观众满意度等。

（二）收集直播数据

1. 观看人数与互动数据

通过直播平台提供的数据分析工具,收集观看人数、点赞数、评论数、分享数等互动数据。这些数据可以反映直播的受欢迎程度及观众的参与度。

2. 销售数据

如果直播中涉及旅游产品或服务的销售,还需要收集销售额、转化率等销售数据,以评估直播的商业价值。

3. 观众反馈

通过直播间的评论、私信或社交媒体等渠道收集观众的直接反馈,了解他们对直播内容、讲解方式、产品推荐等方面的意见和建议。

(三)回顾直播过程

1. 观看直播录像

仔细观看直播录像,回顾直播的全过程,包括讲解内容、互动环节、技术表现等方面。这有助于发现直播中的亮点和不足。

2. 分析观众互动

结合直播数据,分析观众的互动行为,如哪些话题或环节吸引了大量观众参与,哪些环节观众参与度较低。

(四)分析问题与不足

1. 直播内容与讲解

(1)内容深度与广度。检查直播内容是否足够丰富和深入。如果内容过于浅显,观众可能会失去兴趣。例如,导游在直播中发现,平时带团时的讲解内容只够讲两个半小时,而直播时长为四个小时,导致内容不足。解决方案是投入更多时间查阅资料,丰富和完善直播讲解词。

(2)讲解连贯性。确保讲解内容的连贯性和逻辑性。如果讲解内容跳跃或不连贯,观众可能会感到困惑。可以通过多次彩排和模拟直播来提高讲解的连贯性。

(3)互动性。评估直播中是否存在互动不足、互动方式单一或互动效果不佳等问题。互动环节可以增加观众的参与度和满意度。如果互动环节不足,可以增加问答、小游戏等互动形式。

2. 技术分析

(1)网络稳定性。检查直播过程中是否存在网络卡顿、黑屏等问题。这些问题会严重影响观众的观看体验。解决方案是选择网络信号稳定的地点进行直播,并提前测试网络环境。

(2)设备质量。确保直播设备(如摄像机、麦克风、灯光等)的质量和性能。设备故障或性能不佳会影响直播的画面和声音质量。可以通过定期维护和更新设备来避免这些问题。

3. 观众互动与反馈

(1)互动数据。分析点赞数、评论数、分享数等互动数据,了解观众的参与度和兴趣程度。如果互动数据较低,说明直播内容或互动形式可能需要改进。

(2)观众反馈。收集观众的反馈意见,了解他们对直播内容、讲解方式、互动环节等方面的看法。可以通过直播平台的评论区、问卷调查等方式收集反馈。根据反馈意见进行针对性的改进。

4. 直播目标与效果

(1)目标达成情况。对比直播前设定的目标(如在线人数、互动次数、销售数据等)与实际达成情况,分析目标是否达成。如果未达成,需要找出原因并提出改进措施。

(2)观众留存率。分析观众的留存率,了解观众在直播过程中的流失情况。如果留存率较低,可能是因为直播内容不够吸引人或互动环节不足。可以通过增加精彩内容和互动环节来提

新知讲授

243

高留存率。

5. 团队协作与执行

（1）团队分工。评估团队成员的分工是否明确，各环节是否协调。如果团队协作不畅，可能会影响直播的顺利进行。可以通过明确分工、定期沟通和团队培训来提高协作效率。

（2）执行细节。检查直播前的准备工作是否充分，直播中的执行是否到位。例如，直播前的设备测试、直播中的画面构图、声音调整等细节都需要仔细检查。

（五）制定改进方案

1. 内容优化

针对讲解内容的问题，制定具体的优化方案。如增加更多有趣的故事、调整讲解顺序、补充遗漏的信息等。

（1）增加有趣的故事。

① 收集素材。广泛收集与直播景点相关的历史故事、传说、趣闻等，确保内容的多样性和趣味性；也可将收集到的故事进行整合和改编，使其更加适合直播的节奏和风格。例如，将自然风光与当地的文化背景相结合，增加故事的深度和感染力。

② 故事嵌入。在讲解中适当嵌入故事，使讲解更加生动有趣。例如，在介绍某个景点时，可以先讲一个与之相关的故事，再进行详细的讲解。

（2）调整讲解顺序

① 逻辑梳理。重新梳理讲解内容的逻辑顺序，确保内容的连贯性和条理性。例如，可以按照时间顺序、空间顺序或主题顺序进行讲解。

② 重点突出。根根据观众的兴趣点和反馈，调整讲解的重点内容。例如，如果观众对某个景点的历史背景特别感兴趣，可以增加该部分的讲解时间。

③ 节奏控制。合理安排讲解的节奏，避免内容过于密集或过于简略。可以通过增加适当的停顿和互动环节来调节节奏。

（3）补充遗漏信息。

① 观众反馈。根据观众的反馈，找出讲解中遗漏的信息。例如，观众可能对某个景点的开放时间、门票价格等实用信息感兴趣。

② 资料补充。查阅相关资料，补充遗漏的信息。确保讲解内容的完整性和准确性。

③ 实时更新。定期更新讲解内容，确保信息的时效性。例如，景点的开放时间、门票价格等信息可能会发生变化，需要及时更新。

2. 互动升级

（1）增加互动话题。

① 话题策划。根据直播内容和观众兴趣，策划多个互动话题。例如，可以设置"你最喜欢的景点是哪里？""你对这个景点有什么疑问？"等话题。

② 话题引导。在直播过程中，适时引导观众参与互动话题。可以通过提问、投票等方式激发观众的参与热情。

③ 话题反馈。及时回应观众的互动话题，增加观众的参与感和满意度。例如，可以对观众的提问进行详细解答，对观众的投票结果进行总结和反馈。

（2）引入新的互动方式。

① 抽奖活动。定期举办抽奖活动,增加观众的参与度。例如,可以在直播过程中设置几个抽奖环节,奖品可以是景点门票、特色纪念品等。

② 问答环节。设置专门的问答环节,回答观众的问题。可以提前收集观众的问题,进行分类和整理,然后在直播中逐一解答。

③ 小游戏。引入一些简单的小游戏,增加直播的趣味性。例如,可以设置"猜景点名称""找不同"等小游戏,观众参与游戏可以获得小奖品。

（3）提高互动回应速度。

① 团队协作。确保团队成员之间有良好的协作机制,及时处理观众的互动信息。例如,可以安排专人负责监控观众的评论和提问,及时反馈给主持人。

② 技术工具。使用直播平台提供的互动工具,如弹幕、评论区等,提高互动的效率。可以设置关键词提醒,及时发现观众的重要问题。

③ 预设回答。提前准备一些常见问题的预设回答,提高回应速度。例如,对于观众经常问的"门票价格""开放时间"等问题,可以提前准备好标准答案,快速回复。

3. 技术提升

针对技术问题,制订相应的提升计划。如升级直播设备、优化网络环境、加强技术培训等。

（1）升级直播设备。

① 设备评估。定期评估现有直播设备的性能,确定需要升级的设备。例如,检查摄像机的画质、麦克风的音质、灯光的亮度等。

② 设备采购。根据评估结果,采购性能更优的直播设备。例如,购买更高分辨率的摄像机、更专业的麦克风、更稳定的灯光设备等。

③ 设备测试。在采购新设备后,进行多次测试,确保设备的性能和兼容性。例如,测试新摄像机的画质是否清晰,新麦克风是否无杂音。

（2）优化网络环境。

① 网络测试。在直播前,进行多次网络测试,确保网络的稳定性和带宽。可以使用专业的网络测试工具,检测网络的延迟、丢包率等指标。

② 网络优化。根据测试结果,优化网络环境。例如,选择网络信号更稳定的地点进行直播,使用有线网络连接,避免无线网络的干扰。

③ 备用方案。准备网络备用方案,以防网络出现故障。例如,可以准备一个移动热点作为备用网络,确保直播的顺利进行。

（3）加强技术培训。

① 培训计划。制订详细的技术培训计划,涵盖直播设备的使用、网络优化、互动工具的使用等内容。例如,可以安排每周一次的技术培训课程。

② 培训实施。邀请专业的技术人员进行培训,确保团队成员掌握必要的技术知识和操作技能。可以通过线上课程、线下实操等方式进行培训。

③ 培训考核。定期进行培训考核,确保团队成员的技术水平不断提升。可以通过考试、实操测试等方式进行考核,确保培训效果。

新知讲授

▍慎思笃行

导游直播怎样实现可持续发展

▍任务检测

▶ 任务工单

任务二　导游短视频制作

1.任务描述

针对主题"导游短视频制作"，培训师借助线上教学资源实施培训。

学员通过课前观看微课视频，课中实践操作、任务点评，掌握导游短视频制作的各项要点，能全面充分地利用账号设置、文案创作技巧等做好导游短视频制作工作。

（1）课前，分析自身的兴趣爱好与特长，明确旅游短视频的方向与定位。

（2）课前，查阅喜爱的旅游博主短视频，找出吸引力的地方结合自身定位，在抖音平台上初步设置短视频账号。

（3）课前，撰写一个崂山景区景点讲解类旅游短视频标题。

（4）课中，根据教师讲解，修改完善旅游短视频账号设置与标题命名。

（5）课中，创作一段1—3分钟的崂山景区景点讲解类旅游短视频文案，结合教师点评进行修改完善。

（6）课中，到崂山景区多角度拍摄崂山风景照片、记录人文故事的照片，尽可能让照片类型丰富。（如果实际操作困难，可从网络收集照片或视频素材，利用AI技术生成素材图片或微视频等方式收集素材。后续编辑过程中注意标明出处，注意版权问题。）

（7）课中，进行崂山景区旅游短视频剪辑，完成旅游短视频制作，并上传至抖音平台。

（8）课后，各小组从旅游攻略类、旅游故事类、人设式拍法类短视频中选择一种进行崂山景区旅游短视频制作。

2.任务准备

（1）个人任务：学员准备一个抖音平台短视频账号。

（2）个人任务：学员撰写一个崂山景区的景点讲解类旅游短视频标题。

（3）小组任务：查询崂山景区的景点知识，为撰写短视频创作文案和脚本做准备。集体根据任务引导认真学习相关课程资源。

任务引导1：崂山景区的亮点与特色。

任务引导2：与崂山景区相关联的影视剧、名人或文学作品等。

任务引导3：崂山景区适合拍照的场景。

3.任务实施

（1）根据对自身兴趣爱好与特长的分析结果，明确旅游短视频的方向与定位，填写表5-1-12。

表5-1-12　自身旅游短视频方向与定位

你的兴趣爱好：
你的特长：

你确定的短视频方向与定位：
☐自然风景讲解　　　☐历史文化讲解
☐幽默风趣型　　　☐文采飞扬型　　　☐治愈型

（2）总结你喜爱的旅游博主的吸引之处，并在抖音平台设置短视频账号，填写表5-1-13。

表5-1-13　抖音平台旅游短视频账号设置

你喜爱的旅游博主：
喜爱的原因：

你选择的账号头像：　　　☐真人头像　　　　　☐图文logo头像

你的账号昵称：

你设置的账号个性签名/简介：

你选择的背景封面(拍照粘贴在此处)：

（3）撰写崀山景区的旅游短视频标题并陈述运用的技巧，填写表5-1-14。

表5-1-14　崀山景区旅游短视频标题

你命名的短视频标题：

你运用的技巧：

（4）撰写崀山景区短视频内容文案，并填写在表5-1-15中。

表5-1-15　崀山景区旅游短视频文案内容

（5）根据创作的崀山景区旅游短视频文案特点，选择运用拍摄提纲或文学脚本，撰写崀山景区旅游短视频脚本，填写表5-1-16、表5-1-17。

表5-1-16　崀山景区短视频拍摄提纲

提纲维度	具体内容	备注
选题阐述		选题、立意和创作的主要方向
视角阐述		选题的角度和切入点
体裁阐述		表现技巧和创作手法
风格阐述		构图、色调、影调、光线和节奏

提纲维度	具体内容	备注
构建场景		呈现场景的转换、结构、视角和主题
完善细节		音乐、解说、配音等内容

表 5-1-17　嵖山景区短视频文学脚本

不同场景	画面背景	台词内容	动作姿势
场景 1			
场景 2			
场景 3			
场景 4			
场景 5			

（6）根据撰写的旅游短视频文案和脚本，组织学员赴嵖山景区进行嵖山风景、人文故事拍摄，并完成短视频剪辑与上传。（如果实际操作困难，可从网络收集照片或视频素材，利用AI技术生成素材图片或微视频等方式收集素材。后续编辑过程中注意标明出处，注意版权问题。）

（7）学员将任务完成过程中遇到的问题及解决办法、学习体会及收获记录在表5-1-18中。

表 5-1-18　学习记录表

小组名称：	小组成员：
遇到的问题及解决办法：	
学习体会及收获：	

4. 任务考核

将任务考核评价记录在表5-1-19中。

表 5-1-19　任务考核评价表

任务	评价内容	分值/分	评价分数/分	
旅游短视频文案创作	创意新颖性	5		
	主题明确性	3		
	信息完整性	2		
	故事性	5		
	准确性与生动性	5		
	原创性	5		
旅游短视频脚本撰写	主题与目标受众明确性	2		
	结构清晰度与逻辑连贯性	5		

续表

任务	评价内容	分值/分	评价分数/分		
旅游短视频脚本撰写	信息丰富度	5			
	拍摄场景选择	5			
	拍摄技巧与机位	5			
旅游短视频拍摄剪辑	故事讲述	5			
	构图与角度	3			
	稳定与流畅	5			
	捕捉细节与情感	5			
	剪辑节奏	5			
	色彩与调色	5			
	字幕与旁白	3			
	背景音乐音效	2			
其他	仪容仪表	5			
	语言表达	5			
	团队协作	5			
	工单填写	5			
最终得分					

▶ 新知讲授

一、旅游短视频认知

旅游短视频是指以旅游为主题的短视频,通过手机和摄像机等录制设备拍摄,时长较短,通常在5分钟以下,时长在15秒至1分钟之间居多。它以生动的图像和音频展示旅游景点的特色和魅力,旨在让观众了解旅游信息、体验旅游乐趣,并加深对景点的印象。

(一)旅游短视频的特点

1.时长较短,内容精简

旅游短视频的时长限制使其内容必须短小精悍,能够在短时间内吸引观众的注意力,并有效传达旅游信息。这种特点契合了用户高效获取信息的诉求,也符合移动互联网时代用户碎片化阅读的习惯。

2.形式多样,内容丰富

旅游短视频的内容可以包括各种旅游景点介绍、旅游攻略、旅游体验分享等。它不仅可以展示景点的自然风光,还可以展现当地的风土人情、美食文化等,为用户提供多元化的旅游信息。

3.参与性强,传播迅速

短视频平台通常具有强大的社交功能,用户可以通过点赞、评论、分享等方式参与互动。这种互动不仅增强了用户的参与感,也加速了旅游短视频的传播速度,有助于扩大旅游景点的影响力。

4. 生产成本低，易于创作

与传统的旅游宣传方式相比，旅游短视频的制作成本相对较低。导游可以利用手机等便携设备随时随地进行拍摄和编辑，降低了创作门槛，使得更多业余分享者能够参与进来。

5. 视觉冲击力强，易于吸引关注

短视频通过图像和音频的结合，能够产生强烈的视觉冲击力。在旅游短视频中，通过精心策划的镜头语言、色彩搭配和背景音乐，可以营造出独特的旅游氛围，吸引观众的关注和兴趣。

旅游短视频以其时长短、内容精、形式多样、参与性强、生产成本低和视觉冲击力强等特点，日益成为展示导游专业素养，建立个人品牌的重要渠道。

（二）旅游短视频的类型

1. 旅游攻略类

旅游攻略类短视频通常提供关于特定目的地或旅行路线的详细攻略，包括最佳旅行时间、必游景点、交通方式、住宿推荐、美食指南等。导游可以分享自己的旅行经验和实用建议，帮助观众规划行程。在形式上可以是解说类，通过旁白和画面展示信息；也可以是时间线攻略，按照旅行行程安排制作视频脚本。

2. 景点介绍类

景点介绍类短视频聚焦于单个或多个景点的详细介绍，包括景点的历史背景、文化特色、观赏角度、拍照技巧等。导游可以带领观众深入探索景点的魅力，提供独特的视角和见解。在形式上可以是单个景点介绍，适合文案创作能力较强的创作者；也可以是实地拍摄、出镜讲述的形式，增加互动性和真实感。

3. 旅游故事类

旅游故事类短视频通过讲述旅行中的小故事或经历，展现旅游的乐趣和意义。这类短视频可能包括与当地人的互动、遇到的有趣事件、个人的感悟和成长等，通过个人的旅行经历来引发观众的共鸣和情感共振。在形式上可以是情景故事类，通过短剧情的形式表达出来；也可以用脱口秀形式再结合旅游知识和个人经历进行讲述。

4. 人设式拍法类

人设式拍法类短视频则是通过塑造独特的个人形象或角色来吸引观众，博主在视频中不仅介绍旅游内容，还通过自身的言行举止来展现个人魅力。例如，一些旅游博主会打造"吃货人设""探险家人设"等，通过独特的视角和风格来呈现旅行体验。这种拍法往往能够形成强烈的个人品牌效应，吸引大量忠实粉丝。在形式上可以是倒计时形式，记录一天的工作和生活；也可以是Vlog形式，分享旅行中的见闻和感受。

（三）旅游短视频类型的选择

1. 结合个人兴趣与特长

选择自己感兴趣且擅长的领域进行创作，这样更容易产出高质量的内容。例如，如果你对历史文化感兴趣，可以选择介绍各地历史遗迹和文化传统的主题；如果你擅长摄影，可以专注于风景摄影类的短视频。

2.考虑目标受众的口味与需求

导游在制作短视频之前,首先要锁定目标用户群体,对目标用户群体进行调研,明确目标用户群体的需求。不同人群对旅行视频的喜好有所差异,例如,一些观众喜欢看轻松有趣的旅行趣事,而另一些观众则更喜欢看具有深度和思考性的旅行文化探讨。导游需要对目标受众进行分析,并根据其需求设定相应的视频主题。

二、旅游短视频账号设置

导游设置旅游短视频账号的主要内容包括头像、昵称、个性签名、背景图、简介等,这些元素共同构成了账号的"门面",是吸引用户关注和了解账号内容的第一步。以下是一些关于短视频账号设置的主要内容及技巧。

(一)具体技巧

1.头像设置技巧

头像是辨识账号的主要标志之一。用户打开一个短视频账号,除了内容能吸引其进入的就是头像了。选取头像要符合三个原则:符合身份特征、高清醒目、简洁大方。这样才能快速吸引用户的注意力,让用户快速识别。切忌使用过于模糊或复杂的照片。

在头像形式选取上,可以用真人头像,让用户直观地看到人物的形象,拉近心理距离;也可以使用图文logo作为头像,可以明确短视频的形象,有利于强化品牌形象;同时还可以使用短视频的动画角色做头像,有助于强化角色形象,代表个人或品牌。

2.昵称设置技巧

导游在为旅游短视频账号设置昵称时,需要考虑多个方面,以确保昵称既吸引人又好记,同时能够清晰地传达账号的内容和定位。具体方法技巧参见表5-1-20。

表5-1-20　旅游短视频账号昵称设置方法技巧一览表

序号	方法技巧	优势或适用范围	示例说明
1	职业加昵称	直接体现职业特点,同时增加个人色彩	"导游小张"或"旅行向导小李"
2	昵称加地点	适合专注于某个特定目的地的账号	如果经常发布关于巴黎的旅游视频,可以叫"巴黎小导游"或"浪漫巴黎行"
3	昵称加领域	能够直接切到变现领域,同时定位也清晰	如果专注于美食探索,可以叫"吃货小导游"或"美食探索者小张";如果对徒步旅行特别感兴趣,你可以叫"徒步旅行小张"或"徒步探索者"
4	特质加昵称	通过强调个人特质来吸引关注	如果是一位幽默风趣的导游,可以叫"幽默导游小李"或"风趣旅行家"
5	纯昵称	适用于很有知名度,不需要任何特殊标识的情况	一些知名的旅游博主可能会直接使用自己的名字或昵称
6	亲切易记	拉近与粉丝的距离,让人容易记忆	"旅行大叔"或"旅行小脚丫"

续表

序号	方法技巧	优势或适用范围	示例说明
7	体现专业性	对于想要打造专业个人网络品牌的账号，建议将昵称设置为自己的本名或专业相关的名称，以增加粉丝的信任度	"专业导游张华"或"资深旅行顾问"

3.个性签名/简介设置技巧

个性签名或账号简介不仅可以表达短视频账号的定位和自身的身份特征，还可以对账号的内容传播起到基础性作用。在设置的时候要注意与账号定位一致、传递价值信息、引导用户关注。

（1）明确账号定位。在个性签名或简介中明确说明账号的主题和定位，让用户一眼就能知道你的账号是关于什么的。

（2）展示价值。阐述你能为用户提供的价值，如知识、娱乐、实用技巧等，吸引用户关注。

（3）引导关注。可以在简介中加入一些引导性的话语，鼓励用户关注你的账号。

4.背景图设置技巧

背景图也叫封面，是用户第一眼看到的内容。好的封面可以让用户快速了解视频内容，增加点击率。封面应该尽量和账号的定位、调性符合，目的是增加信任、传递信息。

可以选择视频中最精彩的画面作为封面，确保图片清晰、色彩鲜艳；也可以选择代表性镜头作为封面，让用户一眼就能看出视频的主题和亮点。如果在背景图上添加文字，应该注意文字要尽量简洁、字体清晰。

（二）通用技巧与注意事项

1.保持一致性

一是头像、昵称、个性签名、背景图等账号元素应保持一致的风格和定位，以强化品牌形象和用户认知；二是在不同的账号平台上需要保持昵称的一致性，以便用户能够更容易地找到你。

2.定期更新

定期更新账号信息，如发布新的视频内容、调整个性签名等，以保持账号的活跃度和吸引力。

3.遵守平台规则

在设置账号和发布内容时，务必遵守短视频平台的规则和政策，避免违规行为导致账号被封禁或降权。

三、旅游短视频内容策划

（一）短视频标题命名

好的旅游短视频标题能在第一时间抓住用户的注意力，让用户愿意看完视频，并引发点赞和评论。另外，根据短视频平台推送规则，好的标题中要加入一些与定位相关的关键词，如地名、

"治愈系风景""毕业旅行"等,以便平台进行精准推荐。下面介绍几种常见的旅游短视频选题技巧。

1.技巧1：凸显稀缺

物以稀为贵,用户都有猎奇求异的心理。例如,某短视频的标题为"西藏南迦巴瓦峰十次九不遇,难得一见,我们都是幸运的"。通过"难得"等字眼,凸显了旅游资源的稀缺性,让用户一看到就有点开视频一探究竟的冲动。

2.技巧2：设置悬念

"犹抱琵琶半遮面",只把话题说一半,使用疑问或反问句来制造悬念,激发观众的好奇心,促使他们点击观看。例如,某抖音短视频的标题为"浪漫的夕阳与美丽的郁金香撞了个满怀,该用什么理由分享给你呢?"还有《地球的奇迹》中的一则短视频标题为"沙漠上为何开满鲜花",都是通过疑问的方式设置了悬念,将答案留在短视频内容中。还有短视频标题为"一处你来了也未必见得到的风景",到底是什么样风景呢?有种未完待续的感觉。

3.技巧3：引发共鸣

这类标题一般会锁定某类特定目标群体,抓住他们的某种情绪、情感,让他们感到视频内容与自己的生活或经历有关。例如,"如果生活太压抑,就来乌镇待一个月吧,静下心来,感受这小桥流水人家,你会发现人间值得"。再例如,"如果有一天你失恋了,一定要来这里"。这样的标题能触动观众的心弦。

4.技巧4：巧用数字

以数字作为论据会让标题看上去更有说服力,同时数字直观呈现的方式会降低用户的理解成本。例如,"张家界百龙天梯,上升仅需66秒,垂直提升326米,直达九霄云外!""亚洲超长的滑草,带你感受1200米的激情与速度"。前者通过一前一后的数字对比,凸显天梯的刺激;后者用数字证明了亚洲超长滑草的长度,既直观明了又有说服力。

5.技巧5：引导互动

使用问句或引导性的语言来鼓励观众进行互动,如评论、点赞和转发。例如,"你觉得这个地方怎么样? 快来分享你的看法吧!"这样的标题能够增加观众的参与度。

6.技巧6：借势营销

所谓借势,是指借影视剧作、名人效应或者结合热点吸引关注。例如,"看了两遍《大鱼海棠》,我去寻找了椿的家——福建土楼";"看完《盗墓笔记》,我决定去长白山,寻找张起灵";"我崇拜的人,名叫李白。为了追寻他的足迹,我来到了他诗中的庐山"。

（二）旅游短视频文案创作

在确定短视频选题后,还要精心打造高质量的短视频内容,满足用户的观看需求,这样才能让短视频成为爆款。要想打造优质的旅游短视频,就要保证内容垂直化,专注于某一垂直领域持续深耕,输出独特的内容,同时还要确保内容原创,为用户提供有价值的信息。不同类型的旅游短视频在内容要求和创作技巧的要求上侧重点不同,如表5-1-21所示。

表 5-1-21　旅游短视频文案分类创作技巧

序号	旅游短视频类别	内容创作技巧	具体要求	示例说明
1	旅游攻略类	明确目标受众	了解观众的旅游需求和兴趣点，如家庭游、情侣游、背包客等	想要和另一半来一场说走就走的旅行吗？西藏的蓝天、白云、雪山和圣湖绝对是不二之选。下面是我们为情侣们精心准备的7天西藏游攻略，快来看看吧！
		结构清晰	按照旅行前、中、后的顺序安排内容，如行程规划、交通指南、住宿推荐、必游景点、美食推荐等	橘子洲全长大约6千米，建议的游玩路线是从地铁站出发，往沙雕方向走，走到沙雕大约3千米，然后返回，围着半个岛走一圈。途中可以欣赏到毛泽东青年艺术雕像、长沙非物质文化遗产展示馆等众多景点。 橘子洲头：青年毛泽东巨型胸像石雕伫立在最南端的橘子洲头，是游客必打卡之地。 橘子洲沙滩公园：位于橘洲景区北段，是市民游客夏日消暑的好去处。这里的水质清澈，环境优美，可以亲水、运动、休闲。 观光车：如果不愿意步行，可以选择乘坐观光车游览。观光车价格为20元/人，运营时间为7:30至21:30，设有固定上下站点、终点站
		实用性强	提供具体的建议和信息，如最佳旅行时间、门票价格、开放时间等	橘子洲是国家级风景名胜区，不需要门票，但需要提前预约。预约可以通过微信公众号"岳麓山橘子洲旅游区"进行，最多可提前三天预约，一次最多可预约5人。预约时可选择刷二维码入园、刷脸入园
		语言简洁	用简短的句子和段落传达信息，避免冗长和复杂	古城墙下，时光静好； 雪山之巅，挑战你的极限
2	景点介绍类	突出亮点	明确景点的特色和亮点，如自然风光、历史文化、民俗风情等	穿越千年的时光，走进这座被岁月雕琢的古城，每一块青砖古瓦都诉说着过往的故事
		情感共鸣	用富有感染力的语言激发观众的情感共鸣，如对美景的赞美、对历史的感慨等	在云台山的仙侠之旅中，我仿佛置身于一幅幅绝美的山水画中，每一步都踏着云雾，每一眼都是仙境，让人陶醉不已。 在洛阳，我仿佛穿越了千年时光，感受到了盛唐的繁华与荣耀，那份历史的厚重与文化的底蕴，让我深受震撼
		善用修辞	从不同角度和层面介绍景点，如历史背景、文化内涵、自然风光等	红宫墙是紫禁城的守卫，它记得夏日流云，秋日金黄。 这个小镇仿佛是大海的孩子，依偎在母亲的怀抱中，享受着温柔的抚摸和无尽的宠爱。每一栋房屋、每一条街道都散发着海的味道，让人沉醉不已
		激发想象	将现实景象与虚构的情境相结合，激发观众的想象力	你说芦苇丛的尽头，会不会是龙猫的家

序号	旅游短视频类别	内容创作技巧	具体要求	示例说明
3	旅游故事类	讲述真实故事	融入旅行期间的故事，让读者感受到旅行的趣味性和人文关怀	在小镇的角落里，偶遇了一位手艺人，他用一双巧手编织着生活的美好
		抓住情感共鸣	用真实的故事和感受，让观众产生共鸣。可以描述在异国他乡品尝到的地道美食，或是在某个景点留下的难忘回忆	在异国他乡，一碗热腾腾的地道美食，让我感受到了家的温暖
		结合视觉元素	运用丰富的视觉元素，如"碧海蓝天""金色稻田"等，让读者产生画面感	夕阳下的古城墙，每一砖一瓦都诉说着古老的故事
		适当幽默	加入幽默元素，使观众在轻松愉快的氛围中观看视频	本想拍张美照，结果却和鸽子成了最萌身高差
		描述细腻	详细描绘旅行中的美景、美食、人文风情等，让读者仿佛身临其境	海浪轻轻拍打着沙滩，留下一串串银白色的泡沫，仿佛是大海在诉说着它的秘密
4	人设式拍法	人设定位明确	明确短视频中的人设定位，包括角色的性格、兴趣、旅行风格等。这有助于确保文案与人设保持一致，增强观众的代入感	带你穿越未知的丛林，揭开大自然的神秘面纱。每一步都充满惊喜，你敢来挑战吗
		互动性强	提出问题、设置悬念或邀请观众发表看法，或鼓励观众留言分享自己的旅行故事，可以激发观众的参与热情，增强文案的互动性	这里有一大片田园，你要来做农场主吗？你有什么想做却不敢做的事吗？
		强调独特体验	通过文案强调旅途中的独特体验，如与当地文化的亲密接触、品尝地道美食、体验特色活动等，以吸引观众的兴趣	今天，我要带你一起品尝这家隐藏在小镇深处的米其林餐厅，每一口都是对味蕾的极致挑逗！
		个性化表达	使用符合人设的个性化语言，如幽默风趣、文艺清新或专业严谨等，让文案更具特色	在这里，旅行不只是看风景，更是与奇葩事件的不期而遇。比如，我居然和一只猴子共享了午餐！
		情感共鸣	在文案中融入真实情感，如兴奋、感动、惊讶等，与观众产生情感共鸣	站在山巅，俯瞰着这片壮丽的风景，我不禁感慨万分。旅行的意义，或许就在于这些让人心动的瞬间吧

新知讲授

（三）旅游短视频脚本撰写

旅游短视频拍摄离不开脚本,短视频脚本是短视频的灵魂,是短视频的拍摄大纲和要点规划,帮助视频创作者明确创作方向,用于指导后续短视频的拍摄、剪辑和道具准备工作,具有统领全局的作用,可以提高短视频的拍摄效率,保证视频拍摄质量。优质短视频中的每一个镜头都是经过精心设计的。

一般来说,短视频的脚本主要有拍摄提纲、文学脚本和分镜头脚本这三大类。

1.拍摄提纲

拍摄提纲是指短视频的拍摄要点,只对拍摄内容起提示作用,适用于一些不易掌控和预测的拍摄内容。如果要拍摄的短视频没有太多不确定的因素,一般不建议采用这种方式。拍摄提纲的写作主要分为以下几步。

（1）选题阐述。明确短视频的选题、立意和创作的主要方向,让视频拍摄者明确创作的主要目标。

（2）视角阐述。呈现选题的角度和切入点,独特的视角能让人耳目一新。

（3）体裁阐述。阐述不同体裁短视频的表现技巧和创作手法。

"体裁"指的是作品的种类和样式,是表现题材的手段和形式。在旅游短视频的语境下,体裁可以理解为短视频所呈现的旅游内容、风格或类型的总称。从创作概念上划分,旅游短视频可以分为写实性体裁和写意性体裁。写实性体裁强调真实记录旅游过程中的所见所闻,如抓拍的自然风光、人文景观等;而写意性体裁则更注重主观创作意识,通过摆拍、后期剪辑等手段来表达创作者对旅游体验的感受和解读。

（4）风格阐述。阐述短视频的构图、色调、影调、光线和节奏,例如画面风格是轻快还是沉重。

（5）构建场景。呈现场景的转换、结构、视角和主题。

（6）完善细节。补充音乐、解说、配音等内容。

表5-1-22以"西藏自驾游"为例展示短视频拍摄提纲。

表5-1-22　"西藏自驾游"短视频拍摄提纲案例

提纲维度	具体内容
选题阐述	拍摄一段关于"西藏自驾游"的短视频,重点展现西藏的自然风光、人文景观以及自驾旅行的独特体验
视角阐述	以第一人称视角为主,结合无人机航拍,展现西藏的壮丽景色和自驾途中的冒险感
体裁阐述	采用写实性体裁,真实记录自驾途中的自然风光和人文景观,如布达拉宫、纳木措湖、雪山等
风格阐述	画面风格以自然、壮丽为主,色调偏冷,突出西藏的高原特色。影调以明亮为主,光线自然,节奏舒缓,配合音乐营造出宁静与壮美的氛围
构建场景	场景从拉萨出发,途经纳木错湖,最终到达珠峰大本营。每个场景的转换通过车辆行驶的画面过渡,视角从车内到车外,再到航拍
完善细节	背景音乐选择藏族风格的音乐,解说词简洁明了,突出西藏的神秘与壮美。配音以旁白形式出现,介绍每个景点的历史和文化背景

2. 文学脚本

文学脚本主要是规定人物所处的场景、台词、动作姿势和状态等,是在提纲脚本上增加细化内容,使脚本内容更加丰富多彩。文学脚本与分镜头脚本相比,在形式上相对简单,偏重交代内容,适用于非剧情类的短视频,如知识讲解类短视频、测评类短视频等。例如,知识讲解类的短视频以口播为主,场景和出镜者相对单一,对创作者的语言文字表达能力要求较高。

表5-1-23以"西藏纳木错湖"为例展示短视频拍摄文学脚本。

表5-1-23 "西藏纳木错湖"短视频拍摄文学脚本

不同场景	画面背景	台词内容	动作姿势
纳木错湖全景	镜头从远处雪山缓缓推进,展现纳木错湖全貌。湖面在阳光照耀下波光粼粼,湖水呈现出深邃的蓝色,与远处的雪山相互映衬,天空中飘着几朵白云,整个画面宁静而壮美	"在西藏的腹地,有一片神秘的湖泊,它就是纳木错。纳木错在藏语中意为'天湖',这里有着世间最纯净的蓝色,仿佛是天空掉落在人间的镜子。"	镜头前的旅游博主站在湖边,双手自然下垂,眼神望向远方的雪山和湖面,脸上露出惊叹和陶醉的表情,仿佛被眼前的美景深深吸引
湖边的转经筒	镜头聚焦在湖边的一排转经筒上,转经筒在微风中缓缓转动,发出轻微的"吱呀"声。周围是一些虔诚的信徒,他们一边转动经筒,一边口中念念有词,脸上洋溢着虔诚和宁静	"纳木错不仅是自然的杰作,更是信仰的圣地。湖边的转经筒,承载着人们的祈愿和祝福,每转动一次,都仿佛是在与神灵对话。"	旅游博主缓缓走向转经筒,双手合十,轻轻转动经筒,脸上带着敬畏和虔诚的表情,动作温柔而庄重,与周围的信徒融为一体
湖中的小岛	镜头切换到湖中的一个小岛,岛上绿草如茵,几只牦牛悠闲地吃着草。远处的湖面上,几只水鸟在自由翱翔,湖水在小岛周围轻轻拍打着,发出柔和的水声	"纳木错湖中散布着许多小岛,这些小岛就像是湖中的绿洲,为这片神圣的湖泊增添了几分灵动和生机。"	旅游博主坐在小岛的草地上,双腿盘起,手中拿着一朵小花,轻轻嗅着花香,眼神温柔地望着周围的景色,脸上露出惬意和满足的笑容,仿佛完全融入这片宁静的自然之中
湖边的帐篷	镜头对准湖边的一排帐篷,帐篷外摆放着一些藏式家具和生活用品,几位藏族同胞正在帐篷前忙碌着,有的在准备食物,有的在整理物品。帐篷周围是一片开阔的草地,草地上散落着一些牦牛和羊群,远处是连绵的雪山和宁静的湖水	"在纳木错湖边,你可以体验到最纯正的藏族生活。这里的藏族同胞热情好客,他们用传统的藏式帐篷和美食,欢迎着来自四面八方的游客。"	旅游博主走进帐篷,与藏族同胞热情地打招呼,双手接过藏族同胞递过来的哈达,脸上露出感激和喜悦的表情。然后坐在藏式地毯上,品尝着藏族同胞准备的酥油茶和青稞饼,动作自然大方,与藏族同胞亲切交流
日落时分的纳木错湖	镜头捕捉纳木错湖在日落时分的美景,夕阳的余晖洒在湖面上,湖水被染成了金色和橙色,与远处的雪山形成鲜明的对比。天空中的云彩也被染成了绚丽的色彩,整个画面如诗如画,美不胜收	"当太阳缓缓落下,纳木错湖迎来了它最温柔的时刻。金色的阳光洒在湖面上,仿佛给这片神圣的湖泊披上了一层神秘的面纱。"	旅游博主站在湖边,双手张开,仿佛要拥抱这美丽的夕阳。脸上带着感动和不舍的表情,眼神紧紧盯着夕阳和湖面,仿佛要把这一刻的美好永远铭记在心

3. 分镜头脚本

分镜头脚本是导演按照自己的总体构思,以镜头为基本单位,划分出不同的景别、角度、声画形式、镜头关系等。后期的拍摄和制作基本上都会以分镜头脚本为直接依据，所以分镜头脚本又被称为导演剧本或工作台本，一般适用于故事性比较强的旅游短视频。分镜头脚本要求十分细致，包括画面内容、景别、拍摄技巧、时间等内容。

（1）地点。对故事发生的位置是什么进行标注。

（2）序列。按照顺序进行标注。

（3）景别。利用远景、全景、中景、近景、特写五种景别来安排画面。

（4）角度。一般来说有平拍、仰拍、俯拍、侧拍四种拍摄角度。多变化角度拍摄让画面内容更丰富。

（5）拍摄重点。重点需要强调的内容与画面。

（6）画面呈现内容。对每一个想要拍摄的画面尽可能详细地描述下来，脑海中有一定的画面感，在拍摄时有条理。

（7）文案。文案就是画外音的文字内容，通过后期录音完成。

（8）特效字幕。特效字幕是除了画外音的文字内容以外的字幕，用于对画面重点进行强调。

（9）音乐/音效。根据画面内容选择合适的音乐，恰当的音效会给视频加分，让人感受到视频的趣味性。

（10）时长。每个镜头建议保持在26秒内，整体短视频建议保持在5分钟内。

以"××古镇"为例，展示短视频拍摄分镜头脚本如表5-1-24所示。

表5-1-24 "××古镇"短视频拍摄分镜头脚本案例

序列	地点	景别	角度	拍摄重点	画面呈现内容	文案	特效字幕	音乐/音效	时长
1	古镇入口	全景	平拍	古镇全貌	展现古镇入口处的热闹街景，人群络绎不绝，古镇的标志性建筑在远处矗立	"欢迎来到这座充满魅力的古镇。"	无	轻松愉快的背景音乐，人群的喧闹声	5秒
2	古镇入口	中景	侧拍	旅游博主	旅游博主站在古镇入口处，面带微笑，热情洋溢地向镜头打招呼	"大家好，我是你们的导游……"	无	旅游博主的讲解声，背景音乐持续	8秒
3	古建筑群	远景	俯拍	古建筑群	从高空俯瞰古建筑群，展现其错落有致的布局和古朴的风貌	无	无	轻柔的古风音乐，风声	6秒
4	古建筑群	近景	平拍	古建筑细节	旅游博主用手轻轻抚摸着古老的墙壁，抬头仰望精美的雕梁画栋，镜头对准建筑的细节进行特写	"这些古建筑见证了古镇的沧桑变迁……"	历史的印记	旅游博主的讲解声，背景音乐持续	10秒

续表

序列	地点	景别	角度	拍摄重点	画面呈现内容	文案	特效字幕	音乐/音效	时长
5	手工艺品店	中景	平拍	手工艺品制作过程	手工艺人专注地制作手工艺品，旅游博主在一旁观看并与手工艺人交流，镜头交替拍摄手工艺品和人物表情	"这些手工艺品真是太漂亮了……"	无	手工艺人的讲解声，背景音乐持续	12秒
6	美食街	全景	侧拍	美食街全貌	美食街上各种美食摊位林立，美食的香味扑鼻而来，旅游博主在各个摊位前品尝美食，与摊主交流，镜头展现美食街的热闹场景	"来到美食街，各种美食的香味扑鼻而来……"	无	美食的制作声，摊主的叫卖声，背景音乐持续	15秒
7	美食街	特写	平拍	美食细节	旅游博主大口品尝美食，脸上露出满足的笑容，镜头对准美食进行特写，展现美食的色泽和质感	无	无	咀嚼声，背景音乐持续	8秒
8	古镇夜景	全景	仰拍	古镇夜景	夜幕降临，古镇的灯光亮起，街道上人影绰绰，旅游博主漫步在古镇的石板路上，欣赏着夜景，镜头展现古镇夜晚的宁静与美丽	"当夜幕降临，古镇又展现出另一番迷人的风情……"	"夜色古镇"	轻柔的音乐，风声，脚步声	10秒
9	古镇夜景	中景	侧拍	旅游博主	旅游博主停下脚步，用手机拍摄夜景，脸上洋溢着惬意的笑容，镜头对准旅游博主进行拍摄	无	无	旅游博主的手机拍摄声，背景音乐持续	6秒

　　实际工作中，可根据拍摄需要或经验灵活编写符合自己需要的脚本形式（二维码5-1-1、5-1-2）。

四、旅游短视频拍摄剪辑

（一）旅游短视频拍摄

　　旅游短视频拍摄不仅要选择合适的拍摄工具，还需要熟练运用各种拍摄技巧，合理设计画面

《柳叶湖畔中国年》短视频分镜脚本

5-1-1

《柳叶湖畔中国年》短视频分镜脚本配套视频

5-1-2

259

景别、光线位置、运镜方式和画面等。

1. 拍摄工具准备

相机/手机：选择具备高清摄像功能的设备，确保画质清晰。

三脚架与稳定器：用于稳定拍摄，避免画面抖动。

不同焦距的镜头：如广角镜头用于拍摄大场景，长焦镜头用于突出细节。

麦克风与录音笔：用于清晰录制讲解声或采访声。

快门遥控器与微距镜头（可选）：用于拍摄慢动作和细节。

另外，还可以准备行程表与地图App、天气预报App等辅助工具，用于规划拍摄行程和地点，选择最佳拍摄时间。

2. 拍摄技巧

（1）规划先行。

根据行程安排，详细列出想要拍摄的景点和特色活动。利用天气预报App，选择最佳拍摄时间，确保光线和天气条件最佳。

（2）故事讲述。

融入历史、文化或当地风俗的介绍，使视频更具内涵。使用麦克风或录音笔，清晰录制讲解声或采访声，确保音质清晰无杂音。

（3）构图与角度。

运用"三分法"原则进行构图，使画面更平衡和谐。尝试不同的拍摄角度和视角，展现景点的多样面貌。

（4）稳定与流畅。

使用三脚架和稳定器确保画面稳定，避免手抖造成的模糊。在移动拍摄时，尽量保持匀速，避免快速摇晃，影响观看体验。

（5）捕捉细节与情感。

不要忽视细节，如当地特色小吃、手工艺品等，这些细节往往能增添视频的趣味性和深度。关注人与景的互动，捕捉游客的欢笑、惊喜等自然表情，传递旅行的快乐氛围。

（二）旅游短视频剪辑

旅游短视频的后期处理要用到剪辑工具，可对拍摄的短视频进行剪辑，添加转场、字幕与特效等，凸显旅游短视频的专业性和艺术性。

1. 剪辑工具准备

视频剪辑软件：如Adobe Premiere Pro、Final Cut Pro、剪映等，用于剪辑和调色。

音乐库与音效库：如Epidemic Sound、MusicBed等音乐库，站长素材、耳聆网等音效库，可从中选择与视频氛围相匹配的背景音乐和音效。

字幕编辑软件：如Aegisub、Subtitle Edit等，用于制作和调整字幕。

2. 剪辑技巧

（1）精选素材。

从大量拍摄素材中挑选出较具代表性的片段，保持视频内容精练。利用剪辑软件的标记功能，快速浏览并标记出优质片段，方便后续剪辑。

（2）剪辑节奏。

根据视频主题和情绪,调整剪辑节奏,使视频流畅且吸引人。利用剪辑软件的时间线功能,精确控制每个片段的时长和顺序。

（3）背景音乐与音效。

选择与视频氛围相匹配的背景音乐,注意版权问题。添加适量的环境音效,增强现场感,使观众身临其境。

（4）字幕与旁白。

添加简洁明了的字幕,介绍景点名称、特色或文化信息,方便观众理解;适时加入旁白解说,特别是当视频中包含复杂信息或文化背景时,旁白能有效补充视觉信息。

（5）色彩与调色。

根据视频风格,调整色彩饱和度、对比度和亮度,使画面更加生动吸引人。尝试使用LUTs（色彩查找表）来快速改变画面的整体色调,创造统一的视觉效果。

任务检测

新知讲授

261

项目二　量体裁衣懂游人
——旅行顾问服务

● 知识目标

1.了解旅游目的地资源信息、游客类型及需求。

2.掌握旅游咨询服务、旅游行程定制服务的要求与具体技巧。

● 能力目标

1.能清晰地梳理目的地资源信息、判断客户类型与需求。

2.能按照客户需求提供旅游咨询服务、旅游行程定制服务。

● 素养目标

1.具有诚实守信的职业道德和爱岗敬业的职业精神。

2.具有个性化的服务意识和热忱友善的服务态度。

3.具备良好的信息素养、客户思维和双创思维。

● 任务引入

　　湖南华天国际旅行社有限责任公司新导游岗前培训进入最后一个主题。培训师舒某说，现在越来越多的游客对旅游提出了更高的要求，也寄予了更高的期待。未来导游不再仅仅是执行带团计划的角色，还要利用自身专业优势，为潜在客户提供旅游相关信息支持服务和规划服务。因此这一期培训邀请了一位有着丰富旅行顾问经验的导游小魏来交流工作心得。

　　小魏曾是专注于青海、甘肃两省旅游市场的旅行顾问，主要为到这两地旅游的游客提供旅游咨询服务和旅游行程定制服务。他分享了接待来自广东的8人旅游团（游客的具体需求信息详见表5-2-1）的经验，最终小魏通过极高的专业素养和热忱的服务态度为游客量身定制了独一无二的旅行体验。

表 5-2-1　客户需求信息登记表

序号	客户需求项目	客户需求内容
1	出游目的	文化体验为主
2	出游目的地	甘肃省境内
3	出游人数构成	8位年轻人，26岁左右
4	出游日期/天数	6月23日左右出发，7天行程
5	酒店要求	四星级
6	景点要求	要去石窟，看当地特色景点
7	餐饮要求	西北特色，要有天水麻辣烫
8	费用预算	6000元以内

本项目的学习清单如表5-2-2所示,请你每完成一项学习任务后在相应的括号中打"√"。

表5-2-2 学习清单

项目	任务内容		备注
学习任务	( )	旅游咨询服务	
	( )	旅游行程定制服务	
学习感想			

▶ 任务工单

任务一 旅游咨询服务

1. 任务描述

针对主题"旅游咨询服务",培训师借助线上教学资源实施培训。

学员通过课前梳理目的地资源信息以及了解客户类型与需求,课中实践操作、任务点评,掌握旅游咨询服务的各项要点,能根据游客的需求推荐适合的景点、酒店、餐厅等。

(1)课前,分小组对甘肃省概况进行梳理总结,每位小组成员从主要旅游城市兰州、嘉峪关、张掖、酒泉、敦煌、天水中选择一个城市进行信息收集与调查,对景点、酒店、餐厅、交通资源等信息进行归类整理,以表格的形式呈现。

(2)课中,根据教师讲解,继续完善甘肃省概况及主要旅游城市资源信息归类整理。

(3)课中,进行组内旅游咨询服务情景模拟,其中一位扮演旅行顾问,其他成员扮演旅游团成员。

(4)课中,通过开展组内、组间互评,进一步归纳总结景点、酒店、餐厅等推荐技巧。

(5)课后,各小组以甘肃省为目的地完成针对其他旅游团的旅游景点推荐。

2. 任务准备

(1)个人任务:学员根据组内分工,查询甘肃省主要旅游城市资源信息,并分类整理。

(2)小组任务:查询收集甘肃省概况,为游客提供旅游咨询服务做好准备。集体根据任务引导认真学习相关课程资源。

任务引导1:甘肃省的历史文化、节庆习俗、风土人情、气候环境等概况。

任务引导2:甘肃省主要旅游城市的资源分类等。

任务引导3:具体景区、酒店、餐厅等的详细信息。

任务引导4:引入任务中客户的主要旅游需求。

3. 任务实施

(1)根据对甘肃省概况的查询结果,请分别从历史文化、节庆习俗、风土人情、气候环境四个方面进行归纳整理,填写表5-2-3至表5-2-6。

表5-2-3　甘肃省历史文化概况

序号	主要维度	相关内容
1	历史事件	
2	历史人物	
3	历史变迁	
4	历史文物	
5	历史遗迹	

表5-2-4　甘肃省节庆习俗

序号	节庆名称	相关活动
1		
2		
3		
4		

表5-2-5　甘肃省风土人情

序号	主要维度	相关内容
1	饮食习惯和特色小吃	
2	生活方式	
3	民间艺术与手工艺	

表5-2-6　甘肃省气候环境

序号	主要维度	相关内容
1	气候类型	
2	气候特点	

（2）将查询的甘肃省主要旅游城市的景点、酒店、餐厅等资源信息，进行归类整理，并填写在表5-2-7至表5-2-10中。

你选择的甘肃省的旅游城市是（　　　　）。

表5-2-7　旅游景点类型统计表

序号	类别		景区名称
1	自然景区类景区	山岳型景区	
		森林型景区	
		湖泊型景区	
		河川型景区	
		海滨型景区	
		沙漠型景区	

续表

序号	类别		景区名称
1	自然景区类景区	草原型景区	
		温泉型景区	
2	人文景观类景区	古迹遗址型景区	
		宗教型景区	
		非物质文化遗产遗存型景区	
		工业型景区	
		科普类景区	
		纪念地型景区	
3	乡村田园类景区	文化园型景区	
		度假（村）型景区	
		小镇型景区	
		村落型景区	
		农业景观型景区	
		生产地型景区	
4	现代娱乐类景区	主题公园型景区	
		文化演艺型景区	
		购物娱乐型景区	
		文化场馆型景区	
		特色街区型景区	

表5-2-8　餐厅美食类型统计表

序号	餐厅类型	主要餐厅名称（知名品牌）
1	中餐厅	
2	西餐厅	
3	日式料理店	
4	咖啡厅	
5	自助餐厅	
6	快餐厅	

表5-2-9　酒店住宿类型统计表

序号	分类标准	酒店类型	酒店名称
1	按接待对象划分	商业酒店	
		旅游观光型酒店	
		公寓型酒店	
		汽车旅馆	
		度假型酒店	

续表

序号	分类标准	酒店类型	酒店名称
1	按接待对象划分	国宾型酒店	
2	按豪华程度划分	奢华型	
		豪华型	
		舒适型	
		经济型	
3	按文化特色划分	主题酒店	
		乡村民宿客栈	
		青年旅社	

表5-2-10　交通工具类型统计表

序号	交通种类	主要线路与收费情况
1	公共交通	公交线路： 地铁（如有写出地铁线路）： 轻轨（如有写出主要线路）：
2	出租车与网约车	收费：
3	私家车与租车服务	收费：

（3）请在组内两两为一组进行旅游咨询服务情景模拟，并将对话关键信息写入表5-2-11至表5-2-14。

表5-2-11　景区咨询服务关键信息记录

游客需求：

推荐景区名称及详细信息：

推荐理由：

表5-2-12　餐厅美食咨询服务关键信息记录

游客需求：

推荐餐厅美食名称及详细信息：

推荐理由：

表5-2-13　酒店住宿咨询服务关键信息记录

游客需求：

推荐酒店名称及详细信息：

推荐理由：

表5-2-14 交通出行咨询服务关键信息记录

游客需求：	
推荐交通工具及详细信息：	
推荐理由：	

（4）学员将任务完成过程中遇到的问题及解决办法、学习体会及收获记录在表5-2-15中。

表5-2-15 学习记录表

小组名称：	小组成员：
遇到的问题及解决办法：	
学习体会及收获：	

4. 任务考核

将任务考核评价记录在表5-2-16中。

表5-2-16 任务考核评价表

任务	评价内容	分值/分	评价分数/分		
			自评	互评	师评
甘肃省旅游概况整理	概况的完整性	5			
	概况的准确度	5			
	信息详细度	5			
	逻辑清晰度	5			
旅游景区咨询服务	旅游景区类型梳理	5			
	旅游景区详细信息	5			
	景区推荐与游客需求的匹配度	5			
餐厅美食咨询服务	餐厅美食类型梳理	5			
	餐厅详细信息	5			
	餐厅美食推荐与游客需求的匹配度	5			
酒店住宿咨询服务	城市酒店类型梳理	5			
	酒店详细信息	5			
	酒店住宿推荐与游客需求的匹配度	5			
交通出行咨询服务	城市交通工具类型梳理	5			
	交通工具详细信息	5			
	交通工具推荐与游客需求的匹配度	5			
其他	仪容仪表	5			

续表

任务	评价内容	分值/分	评价分数/分		
			自评	互评	师评
其他	语言表达	5			
	团队协作	5			
	工单填写	5			
最终得分					

▶ **新知讲授**

旅游咨询服务是指旅行顾问基于专业知识与经验,根据客户需求和兴趣提供专业的旅游建议和咨询,并通过解答客户的问题,帮助客户了解旅游目的地信息。它是连接游客与旅游资源的桥梁,对于提升客户旅游体验、促进旅游业发展具有重要意义。

一、梳理目的地资源信息

（一）熟悉目的地概况

作为一名旅行顾问,必须熟悉目的地的历史文化、节庆习俗、风土人情等,为客户推荐具有历史意义的景点和活动,如参观博物馆、古迹遗址等,从而增强客户的文化体验;还可以为客户规划具有地方特色的行程,如参加当地的节日庆典、观看民俗表演等,使客户能够亲身体验当地的节庆氛围;也可以为客户推荐当地的地道美食和特色小吃,让他们品尝到最正宗的当地风味。

1. 了解目的地的历史文化

深入研究目的地的历史背景,包括重要的历史事件、历史人物、历史变迁等。例如,湖南人类活动史可追溯到数十万年前的旧石器时代,"湖南"这一名称最早出现在唐代的文献中。1927年,毛泽东领导的秋收起义在湖南爆发,在抗日战争中经历了长沙会战、常德会战、衡阳会战和湘西会战等六次大会战,涌现了屈原、贾谊等湖湘文化开启者,曾国藩、左宗棠、胡林翼等晚清名臣,黄兴、蔡锷、宋教仁等民国领袖,毛泽东、蔡和森等革命领袖。

还要了解历史文物、历史遗迹的文化意义,能够向客户传达更深层次的信息。以湖南为例,世界上最早的稻种、陶器,最早的城市,四羊方尊、皿方罍等重量级国宝,玉蟾岩、高庙、城头山、马王堆、炭河里、里耶、老司城等一系列全国重大考古发现,使中华文明的天空闪耀着湖湘独特的光芒。炎帝、舜帝陵也在湖南,祭祀炎帝和舜帝强化了对中华魂脉、根脉的历史认同和价值认同。

2. 熟悉目的地的节庆习俗

首先要熟悉目的地的传统节日和习俗,可以在旅行中为客户安排相关的体验活动。如湖南永顺县等土家族聚居区的赶年;湖南永州江华、江永等地的瑶族盘王节;湘西吉首市、古丈县等地的苗族村寨中举行的苗族跳香节。此外,湖南还有一些其他具有地方特色的节日和习俗,如岳阳洞庭观鸟节、张家界白族火把节、通道芦笙节等。这些节日和习俗不仅丰富了湖南人民的文化生活,还促进了当地旅游业的发展。

3. 了解目的地的风土人情

了解不同地区有不同的饮食习惯和特色小吃,可以为客户提供餐饮方面的建议。例如,四川的火锅、广东的早茶、陕西的肉夹馍等,都是当地的特色美食。臭豆腐、糖油粑粑等则是湖南当地的特色小吃。

还要熟悉当地居民的生活方式,如日常习俗、休闲方式等,可以为客户提供更为全面的旅行建议。例如,长沙是年轻人向往的网红城市、休闲之都,涌现了文和友、茶颜悦色、扬帆夜市等一批网红品牌,还有24小时不打烊的五一商圈国家级夜间文旅消费集聚区,可以感受十足的烟火气。

此外,还要了解目的地的民间艺术与手工艺,如剪纸、刺绣、陶瓷等,可以为客户推荐相关的购买或体验活动。这些民间艺术与手工艺不仅具有观赏价值,还能作为旅行的纪念品。

4. 了解目的地的气候环境

气候直接影响客户的活动安排。例如,在热带雨林地区,高温多雨的环境可能意味着需要更多的防晒和防雨措施,同时活动应安排在早晚较为凉爽的时段。而在寒冷的山区,则需要准备足够的保暖衣物,并考虑雪天对行程的影响。另外,气候特点也影响到旅游装备的选择。例如,在沙漠地区需要携带足够的饮用水和防晒用品;在寒冷地区则需要保暖衣物和防滑鞋等。作为一名旅行顾问,了解目的地气候环境有助于帮助客户做出更准确的装备、衣物选择,确保旅行的顺利进行。

(二)掌握目的地旅游产品类型

1. 梳理目的地旅游景区类型

旅游景区根据不同的分类标准可以划分为不同的类型,常见的分类标准有按景区功能分类(观光型景点、度假型景点、娱乐型景点、活动型景点)、按成因分类(自然旅游景点、人文旅游景点)、按表现形式分类(古代遗迹、历史建筑、博物馆、美术馆、主题公园等)、按质量等级分类(5A、4A、3A、2A、A级旅游景区)、按旅游资源的类型分类(如文化古迹类、风景名胜类、自然风光类、红色旅游类等)。本教材以旅游核心吸引物为依据进行类型划分(见表5-2-7),作为一名旅行顾问需要按照旅游景区分类对目的地的旅游景区进行梳理。

2. 梳理目的地餐厅美食类型

口味、本土化、服务、主题、位置、网红打卡地等是餐饮选择的重要因素。旅行顾问要对目的地的餐厅美食类型了如指掌(见表5-2-17),才能够推荐符合客户需求又要有地方特色的餐厅美食。

表5-2-17 餐厅美食类型表

序号	餐厅类型	餐厅特点
1	中餐厅	除了满足顾客食用中餐的需求外,还为顾客提供交际应酬、喜庆宴会、家庭聚餐等服务
2	西餐厅	比较知名的有法国菜、意大利菜、美国菜等
3	日式料理店	日本料理以精致、清爽可口为特色。无论是装修风格还是料理口味体现浓郁的日本文化
4	咖啡厅	也称为简便西餐厅,主要经营西式简餐、咖啡、酒类饮料、甜品点心、小吃、时尚美食等

续表

序号	餐厅类型	餐厅特点
5	自助餐厅	比较注重气氛的渲染,提供给顾客选择的食品丰富
6	快餐厅	以提供速食为主,规模不大,菜品种类有限,且大多是大众化菜点

3. 梳理目的地酒店住宿类型

按照中国酒店星级评分标准,酒店可以分为白金五星级、五星级、四星级、三星级、二星级、一星级六个等级。除了按照星级评价外,还可以按照以下分类标准对酒店进行分类（详见表5-2-18）。

表5-2-18　酒店住宿类型表

序号	分类标准	酒店类型	酒店特点
1	按接待对象划分	商业酒店	通常位于繁华商业区或附近,以商务客户为主,档次较高,服务设施较为齐全
		旅游观光型酒店	位于景区附近或旅游城市市内,以接待观光游客为主,酒店档次差别较大。旅游淡旺季的价格差距较大
		公寓型酒店	客房面积较大,以居家式套房为主,提供自助服务,配有洗衣机及电磁灶等设备
		汽车旅馆	在高速公路旁或城市近郊区,档次一般,主要为开车旅行社提供服务
		度假型酒店	位于风景和环境较好的地区,规格较高,以接待度假游客为主,通常占地面积较大,配套设施齐全
		国宾型酒店	通常位于风景优美的地段,多为花园式风格,以国宾及政府接待为目的设置
2	按豪华程度划分	奢华型	设施奢华,服务趋于完美,注重细节体验,消费水平也较高,服务于中产及以上群体
		豪华型	设施豪华,服务齐全,价格高,服务高消费者
		舒适型	设施优良,服务较好,但总体标准略低于豪华型酒店
		经济型	提供基本的食宿服务,设施简洁卫生,价格较为低廉,服务大众消费者
3	按文化特色划分	主题酒店	通过建筑风格、装饰艺术、特定的文化氛围体现某一特定的主题
		乡村民宿客栈	能让人体验当地民俗风情、感受民宿主人热情
		青年旅社	主要提供背包客短期住宿,价格一般比较低廉
4	按规模大小划分	大型酒店	客房多于600间
		中型酒店	客房300—600间
		小型酒店	客房少于300间

4. 梳理目的地交通工具类型

作为一名旅行顾问,在为客户推荐交通工具时,需要首先熟悉目的地主要的交通工具及交通网络系统（详见表5-2-19）,以确保推荐的交通工具既符合客户的需求,又能提供安全、舒适和便捷的旅行体验。

表 5-2-19　交通工具类型表

序号	交通种类	主要特点
1	公共交通	包括路面公交和轨道交通（地铁、轻轨等），以及部分城市的轮渡服务。遵循固定的线路、站点和时间表进行运营，票价相对低廉
2	出租车与网约车	出租车一般提供即时、灵活的出行服务，网约车提供更为便捷、个性化的出行服务
3	私家车与租车服务	具有高度灵活、便捷的特点

（三）了解实用旅游信息

作为一名旅行顾问，在了解目的地概况、旅游景点类型与分布的基础上，还要了解当地的景点、交通、住宿、餐饮等实用信息，以便根据客户的需求提供个性化的旅游建议，并根据景点的开放时间、游客流量等信息，为客户合理安排行程时间，避免拥堵和浪费时间。同时通过了解当地的交通状况、景点之间的距离等信息，旅行顾问可以为客户规划出最高效的游览路线，使客户在有限的时间内尽可能多地游览景点。建议从以下几个维度全面查询旅游景点、餐厅美食、酒店住宿、交通出行等信息，并做好记录和梳理。

1. 旅游景点信息（见表 5-2-20）

表 5-2-20　旅游景点信息记录表

序号	一级条目	二级条目	具体内容
1	基本信息	名称与位置	景点的全称、所在城市或地区、具体地址
		开放时间	每日开放时段、特殊节假日的开放安排
		门票信息	全票、半票价格，优惠政策（如学生、老人、儿童等），购票方式（现场、在线、预约等）
		联系方式	官方电话、网站、社交媒体账号等
2	景点特色	历史背景	景点的历史沿革、文化意义
		自然景观	地形地貌、植被、动物种类等自然特色
		人文景观	建筑风格、艺术品、民俗活动等
		最佳观赏时机	不同季节、天气条件下的最佳观赏时间
3	游览指南	游览路线	推荐的游览路径，包括必游景点、可选景点及路线规划
		游览时间	建议的游览时长，以及各景点的预计停留时间
		设施服务	停车场、卫生间、餐饮区、休息区、导览服务等
		安全提示	安全规定、紧急联系方式、注意事项
4	交通信息	到达方式	从主要交通枢纽（机场、火车站、汽车站）到景点的交通方式及费用
		公共交通	公交线路、地铁站点、班次时间
		自驾指南	停车信息、导航提示、路况信息
5	游客评价	综合评分	基于各大旅游平台的综合评分
		游客反馈	正面评价、负面评价、改进建议
		特色体验	游客分享的特别体验、趣事或小贴士

序号	一级条目	二级条目	具体内容
6	周边推荐	附近景点	周边可一并游览的其他景点
		餐饮住宿	周边的特色餐厅、酒店或民宿推荐
		购物娱乐	附近的购物中心、特产店、娱乐场所等
7	特殊活动	节日庆典	景点在特定节日或季节举办的活动
		文化表演	定期或不定期的文化演出、展览
		互动体验	游客参与的活动或体验项目

2. 餐厅美食信息（见表5-2-21）

表5-2-21　餐厅美食信息记录表

序号	一级条目	二级条目	具体内容
1	基本信息	餐厅名称	餐饮场所的全称，有时也包括别称或昵称
		位置与地址	餐厅所在的具体位置，包括街道、门牌号，以及附近的标志性建筑或交通站点
		营业时间	每日的开放时段，包括午餐、晚餐及特殊节假日的营业时间
		联系方式	餐厅的电话、官方网站、社交媒体账号等，便于游客预订或咨询
2	美食特色	菜系与风味	餐厅所属的菜系（如川菜、粤菜、西餐等）及其主要风味特点
		招牌菜推荐	餐厅的招牌菜、特色菜或必点菜，包括菜品名称、简介及价格范围
		食材与烹饪	使用的特色食材、烹饪技法及背后的文化故事
3	就餐环境	装修风格	餐厅的内部装修风格和氛围，如现代简约、复古中式、田园风等
		座位布局	座位的安排和舒适度，包括是否有包间、露天座位等
		音乐与照明	餐厅的背景音乐和照明设计，营造的用餐氛围
4	服务与设施	服务质量	餐厅的服务态度、专业程度及响应速度。
		特色服务	如儿童餐具、生日优惠、免费Wi-Fi等特色服务
		设施配套	停车场、卫生间、无烟区等配套设施
5	价格与支付	人均消费	餐厅的大致人均消费范围
		支付方式	支持的支付方式，如现金、信用卡、移动支付等
		优惠信息	当前的优惠活动、折扣券或会员卡政策
6	游客评价	综合评分	基于各大餐饮评价平台的综合评分
		顾客反馈	正面评价、负面评价及常见建议
		特色体验	游客分享的特别体验或有趣故事
7	周边推荐	附近景点	餐厅周边的旅游景点，便于游客安排行程
		其他餐饮	附近的其他推荐餐厅或小吃摊，提供多样化选择
		购物娱乐	周边的购物中心、娱乐场所等，丰富游客的餐后活动

新知讲授

3. 酒店住宿信息（见表 5-2-22）

表 5-2-22　酒店住宿信息记录表

序号	一级条目	二级条目	具体内容
1	基本信息	酒店名称	住宿场所的全称,有时也包括星级或类型说明
		位置与地址	酒店所在的具体位置,包括街道、门牌号,以及周边的交通站点和标志性建筑
		联系方式	酒店的电话、官方网站、电子邮件等,便于游客预订或咨询
2	房间类型与设施	房型介绍	提供的房间类型(如单人间、双人间、套房等)及其特点
		设施配备	房间内的设施,如空调、电视、Wi-Fi、浴室设施等
		床品与服务	床品的质量、更换频率,以及是否提供客房服务
3	公共服务与设施	前台服务	前台的服务时间、办理入住和退房的流程
		餐饮娱乐	酒店内的餐厅、酒吧、健身房、游泳池等公共设施
		商务服务	会议室、商务中心、打印复印等商务设施和服务
4	价格与预订	房价范围	不同房型和季节的房价范围,帮助游客预算
		预订方式	支持的预订渠道(如官网、第三方平台、电话预订等)
		取消政策	预订取消和修改的政策,包括费用和时间限制
5	周边环境	周边环境	酒店周边的交通状况,如公共交通站点、出租车可获取性等
		周边景点	附近的旅游景点和距离,便于客户规划行程
		购物餐饮	周边的购物中心、餐厅和小吃摊,满足游客的购物和餐饮需求
6	游客评价	综合评分	基于各大住宿评价平台的综合评分
		顾客反馈	正面评价、负面评价及常见建议,特别是关于卫生、安全、噪声等方面的评价
		特色体验	特别体验或酒店提供的独特服务
7	周边推荐	入住须知	如是否需要给服务人员一些小费、是否有宠物政策等
		安全提示	酒店的安全措施和游客应注意的安全事项
		特别服务	如接送机服务、行李寄存、旅游咨询等特别服务

4. 交通出行信息（见表 5-2-23）

表 5-2-23　交通出行信息记录表

序号	交通种类	详细内容
1	公共交通	当地的公共交通系统,包括公交车、地铁、轻轨、有轨电车等
		交通工具的线路布局、班次频率、运营时间以及票价结构
		公共交通的便捷性、舒适度和覆盖范围
2	出租车与网约车	当地的出租车服务情况,包括出租车数量、打车难易程度、收费标准等
		网约车平台的普及程度和使用便捷性
3	私家车与租车服务	了解当地的私家车拥有情况,以及租车服务的可用性和价格
		当地的交通规则和驾驶习惯

二、了解游客类型与需求

要想为客户提供专业的旅游建议和咨询，必须要判断客户的类型并了解其需求。由于相同类型的客户具有相似的特征，因此可以首先了解同种客户类型的共性特征，对其旅游需求进行预判。在个性化、小众化、定制化的旅游时代，按照客户的需求主题进行分类，一般来说主要有摄影旅游、美食旅游、购物旅游、休闲度假、探险挑战、亲子体验、康养旅游、文化体验游等。

（一）休闲度假游客户

休闲度假游以放松身心、享受假期为主要目的。这类游客更注重旅游的品质和体验，倾向于选择环境优美、设施完备的度假酒店或度假村，注重深度体验、对目的地忠诚度较高、消费能力较强。主要需求如下。

（1）对度假地有明确要求。休闲度假游客户对环境质量、气候条件等要求相对较高。他们倾向于选择空气清新、水体质量好、森林覆盖率高、负氧离子高等生态条件优越的目的地。如高端度假酒店、温泉度假村、海滨度假胜地等。

（2）高质量的住宿设施。休闲度假游客户对住宿设施的要求较高，他们倾向于选择干净整洁、舒适的酒店或民宿。同时，他们也关注住宿设施的文化氛围和主题特色，希望通过住宿体验获得独特的文化感受。

（3）丰富的度假活动。休闲度假游客户希望通过参与丰富多彩的度假活动，获得愉悦和放松的体验。他们可能会选择参加水上运动、高尔夫、SPA等活动，或者体验当地的民俗文化和特色美食。

（4）安全的旅游环境。休闲度假游客户对旅游地的安全性要求较高，包括度假、游乐设施、场地的安全保障以及度假地的经济和社会治安状况等。他们希望能够在安全的环境中享受度假的乐趣。

（二）亲子体验游客户

亲子游是以家庭为单位，涉及父母和子女，有时还包括祖辈等其他家庭成员，以增进家庭成员之间的感情、让孩子体验不同的生活和文化为主要目的。时间通常集中在特定的假期内，如寒暑假、黄金周等，这类游客通常更注重旅游的安全性和教育意义。主要需求如下：

（1）安全性需求高。亲子游客户对安全性要求极高。父母在选择旅游产品时，会全面考虑安全因素，包括交通工具、旅游服务设施、旅游活动项目及线路设计等。

（2）注重教育意义。亲子游不仅是休闲度假，更是家庭教育的重要方式。父母希望通过旅游活动拓宽孩子的视野、增长知识、放松身心，并增进亲子间的感情交流。常见目的地有主题公园、动物园、科技馆、历史文化街区等。

（3）追求高品质服务。亲子游家庭对旅游服务的质量要求较高。他们希望获得便捷、舒适的旅游体验，包括便捷的交通、高质量的住宿设施、丰富的度假活动等。

（4）对住宿有特殊要求。亲子游家庭在选择住宿时，会关注酒店是否提供家庭套房、儿童设施和安全措施等。他们希望酒店能够提供适合家庭入住的房型和设施，确保家庭成员的舒适和安全。

（三）探险挑战游客户

探险挑战游以追求刺激、挑战自我为主要目的。主要客户集中在青壮年群体,他们喜欢挑战自我,追求刺激和新奇的体验,喜欢尝试各种户外活动,如登山、潜水、滑雪等。主要需求如下。

（1）对探险活动的需求。探险挑战游客户对探险活动的需求多样化,包括徒步、登山、露营、漂流、深海潜水等多种类型。他们希望参与这些活动,挑战自我,体验大自然的神秘与壮美。潜水基地、滑雪场等通常是他们向往的目的地。

（2）对个性化体验的需求。随着消费者对探险旅游的需求从简单的观光游览转变为追求个性化的体验和感受,探险挑战游客户也希望获得量身定制的探险旅游产品和服务。他们希望根据自己的兴趣爱好、体能状况和时间安排等,定制专属的探险旅游行程。

（3）对安全性和保障措施的需求。由于探险旅游具有一定的危险性和挑战性,探险挑战游客户对安全性和保障措施的需求较高。他们希望旅游企业能够提供专业的导游服务、安全保障和旅游保险等,确保他们在探险过程中的安全和舒适。

（4）对环保和可持续发展的关注。随着环保意识的提高,探险挑战游客户也愈发关注旅游活动对自然环境的影响。他们希望参与环保型探险旅游项目,共同保护自然环境。

（四）文化体验游客户

文化体验游以深入了解当地文化、历史、艺术为主要目的。文化体验游客户通常对目的地的文化底蕴和特色活动有浓厚的兴趣,知识水平较高,重游率高。主要需求如下。

（1）知识性体验的需求。文化体验游客户希望通过旅游获得一种学习和知识的体验。他们对当地的历史、文化、艺术和自然环境有着浓厚的兴趣,希望通过参观博物馆、美术馆、历史古迹、艺术展览、诗词主题游等活动,深入了解当地的文化底蕴。

（2）特色活动和体验的需求。他们希望能够参与当地的传统文化活动,如民俗表演、手工艺制作等。此外,对于自然环境的保护和生态旅游也越来越受到他们的关注,他们希望能够参与一些环保和可持续发展的活动。

（3）科技与旅游相结合的需求。随着科技的不断进步,文化体验游客户对科技与旅游相结合的产品和服务有很高的需求。例如,通过虚拟现实技术感受世界各地的风土人情,通过手机应用程序获取旅游信息和导航服务,通过社交媒体平台分享旅游经历等。

（五）康养旅游客户

康养旅游以健康养生、休闲疗养为主要目的,年龄层分布广泛,不限于中老年群体。这类客户注重旅游过程中的身心健康,对康养资源要求较高,倾向于选择环境清幽、空气清新的旅游目的地,如温泉疗养地、森林氧吧、海边疗养胜地等。在旅游目的地停留时间长。主要需求如下:

（1）健康养生需求。康养旅游客户希望通过康养旅游获得身心健康的全方位体验,包括养生保健、休闲娱乐、文化体验等元素。对于中老年人群体,还需要包括身体健康检查、慢性病管理、医疗旅游、养生膳食制作以及老年文化打造等康养服务。

（2）高品质服务需求。康养旅游客户对服务品质有较高的要求,他们希望获得专业、细致、周到的服务体验。这包括食、住、行、游等各方面的服务品质都需要达到较高水平。

（3）文化体验需求。康养旅游客户不仅关注身体健康,还希望获得丰富的文化体验。他们希望通过康养旅游了解当地的历史文化、风土人情,感受不同的文化氛围。

（4）安全与保障需求。康养旅游客户对旅游目的地的安全性和保障措施有较高的要求。他们希望旅游目的地能够提供完善的医疗、救援和保险等保障措施，确保旅游过程中的安全。

（六）蜜月旅游客户

蜜月旅游是指新婚夫妇为庆祝新婚而进行的短暂而丰富的度假旅游，多为20—30岁的年轻新婚夫妇，他们有稳定的收入来源，消费能力较强，主要需求如下。

（1）对目的地的高要求。蜜月旅游客户对目的地的选择有着较高的要求，他们倾向于选择环境优美、氛围浪漫、能确保享受宁静二人世界的旅游地。无论是阳光沙滩等休闲度假胜地，还是具有地方特色的民俗风情地，都是他们的理想选择。

（2）高品质的住宿体验。蜜月旅游客户对住宿条件有着较高的要求，他们希望入住干净、卫生、安静且不受打扰的酒店或民宿。海景房、蜜月套房等产品尤其受到他们的青睐。

（3）独特的文化体验。除了享受美丽的自然风光外，蜜月旅游客户还希望通过旅行体验当地的文化特色。他们可能会选择参加当地的文化节庆活动、品尝特色美食等。

三、提供专业咨询

基于对目的地资源信息的梳理、客户类型及需求的掌握，并结合每一位客户的具体需求，为游客提供专业的咨询服务，包括单项旅游产品、最佳旅行季节、必游景点、当地文化习俗、气候特点等介绍，帮助客户建立对目的地的初步认识。

（一）旅游景点的推荐技巧

1. 结合气候季节

旅行顾问要考虑目的地的季节、风景是否和客户的出行时间相匹配，还要考虑受目的地气候影响的沿途风景。如每年9月中旬到10月中旬是额济纳胡杨林最美的季节，此时胡杨林的树叶会逐渐变为金黄色和红色，与周围的沙漠和戈壁滩形成鲜明对比，景色极为壮观。根据季节和天气变化推荐适合的景点，一般来，说夏季推荐避暑胜地，冬季推荐滑雪胜地。

2. 锁定主题需求

外出客户一般都有自己特定的主题需求，比如有的客户出游的主要目的是摄影，有的客户出游的主要目的是亲子陪伴等。作为一名专业的旅行顾问，必须要精准把握游客的主题需求，进行有针对性的推荐。

3. 借势创意推荐

旅行顾问在推荐旅游景区（点）时还应该有"借势"思维，可以是借名人之势，也可以是借影视、图书、报刊等。如《三生三世十里桃花》带火的普者黑，《亲爱的客栈》取景地泸沽湖，《木乃伊》《红海行动》的取景地阿伊特本哈杜村等，均以其强大的影视IP、惊人的短视频播放量等蹿红网络，成为众多粉丝的打卡地。再比如近年来中国的纪录片市场非常火爆，如《国家宝藏》《典籍里的中国》《如果古建筑会说话》《跟着书本去旅行》等，很多人在纪录片中领略到文化的魅力，就萌生了到这些地方进行一次文化体验旅行的想法。

4. 参考欢乐指数

中国旅游景区协会和华侨城创新研究院联合研发编制的"中国旅游景区欢乐指数（THI）"，

是基于旅游大数据的应用,以公正、客观原则对游客的综合体验评价进行量化科学分析形成的。发布的指数一般包括"中国旅游景区欢乐指数(THI)排名前100名"和中国旅游景区自然景观类、人文景观类、博物馆类、乡村田园类、现代娱乐类等分类的欢乐指数前20名景区,为旅行顾问选择推荐景区时提供有价值的参考。

(二)酒店住宿的推荐技巧

1.需求导向

酒店的选择是满足游客出行需求的关键。旅行顾问要综合考虑酒店的类型、酒店的位置、酒店的星级、酒店的服务等满足游客的需求。例如,国内高尔夫客户一般安排在球场内的酒店或离球场近的度假区酒店;购物客户注重公共交通的便利性;蜜月客户会倾向于度假型酒店、主题酒店;有丰富的儿童娱乐设施的酒店会受家庭游客户青睐。讲究饮食的客户需要注意酒店的餐饮服务。

2.选新不选旧

从酒店硬件体验来说,尽可能挑选开业半年至五年的新酒店。通常开业时间较短的酒店在硬件设施上要远远好于开业时间长的酒店,客户住宿体验自然会得到提升;而开业半年内的酒店,可能会存在客房内有味道、运营管理尚处于磨合阶段、软服务存在不足之处等问题,而半年后则会逐步好转。

3.优先选连锁

在其他条件类似的情况下,优先选择品牌连锁的酒店。即使酒店的硬件设施看起来差不多,但由于连锁酒店的管理标准化程度更高,通常在软件服务和细节表现上会更突出,游客在入住期间获得的服务体验也相对更稳定。

(三)餐厅美食的推荐技巧

在安排餐厅时,如果客户没有指定餐厅,可以从客户需求入手为其安排合适的餐厅。对于喜欢冒险的客户,可以推荐尝试当地独特风味的餐厅;对于家庭客户,则可以选择环境舒适、菜品丰富的家庭式餐馆。在满足客户需求后,再按照以下原则来选择合适的餐厅。

1.特色优先原则

地方特色菜往往融入了当地独特的烹饪技艺、食材选择和文化传统,是当地文化和风味的重要组成部分,品尝这些菜肴,客户仿佛置身于当地的生活中,感受当地人的热情。

2.顺路原则

根据行程路线来选择餐厅位置,尽可能避免为了用餐而走回头路或绕远路等,必要时可以根据选定的餐厅位置适当调整行程路线。

3.按预算订餐

应根据用餐预算合理选择与人均消费相匹配的餐厅,避免"预算高但餐厅消费水平低"或"预算较低但餐厅消费水平高"的情况。

（四）交通出行的推荐技巧

1. 强调便捷性和舒适度

在推荐交通工具时，强调其便捷性和舒适度，如直达性、换乘便捷性、座位舒适度、行李携带方便性等，这些因素对于提高客户的旅行体验至关重要。如节假日市区内交通拥堵导致路面交通管制的情况下，建议选择地铁等公共交通工具。

2. 考虑客户的人数

对于1—5人的小型团队或者家庭出游，如果预算充足且追求舒适度，可以选择私家车或包车服务。如果预算有限且时间紧迫，可以选择出租车或网约车。对于中型团队出行，推荐选择中巴车或小型旅游巴士，这些交通工具能够提供较为舒适的乘坐体验且性价比较高。

▶ **任务工单**

任务二 旅游行程定制服务

1. 任务描述

针对主题"旅游行程定制服务"，培训师借助线上教学资源实施培训。

学员通过课前梳理目的地资源信息以及了解客户类型与需求，课中实践操作、任务点评，掌握旅游行程定制服务的各项要点，能根据游客的需求与预算等进行旅游行程编排，并进行计价与报价。

（1）课前，分小组查询甘肃省地图、主要旅游城市地图以及旅游景点内游览图，了解从客源地到目的地交通情况、旅游城市间的交通情况、旅游景点到食宿地点的交通情况等，根据客户的旅游需求进行甘肃省旅游行程初步编排。

（2）课中，根据教师讲解，进一步完善甘肃省旅游行程编排。

（3）课中，核算甘肃省旅游行程的成本，并适当利用价格策略进行报价。

（4）课中，完成旅游线路特色提炼、每日行程文案提炼以及行程单制作。

（5）课中，分小组进行旅游线路特色、每日行程文案以及行程单汇报，并开展小组互评、教师点评。

（6）课后，进一步完善旅游线路特色提炼、每日行程文案提炼以及行程单制作，上传至作业平台。

2. 任务准备

（1）个人任务：学员根据组内分工，查询甘肃省旅游地图，主要城市之间以及城区内交通情况。

（2）小组任务：根据各自收集的信息，为游客提供旅游行程定制服务。集体根据任务引导认真学习相关课程资源。

任务引导1：目的地和城市节点规划的技巧。

任务引导2：旅游景区规划的技巧。

任务引导3：食宿节点规划的技巧。

任务引导4:大交通规划的技巧。

任务引导5:旅游线路计价与报价的技巧。

任务引导6:旅游线路特色提炼、每日行程文案提炼、行程单制作的方法。

3.任务实施

（1）课前,根据客户的旅游需求对甘肃省旅游线路进行初步编排,并将体现旅游城市组合的旅游线路空间模式记录在图5-2-1中,将旅游景区规划、食宿规划等信息绘制思维导图记录在图5-2-2中。

分省（区、市）地图—甘肃省

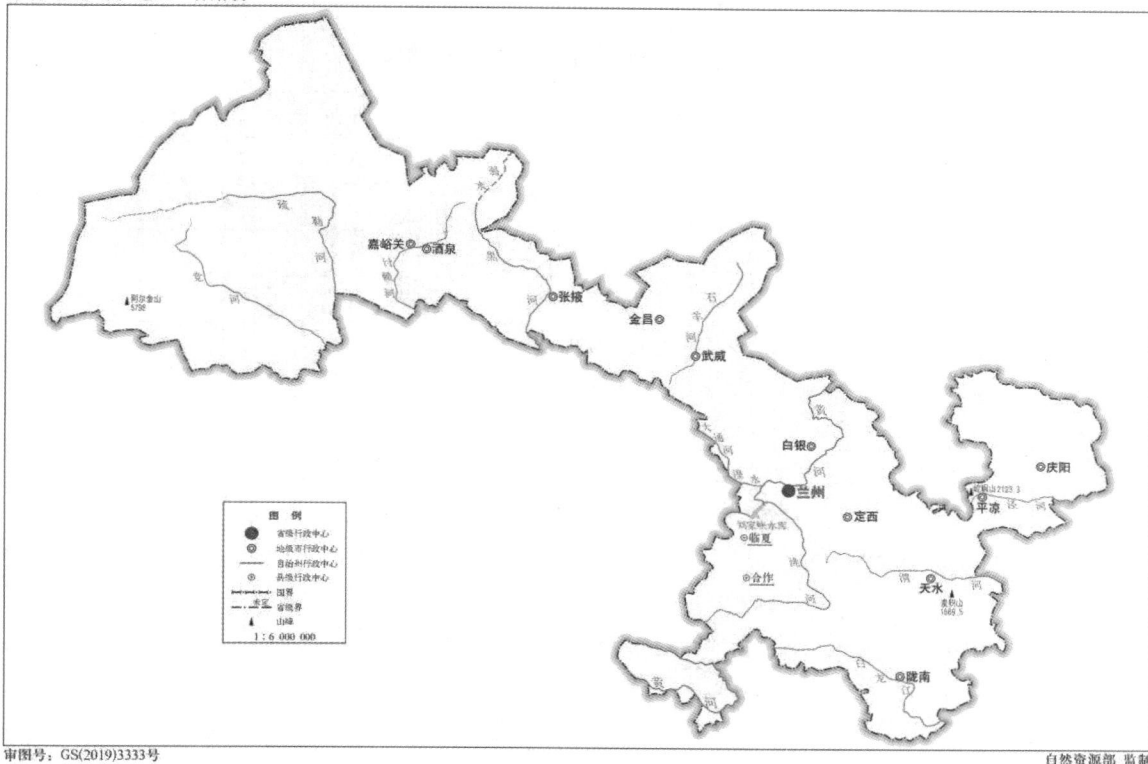

审图号: GS(2019)3333号   自然资源部 监制

图5-2-1 甘肃省旅游线路空间模式图

图5-2-2 甘肃省旅游线路各节点规划思维导图

（2）根据客户的旅游需求,结合甘肃省旅游资源的实际情况,结合教师讲解对甘肃省旅游行程编排进行完善,要求包含旅游城市、旅游景区、餐饮、酒店等信息,并通过手绘图将以上产品资源进行组合串联,绘至图5-2-3中。

图 5-2-3　甘肃省旅游行程编排手绘图

（3）逐一核算甘肃省旅游行程的成本，并适当利用价格策略进行报价，将信息记录在表 5-2-24 中。

表 5-2-24　甘肃省旅游行程价格明细表

项目及明细	单价（元）	数量	价格
交通			
酒店			
景点			
餐费			
个性化项目			
定制服务费			

费用合计：

最终报价：

（4）完成旅游行程方案编制，进行旅游线路特色提炼、每日行程文案提炼等，填写在表5-2-25至表5-2-27中，并完成行程单填写。

表5-2-25 甘肃省旅游线路特色

类别	特色概括	价值与突出优势描述
景点特色与线路特色		
酒店特色		
餐饮特色		
用车特色		
导游或其他陪同人员风格特色		
特色服务		

表5-2-26 甘肃省旅游线路每日行程特色

日程	每日行程提炼文案
第1天	
第2天	
第3天	
第4天	
第5天	
第6天	
第7天	

表5-2-27 甘肃省旅游线路行程单

日期	行程	用餐	住宿
D1			
D2		早： 中： 晚：	
D3		早： 中： 晚：	
D4		早： 中： 晚：	
D5		早： 中： 晚：	
D6		早： 中： 晚：	
D7			

4.任务考核

将任务考核评价记录在表5-2-28中。

表5-2-28　任务考核评价表

任务	评价内容	分值/分	评价分数/分		
			自评	互评	师评
甘肃省旅游行程编排	旅游节点选择与客户需求的匹配性	10			
	旅游节点选择的合理性	10			
	旅游节点的特色与多样性	10			
	旅游节点布局的顺畅性	10			
计价与报价	成本核算的全面性与准确性	5			
	计价与客户需求的匹配度	5			
	价格策略的正确选用	5			
旅游行程方案编制	行程特色文案的吸引力	5			
	每日行程文案的吸引力	5			
	行程单的结构完整性	5			
	行程单的详细性与准确性	5			
	行程单填写的规范性	5			
其他	仪容仪表	5			
	语言表达	5			
	团队协作	5			
	工单填写	5			
最终得分					

新知讲授

旅游行程定制服务是指旅行顾问根据客户的需求和时间安排，为客户规划旅游行程，考虑客户的安全、预算、舒适度和旅游体验等方面，并提供详细的行程计划和安排，包括每日景点安排、交通接驳、住宿餐饮等。

一、旅游行程定制的原则

（一）客户导向原则

树立客户思维和精准服务意识是旅行顾问必须具备的职业素养，让客户满意是旅行顾问工作的核心目标。不同的客户因地区、年龄、性别、文化、职业、经历等不同，对于行程的需求各不相同。而且，客户会舍弃相对低价的跟团游，也说明他们对旅游行程有更高的品质要求，希望通过旅行顾问让旅行的体验更加符合自己的需求。作为旅行顾问，要坚持客户导向原则，精准把握客户的旅游动机，在旅游行程设计的过程中，最大限度地满足客户的需求，安排合理可行又具备吸引力的旅游行程。

（二）个性化原则

在追求"人无我有，人有我特"的个性化旅游需求的年代，同质化的旅游行程很难取得竞争优势。随着经济的持续发展和物质文化生活水平的不断提高，人们对旅游产品的消费不仅停留在能走出家门游山玩水，走别人走过的路，看别人看过的风景，还要求玩得"有特色、有品位"，身心都能有所得。旅行顾问在定制旅游行程时，要力求充分展示产品的主题，让客户一方面感觉产品非常契合自己的基本需求，另一方面又感受到鲜明的特色"新、奇、异、美"。

（三）多样化原则

多样化原则是针对客户的旅游满意度呈现边际效益递减规律而提出的解决办法。例如，游客在某次旅程中，每顿用餐都是相同或者类似的，那么哪怕餐食非常有特色，他在用第二顿餐的时候满意度也会低于第一顿。旅游各要素的安排如果重复过多，甚至可能引起客户的不满。因此，旅行顾问完全可以通过多样化的要素组合，为客户呈现更加丰富多彩的旅游行程。

（四）主题化原则

尽管旅游要素琳琅满目，但是通过特定的排列组合成为旅游行程后就是独一无二的，因此旅行顾问不能对旅游各要素进行简单叠加，应首先明确旅游主题，根据主题进行旅游六要素的资源选择与组合。主题鲜明可以使旅游行程充满魅力，尤其是针对个性化的旅游行程设计，更应该通过主题的强调，凸显其特色。

（五）不走回头路原则

线路规划中，首先要避免的是同一线路的折返设置。走回头路，同样的沿途风景重复出现，会令客户感到乏味，且质疑线路设置不合理，造成时间和金钱的浪费，势必会造成客户满意度下降。旅行顾问在进行线路规划时，使线路呈现环形是较为理想的。如果受限于自然条件，必须走一段回头路，也应考虑是否可以变换交通体验方式，比如乘坐缆车上山、步行下山，又比如坐车去、乘船回，用多重体验抵消回头路上的单调感。

（六）择点数量适中原则

择点一方面会影响客户的旅游体验，另一方面也与旅游产品的质量和利润水平息息相关。理性的客户都不会拒绝高性价比的旅游线路，内心都期望花最小的成本获得更多良好的旅游体验。作为旅行顾问，要掌握好择点的尺度。旅行顾问择点需考虑的因素主要有四个方面。

首先是客户的预算。尽量使得景点、活动等方面的成本在客户的预算内，避免因择点过多导致成本超出预算，客户因产品价格高而放弃购买。

其次是客户的偏好。对喜欢慢步调、轻松节奏的客户，可以适度减少择点数量；而对喜欢高强度、快节奏的客户，则可以适度增加择点数量。

再次是旅游资源特征。有些旅游资源可以走马观花、一带而过，但诸如文博类相关的一些旅游景区和体验活动，本身就需要相对宽裕的时间，仔细聆听讲解信息，观赏细节，深度体验，才能有更好的收获。

最后是客户的身体状况。对于老年旅游产品、亲子旅游产品、夏令营产品等，如果安排的景点和活动过多，节奏过快，甚至可能导致老人、儿童身体不适，造成安全事故。

（七）渐入佳境原则

旅游资源的排序会影响客户的心理感受。理想的排序应使客户的兴奋度递进上升，让客户的游兴逐步被激发，在核心景点或核心活动达到顶点。因此，一开始就把"高潮"直接释放是不明智的做法。旅行顾问要充分把握客户的生理、心理状态和旅游资源产品之间的互动关系，在产品中合理设置高潮点的分布，让客户渐入佳境。

以某一天的行程来说，人体生物钟决定了客户上午精力更充沛，求知探索欲更强，感知力更佳。午餐后常常困乏状态，客户往往希望平静地休息会儿，等待消化系统工作一两个小时后大脑再度活跃。因此，上午安排较为丰富的旅游项目，午后让客户适当休息，下午再适度增加活动，是符合客户感知的合理设置，调动客户游兴的效果自然也更理想。

可以把最能体现行程精华的旅游项目放在行程的最后，能让客户感到不虚此行。若客户对之前的安排和体验有所不满，最后的"高潮"还能消弭一些遗憾，甚至使客户变得宽容。把主要购物活动放在最后，有利于客户采购商品和运输商品，减少中途携带的不便，也能提升客户对行程的满意度。在有选择的情况下，把转机的航班放在去程，把直飞的航班放在回程，也能令长途旅行的客户的疲惫身心得到关照。

（八）灵活性原则

旅游活动的过程中面临着许多不确定性因素，如地震、暴风雪、战争、社会骚乱等不可抗力，如客户走失、证件丢失、突发疾病、航班晚点等突发情况导致必须变更行程安排，而且客户在旅游过程中还有可能提出新的定制需求，希望旅行顾问进行调整。旅行顾问在进行产品资源组合时，要为各类突发情况的发生留出调整余地，不能将每项活动时间都定得严丝合缝、分秒不差，要做好预案，便于在执行过程中灵活采取紧急补救措施。

二、旅游行程编排的技巧

旅游行程编排是旅游行程定制中非常重要的一环，同样的要素经过不同的编排组合可以设计出不同的旅游行程，不同的旅游行程编排自然也能给游客带来不同的旅游体验。其技巧主要体现在旅游行程节点的规划和旅游时间的编排上。

旅游行程节点是不同性质旅游线路的连接之处，是旅游方式的切换点，是不同游客群体的游线分岔点。旅游行程节点的规划是对旅游过程中一系列满足游客旅游需求（吃、住、行、游、购、娱）的停留点，主要包括目的地或城市节点、景区节点、餐饮节点、住宿节点、交通节点、临时节点等的规划。旅游行程节点的规划决定旅游行程的空间结构和时间结构，要本着时间最省、路径最短、性价比最高、游览内容最丰富，以及进得去、散得开、出得来的原则，注意旅游行程顺序和节奏的安排。

（一）目的地和城市节点规划

目的地或城市节点构成了整个旅游行程的主干，也是游客对旅游行程关注的重点，旅行顾问首先需要完成旅游目的地或旅游城市节点的规划。旅行顾问要充分考虑目的地或旅游城市的交通可达性、旅游资源吸引力、社会资源丰富程度、旅游基础设施的完备程度、社会治安状况，确定好目的地或城市的功能类型（详见表5-2-29），并据此进行城市节点的选择。

表5-2-29　旅游目的地的功能分类表

类型	基本定义	特点	节点
单一型目的地	旅游线路中一个旅游目的地的目的地	特色鲜明、级别高、知名度高、可达性好、服务接待设施完善、旅游资源吸引力多种多样、娱乐活动丰富	门户节点；离境节点
门户型目的地	多个旅游目的地中,游客最先到达的旅游目的地	与客源地、区域类各目的地都有便利的交通联系,拥有完善的旅游接待服务设施	门户节点
出口型目的地	多个旅游目的地中,游客最后到达的旅游目的地或在返回客源地之前最终到达的目的地	与客源地有便利的交通联系	离境节点
途经型目的地	多个旅游目的地中,游客不是直接到达或者返回,而是途经目的地	对可达性要求相对不高	中途节点；中枢节点
枢纽型目的地	身兼门户型目的地和出口型目的地功能的旅游目的地	与客源地及其他目的地之间保持良好的交通可达性,拥有完善的旅游接待服务设施,能够满足游客将其作为旅游枢纽的需要	门户节点；离境节点；中枢节点

　　一般来说,最先进入的目的地是门户节点,通常要求和客源地有良好的交通可达性。同时门户节点应当拥有较丰富的旅游资源,以便为游客留下良好的第一印象,激发游兴。游客结束旅游的最后目的地称为离境节点,通常要求和客源地有良好的交通可达性。通常,游客在中途节点的停留时间较短,因此只要交通便捷通畅,拥有有吸引力的景区和必要的服务设施的目的地即可成为中途节点,而旅游发展好、基础设施完善、区位条件好的中途节点会成为中枢节点。

　　确定好城市节点之后,就需要通过各种交通服务的安排进行空间组合,将一系列节点衔接组成完整的旅游线路。在串联城市节点的过程中要注意兼顾合理性原则和效益性选择(详见表5-2-30)。

表5-2-30　旅游线路的空间模式

空间模式		基本定义	路径特点
单目的地旅行模式		旅游线路中只有一个旅游目的地,游客从客源地直接到达目的地后停留一段时间,再由原路返回客源地的模式	游客进出路径完全重合
多目的地旅行模式	往返模式	游客从客源地出发到达第一个旅游目的地,沿着交通线路依次游玩几个旅游目的地后,再由原路返回第一个旅游目的地(游客在返回途中也可以选择在旅游目的地停留),游玩结束后,循原路返回客源地的模式	游客进出路径重合,并由一条重复使用的游憩路径将所有目的地节点连接起来
	中心集散模式	游客从客源地出发,到达第一个旅游目的地后,以该目的地为中心集散地向不同方向旅行(同一方向游玩结束后返回中心集散地,再向另一方旅行),在游玩结束后游客回到中心集散地,再由这里沿原路返回客源地的模式。	游客进出路径和游憩路径都会重复使用,但通常第一个目的地节点都会连接两条以上的游憩路径

空间模式		基本定义	路径特点
多目的地旅行模式	完全环游模式	游客首先到达和最后离开的旅游目的地不同,到达第一个旅游目的地后,以此目的地为起点,在目的地区域内依次游玩多个旅游目的地,最后返回客源地的模式	游客进出路径不重合,所有目的地节点由一条不重复使用的游憩路径连接起来
	区域内环游模式	游客到达第一个旅游目的地后,以此目的地为起点,在目的地区域内依次游玩多个旅游目的地,最后再次到达该旅游目的地,再由此沿原路返回客源地的模式	游客进出路径重合,但游憩路径不重复使用

完全环游模式中线路呈环形,是最理想的一种空间模式,但并不适合所有旅游线路,要根据城市节点的分布和旅游行程的实际情况进行选择。

(二)景区节点规划

一般来说,旅行顾问在做好目的地和城市节点规划后,要先规划好景区节点,再安排食宿节点。但是对于对餐饮、住宿要求高于景区的美食客户、休闲度假客户等,旅行顾问应该先规划餐饮、住宿节点,再去规划景区节点。

旅行顾问要站在旅游从业者和客户的双重角度来进行景区节点选择。既要考虑到突出旅游行程的主题,也要考虑到丰富旅游行程的内容。既要考虑到景区节点分布的地域集中性,以减少交通成本;也要考虑到同一区域内景区节点的差异化选择,以增加客户体验度。既要考虑到景区的等级与知名度,选择有代表性的景区;也要考虑到景区门票价格、开放程度等因素,选择更合理的组合。既要考虑到选择景区最佳游览季节,让客户获得最佳体验感;也要考虑到景区的最大承载量,错开游览高峰。既要考虑到旅游行程内容的充实,也要考虑到客户的身心规律,避免让客户疲于奔波。

在对景区节点进行布局时,必须对旅游行程涉及的各景区十分熟悉,如果对景区节点不太熟悉,先要进行充分的调研。之后,在对景点节点进行组合排序时,要和交通工具的选择结合起来。第一,要仔细参照地图,确认每个景区节点的地理位置,确保行程路线的顺畅,并根据实际情况选择合适的交通工具,核算游览时间无误。第二,还要考虑景区的营业时间与休假日期、景区内的重要表演时间、特色景观的特殊时段、气温与气候情况、景区人流高峰等因素。在此基础上,需要核算每一个点的游览时间和时刻,以及景区节点之间的交通时间,并且将其与整体旅游行程的时间统一起来。如果时间较紧,要考虑调整路线或变更顺序。

(三)食宿节点规划

旅行顾问在完成了景区节点的规划之后,紧接着就需要规划食宿节点。对于一般的旅游行程而言,为考虑整个旅游行程的畅通性,旅行顾问应尽量将食宿节点安排在景区节点附近或者顺路。如果对区域内餐厅、酒店信息不太熟悉,先要进行充分的调研。

当然,在实际工作中旅行顾问也可以将景区节点和食宿节点进行不同规划,在安排具体某一天某个时间段的景区节点的时候,将餐厅和酒店同步安排。

(四)大交通的规划

大交通的规划主要包括交通工具的选择和交通路线的安排。交通工具的选择通常要考虑两地之间的直线距离。一般情况下,直线距离在500千米以内的短途旅游,汽车是主要的交通工具;直线距离在1000千米以上的远距离旅游,飞机是主要的交通方式;对于500千米—1000千米中长距离的出游,火车为主要交通方式,汽车、飞机为辅助;一些沿海、沿江的旅游目的地还可选择轮船出游。由于交通工具的班次和时间不仅是固定的,而且是有限的,旅行顾问在选择大交通时,也需要了解两地之间交通工具的班次和时间。

此外,还要综合考虑安全因素、经济因素以及客户的时间因素等。一般来说,飞机的安全性高于火车,火车优于旅游客车。飞机、汽车较贵,火车与轮船较便宜。如果是长途旅行,也可以相互搭配,交替使用不同交通工具。客户的出行时间如果充裕的话,可以选择汽车、火车、轮船等,而不必选择飞机。

三、旅游线路计价与报价

(一)价格构成

定制旅行线路作为一种特殊的商品,同样适用"价格＝成本＋合理利润＋税金"的基本原理。旅行顾问在报价时,要根据旅游目的地和客户需求的不同,全面分析成本构成。

定制旅行产品的成本主要是分项产品资源和服务项目供应的价格,主要包括大交通、房、餐、车、门票、目的地交通、导游(领队)、签证、司导用餐/住宿补助、个性化服务以及定制服务费。

服务费是定制旅行利润的重要组成部分,一般是按照每人每天核算或根据定制旅行的总团费按比例加成。收取服务费的标准根据旅游目的地的远近、客户类型、操作复杂程度进行针对性核算。不同的定制旅行机构(平台)对服务费收取的标准有大致范围的规定,当前大部分旅行顾问按照总团费的10%进行服务费报价。旅行顾问也可以在分项产品资源采购成本的基础上加上利润,向客户报价。

(二)报价技巧

由于旅行顾问是根据客户旅行需求和预算进行各项接待标准的匹配,如果客户在人均预算的基础上,还对住宿、餐饮等提出了个性化需求,在首次报价中要遵循"需求第一"的原则满足客户。在确定总报价的时候,可以适当使用尾数定价、整数定价、声望定价等心理定价策略,也可减免个别项目的费用以表示服务的诚意。

尾数价格策略是指旅行顾问给旅游产品定一个以零头数结尾的价格。因为消费者一般认为整数定价是概括性价格,而尾数定价容易让消费者产生价格是经过精心计算出的心理。同时在利用尾数价格策略时,还需要考虑价格范围,如999元和1000元尽管只相差1元,但部分消费者在心理会认为属于两个不同层级的价格。

整数价格策略是指旅行顾问在定价时采用合零凑整方法制定整数价格,通常整数价格会提高产品的价值,使消费者产生"一分钱一分货"的购买意识。

声望价格策略是旅行顾问针对消费者"价高质必优"的心理,为品质和信誉较高的旅游产品制定较高价格甚至最高价格的办法。

(三)报价要求

旅行顾问在报价时要做到"四明确"。一是明确客户需求。始终围绕客户对定制旅行的想法和预算进行报价。二是明确标准。各分项产品的费用都是和接待标准相适应的,正所谓"一分钱

新知讲授

一分货"，因此标明报价所含服务项目费用的同时，要明确该项目的标准。三是明确费用。要在明确定制旅行各项成本和利润的基础之上准确报价，必须消费的项目要包含在报价中。四是明确时效。定制旅行分项产品资源的采购和确认、出境游的证照办理往往都有时限或工作日的要求，因此报价的同时要明确报价的有效期。

新知讲授

四、旅游行程方案的编制

旅行顾问在编排好旅游行程后，要对整个旅游线路的特色以及每日行程进行文字提炼，让客户能清晰地了解旅游行程的卖点与特色，并编制旅游行程表，让客户能一目了然地了解每日的行程安排。

（一）旅游线路特色提炼

1. 提炼景点特色和线路特色

特色景点和特色线路用"非常规、稀缺性、小众化、大牌景点、精品、精华、小众、品质"等词汇进行概括，然后稍加解释。如精品线路、全景环线、热门专线等，可以用"两点进出，不走回头路，更具性价比""高品质体验行程""用双脚丈量世界的极致体验"等进行解释。主题词为"多样景观"，可以运用"特色景点全打卡，让你一次玩转××""囊括热搜景点""各类自然地貌精彩纷呈""古村古祠堂，小众的风景"等文字描述。

2. 提炼其他要素特色

特色资源是指除了旅游景点以外，包括特色酒店、用车、餐饮、导游、特色服务等在内的特色安排。其特色提炼一般采取用关键词概括特点，再对其价值与特殊用处进行语言描述的做法。比如在住宿安排中可以用"甄选酒店、舒适入眠、品质住宿、轻奢酒店"等词汇概括，再用"全程安排入住轻奢酒店或特色民宿，身处景色之中，贴近自然，酣畅入梦""入住当地特色星级酒店，体验异域风情""全程五星级酒店，让你的每段旅行都舒适"等进行价值描述。如对于土耳其卡帕多西亚卡内拉洞穴酒店，可用"洞穴酒店两晚连住，充分领略热气球美景"等文字。

在餐饮方面可以用"特色美食、美食体验、大快朵颐"等词汇概括，再用"地道的川菜、鲜美的海鲜大餐、香醇的藏式火锅，让您一饱口福"等进行说明。

在用车方面，可用"高端用车""精选车辆"等文字概括，然后再用"乘坐舒适的商务用车，为您的尊贵之旅保驾护航""车况良好，定期检查，安全保障，放心出行"等语言，突出安全和舒适的主要特点。

在陪同人员等方面，可用"优质司导、摄影达人、建筑专家、贴心管家、金牌导游"等词语概括，再用"风趣幽默讲解、导游全程陪玩"等进行价值描述。

在特色服务方面，指出有别于常规跟团旅游的增值服务(生日或纪念日活动、特殊人群的贴心服务等)。

（二）每日行程文案提炼

用一句话概括与提炼每日行程主题，让客户能直观地看到每日的行程活动，提升其意义与卖点。每日行程提炼技巧主要如下。

1. 情感共鸣

使用具有情感色彩的语言,如"和你一起去浪漫的马来西亚""带着梦想旅行,背包里装的是憧憬"等,这些描述能够迅速引起读者的情感共鸣,让他们对行程充满期待。

2. 场景描绘

通过生动的场景描绘来展现行程的亮点,如"风吹过,你比海风还自由""乘着风游荡在黄金油菜花田之中""玻璃海的正确打开方式,阳光沙滩潜水"等,这些描述能够让读者仿佛身临其境,感受到行程中的美好。

3. 亮点突出

强调行程中的核心亮点,如"高迪建筑艺术""探秘千年敦煌,历经磨难的艺术宝库"等,这些关键词能够清晰地传达出每日行程的特色和重点。

4. 诗意化表达

使用诗意化的语言增添行程的浪漫和神秘感,如"沁入心底的蓝,去探索最美的岛""寻找青海雅丹来自魔鬼的声音""享受瓜州的甜蜜,放眼张掖色彩斑斓"等,这些描述不仅富有诗意,还能激发读者的好奇心和探索欲。

5. 简洁明了

在保持情感共鸣和场景描绘的同时,确保文字简洁明了,不冗长啰嗦。每个行程的描述都应该能够迅速传达出关键信息,让读者一目了然。

6. 个性化定制

根据行程的特点和游客的喜好进行个性化定制,如"我的故事我来书写""出来玩也要有自己的空间"等,这些描述能够体现行程的私人定制性质,让游客感受到专属的旅行体验。

7. 引导性结尾

在每日行程的结尾处使用引导性语言,如"加快回家的脚步""玩耍的记忆你可以带走"等,这些描述能够引导读者对下一天的行程产生期待,同时总结当天的行程感受。

如到马来西亚仙本那的每日行程提炼:第1天,"和你一起去浪漫的马来西亚";第2天,"我的故事我来书写,风吹过,你比海风还自由";第3天,"出来玩也要有自己的空间,做个安静的美少女和美少男吧";第4天,"沁入心底的蓝,去探索最美的岛";第5天,"玻璃海的正确打开方式,阳光沙滩潜水";第6天,"这片海你带不走,但玩耍的记忆可以!"

当然也可以运用排比句,结合经典古诗词来提炼每日行程。如"跟着诗词游南京——探访古都金陵、筑梦百年名校"旅游线路,其五日行程概括如下。

第1天,金陵烟雨,六朝如梦鸟空啼;

第2天,六朝盛况,南朝四百八十寺;

第3天,南京民俗,飞入寻常百姓家;

第4天,近代风云,钟山风雨起苍黄;

第5天,励学敦行,少年强则中国强。

以上案例运用对称的排比句,结合教师和学生非常熟悉的经典诗句,融合爱国主义教育与素质教育等理念,精确提炼了每天的行程,在文案上具有较高的审美价值,给人以美的感受。

旅游行程
单样例

5-2-1

新
知
讲
授

慎思笃行

哈尔滨首趟冰
雪旅拍主题列
车开行

任务检测

微课视频

精英面对面：
与时代同行，
导游的学习
升级路

290

（三）行程单制作

行程单制作一般采用表格的形式，具体包括日期、具体行程安排、住宿、酒店等关键信息（二维码5-2-1）。在具体行程安排中需要对重要景点进行介绍，并点出每个景点大概的游览时间。一般来说行程表单的写法具有以下特点。

1. 结构化与清晰性

每日行程通常采用结构化的写法，包括日期、地点、时间、活动、交通、费用等关键信息。信息排列清晰，便于客户快速了解每日的行程安排。

2. 详细性与准确性

细化到每个景点所占用的时间，包括从几点到几点进行什么活动。

准确描述交通方式、住宿地点和费用等详细信息。

3. 灵活性与可调整性

考虑到实际情况的变化，行程单中的时间、地点和活动可以有一定的灵活性，以便根据实际情况进行调整。但调整应确保不影响原计划行程的整体安排和客户体验。

4. 规范性与标准化

行程单用语应当准确清晰，避免使用不确定性用语。遵循相关法律法规和行业标准，确保行程单的规范性和标准化。

参 考 文 献

[1]　全国导游资格考试统编教材专家编写组.导游业务[M].8版.北京:中国旅游出版社，2023.

[2]　傅远柏，章平.模拟导游[M].2版.北京:清华大学出版社，2022.

[3]　赵瑞雪.导游角色冲突的发生机制及消解路径研究[D].上海：上海师范大学，2023.

[4]　叶娅丽.导游业务[M].3版.上海:上海交通大学出版社，2017.

[5]　周彩屏.导游技能训练[M].2版.北京:高等教育出版社，2015.

[6]　熊建平，章晴.导游理论与实务[M].上海:上海交通出版社，2011.

[7]　熊友平.导游讲解技巧[M].2版.杭州:浙江大学出版社，2023.

[8]　张建庆，蒋艳，陈莉.旅游新媒体营销与运营[M].北京：高等教育出版社，2024.

[9]　伍欣，王晓羽.旅游信息化应用[M].武汉：华中科技大学出版社，2018.

[10]　龙睿，董丽萍，徐璐.定制旅行产品设计[M].2版.北京：旅游教育出版社，2022.

[11]　全国导游人员资格考试教材编写组.导游业务[M].9版.北京:旅游教育出版社，2024.

教学支持说明

    为了改善教学效果,提高教材的使用效率,满足高校授课教师的教学需求,本套教材备有与纸质教材配套的教学课件和拓展资源(案例库、习题库等)。

    为保证本教学课件及相关教学资料仅为教材使用者所得,我们将向使用本套教材的高校授课教师赠送教学课件或者相关教学资料,烦请授课教师通过加入旅游专家俱乐部QQ群或公众号等方式与我们联系,获取"电子资源申请表"文档并认真准确填写后发给我们,我们的联系方式如下:

地址:湖北省武汉市东湖新技术开发区华工科技园华工园六路

邮编:430223

旅游专家俱乐部QQ群号:758712998

旅游专家俱乐部QQ群二维码:

群名称:旅游专家俱乐部5群
群　号:758712998

扫码关注
柚书公众号

华中科技大学出版社
http://press.hust.edu.cn

电子资源申请表

填表时间：_____年___月___日

1. 以下内容请教师按实际情况写，★为必填项。
2. 根据个人情况如实填写，相关内容可以酌情调整提交。

★姓名		★性别	□男 □女	出生年月		★职务	
						★职称	□教授 □副教授 □讲师 □助教
★学校				★院/系			
★教研室				★专业			
★办公电话		家庭电话				★移动电话	
★E-mail （请填写清晰）						★QQ号/微信号	
★联系地址						★邮编	

★现在主授课程情况		学生人数	教材所属出版社	教材满意度		
课程一				□满意	□一般	□不满意
课程二				□满意	□一般	□不满意
课程三				□满意	□一般	□不满意
其 他				□满意	□一般	□不满意

教 材 出 版 信 息						
方向一		□准备写	□写作中	□已成稿	□已出版待修订	□有讲义
方向二		□准备写	□写作中	□已成稿	□已出版待修订	□有讲义
方向三		□准备写	□写作中	□已成稿	□已出版待修订	□有讲义

　　请教师认真填写表格下列内容，提供索取课件配套教材的相关信息，我社根据每位教师填表信息的完整性、授课情况与索取课件的相关性，以及教材使用的情况赠送教材的配套课件及相关教学资源。

ISBN（书号）	书名	作者	索取课件简要说明	学生人数 （如选作教材）
			□教学 □参考	
			□教学 □参考	

★您对与课件配套的纸质教材的意见和建议，希望提供哪些配套教学资源：